Jakob Augstein
Im Zweifel links

Jakob Augstein

Im Zweifel links

Vom aufhaltsamen Untergang des Abendlandes

Deutsche Verlags-Anstalt

Sollte diese Publikation Links auf Webseiten Dritter enthalten, so
übernehmen wir für deren Inhalte keine Haftung, da wir uns diese
nicht zu eigen machen, sondern lediglich auf deren Stand zum
Zeitpunkt der Erstveröffentlichung verweisen.

1. Auflage September 2019
Copyright © 2019 Deutsche Verlags-Anstalt, München,
in der Verlagsgruppe Random House GmbH,
Neumarkter Straße 28, 81673 München,
und SPIEGEL-Verlag, Hamburg, Ericusspitzel, 20457 Hamburg
Typografie und Satz: Andrea Mogwitz, DVA
Gesetzt aus der Minion
Umschlaggestaltung: Büro Jorge Schmidt, München
Umschlagmotiv/Autorenfoto: © Franziska Sinn
Druck und Bindung: CPI books GmbH, Leck
Printed in Germany
ISBN 978-3-421-04839-4

www.dva.de

Dieses Buch ist auch als E-Book erhältlich.

Inhalt

Vorwort

Der Diplomat, Dichter und Widerstandskämpfer Stéphane Hessel hat in seinem wichtigen Essay »Empört Euch!« geschrieben:»Ich wünsche jedem Einzelnen von Ihnen einen Grund zur Empörung. Das ist sehr wertvoll. Wenn etwas Sie empört, wie mich die Nazis empört haben, werden Sie kämpferisch, stark und engagiert.«

Man liest das und denkt gleich: Das ist ein sehr schöner Satz! Ja, Empörung muss sein! Es gibt genug Grund zur Empörung. Und tatsächlich gibt es auch jede Menge Empörung im Land. Es herrscht an Empörung gar kein Mangel. Wir sind eine empörte Republik. Das Netz, das inzwischen abbildet, was man die öffentliche Meinung nennt, ist voll von Empörung. Da haben alle recht. Keiner hört dem anderen zu. Und es geht immer um alles. Da wächst der Hass, und die Wut wächst auch.

Und währenddessen arbeitet »das System« im Verborgenen einfach weiter: Die Reichen werden reicher, die Mächtigen sichern ihre Macht, und an der Klimakatastrophe ändert sich auch nichts. Wer bei dem Begriff »das System« ins Stutzen kommt, der muss erst einmal erklären, was sonst die deliberative Demokratie an zentralen Herausforderungen scheitern lässt. Oder sind die Gerechtigkeit und das Klima keine zentralen Herausforderungen? Das ist das Theodizee-Problem der Moderne:

Wie können wir sagen, die parlamentarische Demokratie sei die letzte Antwort, wenn wir gleichzeitig sehen, welche Ungerechtigkeiten im Rahmen dieser Demokratie möglich sind?

Alle Empörung ändert nichts daran, dass »das System« die Demokratie überwölbt, sie einhüllt, sie durchwirkt.. Im Gegenteil: Die allgemeine Empörung lenkt die Leute einerseits ab von dem, was notwendig wäre – eine andere Politik. Und andererseits sorgt sie auf Dauer dafür, dass die Institutionen, die man für die Reform des »Systems« bräuchte, destabilisiert werden. Dadurch stabilisiert die Empörung »das System«.

Das ist eine schwierige, zirkuläre Erkenntnis, und sie ist es für den Kolumnisten in besonderem Maße. Denn für den Kolumnisten ist Empörung beinahe eine notwendige Arbeitsbedingung. Aber was, wenn selbst die Empörung, die sich in einer Kolumne unter dem Titel »Im Zweifel links« niederschlägt, am Ende nur »das System« stabilisiert?

Meine erste Kolumne auf SPIEGEL ONLINE – und ich wechsle jetzt in die erste Person, was ich in Artikeln beinahe nie tue – erschien im Januar 2011 und beschäftigte sich tatsächlich mit diesem Essay von Stéphane Hessel. Das ist noch keine zehn Jahre her und doch eine Ewigkeit. Man hat das damals noch nicht gleich gemerkt, aber im Nachhinein wird deutlich, dass sich genau zu dieser Zeit das Wesen der öffentlichen Debatte zu ändern begann. Inzwischen ist der Wandel offenkundig. Die Kolumnen, die Mathias Müller von Blumencron und Jan Fleischhauer damals für SPIEGEL ONLINE erfanden, darunter auch meine eigene, ha-

10

ben diesen Wandel nicht bewirkt, sie waren eines seiner Symptome.

Kolumnen dürfen persönlich sein, unfair, hart, riskant. Sie sind ein Spiel mit den heiklen und den verbotenen Seiten des Journalismus: mit Meinungen und Übertreibungen, mit dem Populismus, manchmal mit der Propaganda, immer mit der Satire. Ich habe als Kolumnist meine Erfahrungen mit diesen heiklen Seiten gemacht. Kolumnen sind das passende Medium einer rauer gewordenen Debattenlandschaft.

Wer allerdings den einzigen Zweck des Journalismus im sprichwörtlichen »Sagen, was ist« sieht, wird Kolumnen gar nicht für Journalismus halten. Denn das ist nicht ihre wichtigste Aufgabe. Kolumnen nehmen sich die Freiheit, auch das zu sagen, was hätte sein können, was auf keinen Fall sein darf, und vor allem das, was sein soll. Es ist vielleicht darum kein Zufall, dass der bekannteste Journalist unseres frühen 21. Jahrhunderts gar kein Journalist ist, sondern Ökonom und Kolumnist: Paul Krugman von der New York Times.

Andererseits sieht man daran aber auch: Ohne das richtige Medium hilft dem Kolumnisten weder Witz noch Weisheit. In Deutschland ist SPIEGEL ONLINE das richtige Medium: groß und unabhängig. Die Freiheit, dort Woche für Woche alles schreiben zu können, beinahe alles, und buchstäblich Hunderttausende lesen mit – das ist ein großes Geschenk. In all den Jahren ist nur ein einziges Mal ein Text nicht erschienen – über Joachim Gauck und seine Stasiakte. Tempi passati, wie man in Rostock sagt.

Woche für Woche Hunderttausende von Lesern, Millionen von Klicks im Jahr – von solchen Zahlen könnte der Kolumnist ganz betrunken werden und sich an der Vorstellung berauschen, es mache tatsächlich für unsere Wirklichkeit einen Unterschied, was er da schreibt, er habe eine Wirkung, er habe gar Einfluss. Und Einfluss wäre doch schön. Denn natürlich denkt der Kolumnist, er habe etwas zu sagen und die Leute sollten gefälligst auf ihn hören. Das ist eben die Versuchung, wenn man nicht nur sagen will, »was ist«, sondern auch »was sein soll«. Eine gefährliche Versuchung. Und wenn man darüber eine Weile nachdenkt, gerät man in Verwirrung. Was soll man denn als Kolumnist von seiner Arbeit erhoffen dürfen? Es gibt Autoren und Autorinnen, die tragen mit selbstvollem Ernst ihr Ich vor sich her und sind in ihrer lustigen Kürbisköpfigkeit alles andere als ein Vorbild. Demut tut dem Kolumnisten unbedingt not! Aber von der Demut ist es nur ein kleiner Schritt in die Bitterkeit und in die traurige Erkenntnis der ganzen Vergeblichkeit des eigenen Tuns.

Wie geht man damit um? Wenn man sich wie die Kassandra fühlt, die bei Schiller mit solchen Worten ihre Klage gegen den Gott führt:

»Warum warfest du mich hin
In die Stadt der ewig Blinden
Mit dem aufgeschloßnen Sinn?
Warum gabst du mir zu sehen,
Was ich doch nicht wenden kann?
Das Verhängte muß geschehen,
Das Gefürchtete muß nahn.«

Oder – etwas prosaischer – wenn man sich wie im Kasperletheater vorkommt, wo das Publikum das Krokodil von hinten kommen sieht und versucht, mit lautem Rufen die Protagonisten zu warnen – aber die hören einfach nicht.

Jahr für Jahr warnt man vor Angela Merkel. Und Jahr für Jahr wird sie wieder gewählt. Jahr für Jahr schreit man der SPD ins Ohr, sie solle endlich aufwachen. Und Jahr für Jahr muss man zusehen, wie die Partei sich selber zerstört. Jahr für Jahr beklagt man die zunehmende Ungerechtigkeit im Land und die wachsende soziale Spaltung. Und Jahr für Jahr hört man von Politikern und Leitartiklern, dass die Leute froh sein sollen, dass die Globalisierung sie nicht noch schlimmer erwischt hat.

Noch kurz ein Wort zu Angela Merkel, die in den folgenden Texten eine so große Rolle spielt: Im Frühjahr 2011 habe ich geschrieben:»Wie die Cheshire Cat aus Alice im Wunderland löst sich die Kanzlerin in Luft auf, wenn man sie greifen will. Und es bleibt nur ihr spöttisches Grinsen zurück. Das ist nicht viel.«

In den Jahren danach gab es keinen Grund, dieses Urteil zu revidieren. Es hieß immer, der Erfolg dieser Kanzlerin beruhe auch darauf, dass sie nicht polarisiere, keinen Punkt zum Angriff böte, keine Fläche zur Reibung. Bei mir hat das nicht funktioniert. Sie hat mich vom ersten Tag an wahnsinnig gemacht. Denn Merkel hat ihre zweifellos hohe Intelligenz hinter einem schlecht gespielten stoffeligen Gleichmut versteckt und damit uns alle beleidigt: die Öffentlichkeit, die Medien, die Wähler, mich. Merkel hat die Leute für dumm verkauft und gewonnen. Eine größere Kränkung des demokratischen Souveräns kann es nicht geben.

»Frau Doktor Merkel arbeitet als Fachärztin für politische Anästhesie im Kanzleramt«, habe ich geschrieben – dabei hätte es für sie so viel zu tun gegeben. So vieles wäre möglich und nötig gewesen: Klima, Atomwaffen, Europa, Migration, Bildung, Digitalisierung, Verkehr. So viel stand – und steht – auf dem Spiel. Und noch dazu leidet das Land unter einem unerhörten Generationenkonflikt: Früher meinte man mit dem Wort, dass die Alten beim Anblick der Jugend um ihre Werte fürchteten. Heute meint man damit, dass die Jungen mit atemlosem Zorn zusehen müssen, wie die Alten diese Werte verraten.

Als Kolumnist stößt man auf Dauer unweigerlich auf die Frage: Muss das alles so sein? Oder könnte alles anders sein? Warum wurde Martin Schulz nicht Kanzler? Weil er Fehler gemacht hat, die er hätte vermeiden können? Oder musste er seine Fehler machen, weil er nun einmal der ist, der er ist? Oder war das alles ganz gleichgültig, weil die Sozialdemokratie in einer nicht auflösbaren Krise steckt, aus der kein Schulz der Welt sie hätte befreien können?

Ich weiß nicht, wie groß oder klein der Gestaltungsspielraum der Politik heute ist. Ich glaube, dass es die Geschichte gibt und dass sie irgendwohin treibt. Es gibt die Strukturen, und der Gang der Dinge lässt sich von ihnen prägen. Aber man mag sich ungern ganz von der Idee verabschieden, dass es auch Menschen gibt, die Entscidungen treffen, und dass diese Entscheidungen einen Unterschied machen können. Geschichte entwickelt sich unter unseren Augen. Wir schreiben an der Realität mit, die unser Roman ist.

Realität ist ein gefährliches Wort. Man muss vorsichtig sein, wenn jemand von Realität spricht. Wenn einer Realität sagt, meint er meistens nur: Man kann nichts machen. Alles bleibt, wie es ist. Linkes Denken soll das Gegenteil davon sein. Es soll von der Veränderbarkeit der Welt handeln.

Die Bundeskanzlerin ist dafür berühmt, eine große Realistin zu sein. Im Jahr 2004, als sie 50 Jahre alt wurde, ließ sie den Hirnforscher Wolf Singer eine Rede darüber halten, dass der Mensch nicht frei in seinem Willen sei, sondern von Neuronen im Kopf gesteuert. »Wir müssen uns von der Utopie der Planbarkeit der Zukunft verabschieden«, erklärte der Forscher. Das war die wissenschaftliche Ableitung von Merkels bevorzugter Lebensweisheit: Es kommt, wie es kommt. Und so kommt sie eben daher, die »organisierte Traurigkeit des Kapitalismus« – das ist eine schöne Formulierung aus einem Zukunftsmanifest der Linkspartei.

Mit Blick auf die Rolle des Theaters hat Bertolt Brecht in den frühen 50er Jahren gesagt: »Die heutige Welt ist den heutigen Menschen nur beschreibbar, wenn sie als eine veränderbare Welt beschrieben wird.« Das wäre mal ein Motto für einen zeitgemäßen politischen Journalismus: dass er von der Welt nur wissen will, wie sie besser werden kann! Wir wissen, dass unsere Wissenschaft die Natur so verändern kann, dass die Welt für den Menschen unbewohnbar wird. Aber wir verlieren den Glauben daran, dass unsere Politik die Gesellschaft so verändern kann, dass sie für jeden Menschen eine Behausung bereithält.

Stéphane Hessel hat geschrieben: »Empört Euch!« Aber das genügt nicht. Es muss noch etwas dazukommen: »Kümmert Euch!«

1 Leben unter Merkel

Die Grinsekatze

Angela Merkel genießt bei Freund und Feind den Ruf überragender Intelligenz und ausgeprägten politischen Gespürs. Wieso eigentlich? In der größten politischen Affäre der jüngeren Zeit war davon wenig zu spüren. Merkel hat ihren Minister Guttenberg gedeckt und hat sich damit einem Narziss auf politischer Bühne ausgeliefert. Sie hat dafür die Rechnung bekommen: Sein Abgang beschädigt sie. Was für ein Start in das Wahljahr 2011: Hamburg verloren, der Popstar der Politik zurückgetreten. Und sechs Landtagswahlen stehen noch bevor.

Es gibt Momente, in denen der Schleier des Nichtwissens gelüftet wird, der die Wahrheit des politischen Betriebes gnädig vor unseren Augen verbirgt. Als Merkel sagte, Guttenberg sei bei ihr nicht als wissenschaftlicher Mitarbeiter beschäftigt, sondern als Verteidigungsminister, war das so ein Moment: Der Zynismus der Machtphysikerin Merkel wurde in dieser Formulierung enthüllt. Ob Guttenberg ein Lügner und ein Betrüger sei oder nicht, hatte Merkel damit gesagt, spiele für sie keine Rolle. Hauptsache, er sei ein guter Minister. Die Deutschen sind von ihren Politikern einiges gewohnt. Aber das war dann doch zu viel.

Gleich zu Beginn eine Lektion in Demut: Der Kolumnist dachte, Guttenbergs Abgang müsse die Kanzlerin beschädigen – und irrte sich. Sie blieb einfach im Amt, und wer das Amt behält, ist auch nicht beschädigt. Denn es geht ja nur um das Amt.

Ob Guttenberg zurückgetreten wäre oder nicht – als klar war, dass er große Teile seiner Doktorarbeit abgeschrieben hatte, war auch klar, dass sein Verbleib im Amt die politische Kultur des Landes beschädigen würde. Angela Merkel war das egal. Nach allem, was man über diese Kanzlerin weiß, dient ihr politisches Wirken nur einem Ziel: Kanzlerin zu sein. Die politische Kultur ist ihr dabei schnurz.

Merkel hat ihr Amt von Anfang an nach der guten alten spinozistischen Lehre geführt, dass jede Bestimmtheit eine Verneinung ist, jede Eigenschaft die Abwesenheit einer anderen Eigenschaft bedeutet. Und es darum am besten ist, keine Eigenschaft zu haben und unbestimmt zu bleiben. Es gab bislang keinen einigermaßen wichtigen deutschen Politiker, bei dem der Erhalt der Macht wirklich und im Ernst der einzige Seinszweck war. Strauß, Kohl, Brandt, Schmidt, Schröder, Fischer: Die hatten alle irgendwelche Projekte, Visionen, Hoffnungen. Sie erstrebten irgendetwas oder sie bekämpften irgendetwas. Angela Merkel – ist. Mehr nicht.

Sie bekämpft niemanden, weil man sich damit nur noch mehr Feinde schafft. Sie will nichts, weil jedes Wollen auch Verzicht bedeutet. Sie hat keine Visionen, weil Visionen verlangen, den Blick zu verengen.

Das macht die politische Auseinandersetzung mit ihr so schwer. Die SPD hat das im vergangenen Jahr erlebt. Asymmetrische Demobilisierung hat ein Polit-Forscher Merkels Wahlkampfstrategie damals genannt: Es geht dabei darum, dass möglichst wenig Leute zur Wahl gehen – aber von

Der Begriff der »Asymmetrischen Demobilisierung« wird in späteren Jahren noch eine große Rolle spielen, als diese Kanzlerin langsam auch den Beobachtern unheimlich wurde, die sie im Jahr 2011 noch bewunderten.

der gegnerischen Seite noch weniger. Man saugt der Politik das Leben aus, und sie bleibt schlaff und tot und leer am Boden liegen. Aber man hat gewonnen. Das ist der reine Zynismus in Politform, der Kältepunkt der Politik. Die Demokratie erfriert dabei. Die Liebe, die so viele Menschen Guttenberg entgegengebracht haben – man muss das tatsächlich so nennen –, ist ein Zeichen für die Sehnsucht dieser Öffentlichkeit, in der politischen Sphäre geborgen zu sein. Aber Guttenberg war ein Heiratsschwindler der Politik, seine Hände waren leer. Und Merkel kann mit Geborgenheit nicht dienen. Wie die Cheshire Cat aus Alice im Wunderland löst sich die Kanzlerin in Luft auf, wenn man sie greifen will. Und es bleibt nur ihr spöttisches Grinsen zurück. Das ist nicht viel. 3.3.2011

Kennen Sie Kohl?

Es steht nicht gut um Helmut Kohl. Er ist alt und krank. Der SPIEGEL beschreibt Kohls Haus in der aktuellen Titelgeschichte als verschlossene Burg und seine Frau als eifersüchtige Torhüterin. Ein Vertrauter von früher appelliert ausgerechnet im TV-Sender RTL an alte Freunde, Kohl »zu befreien«. Auch das ist nicht gerade ein gutes Zeichen.

Dreißig Jahre ist es her, dass Helmut Kohl Kanzler wurde. Der große Uhrmacher gibt niemandem einen Dispens. Aber hier beobachten wir ein seltenes Schauspiel: Ein Mann geht bei lebendigem Leib in die Geschichte ein. Zum Schicksal historischer Figuren gehört der Streit um das politische Erbe, die Umdeutung der Vergangenheit, die Instrumentalisierung für jeglichen Zweck. So ist das, wenn Gegenwart zu Geschichte wird. Aber ein solcher Prozess der Historisierung vollzieht sich zumeist nach dem Tod – zum Glück. Helmut Kohl widerfährt das zu seinen Lebzeiten. Man gönnt es ihm nicht.

Dabei hatten die Intellektuellen in den Städten vor Vergnügen gegluckst, als der dicke Pfälzer sich damals in Bonn breitmachte. Gibt es einen Politiker, der mit mehr Spott und Häme übergossen wurde als Helmut Kohl? Ja, darüber hinaus: Franz Josef Strauß wurde gefürchtet, Helmut Kohl wurde verachtet. Die Willkommenstexte, die nach dem 1. Oktober 1982 über Kohl geschrieben wurden, zeigten, dass die Intellektuellen viel Humor hatten – aber keine Ahnung von Politik.

Zum Beispiel Hellmuth Karaseks SPIEGEL-Artikel »Der sprachlose Schwätzer«. Es geht um Kohls Sprache, nach Karaseks Maßstäben eher ein Gestammel. Karasek verspottet Kohls Satz: »In Hölderlin war ich gut« und stellt sich vor, was der Neu-Kanzler aus Goethes »Über allen Gipfeln ist Ruh« gemacht hätte: »Wenn wir uns nun auf dem Felde der Meteorologie in die höheren Berglagen begeben, so ist dort ein vollkommenes Nichtstun, wie ich offen sagen darf, zur Anwendung gelangt.«

Lustiger als in diesem Artikel ist nie über einen neuen Kanzler geschrieben worden. Und bösartiger auch nicht. Kein Journalist würde heute in solchen Worten einen neuen Kanzler empfangen. Weil Kohl uns gelehrt hat, dass Intelligenz nichts mit Intellektualismus zu tun hat und der Erfolg in der Politik nicht den glänzenden Rednern zukommt. Kohl ist der bisher erfolgreichste deutsche Bundeskanzler – gemessen am einzig gültigen Maßstab, nämlich der Dauer seiner Amtszeit. Welchen sonst sollte es geben? Es gehört zum Wesen der Politik, den Maßstab ihres Erfolgs nur in sich selbst zu finden.

Aber gerade den Linken könnte noch ein anderer Maßstab einfallen, an dem Kohls Größe zu messen wäre: Die Erinnerung an Kohl steht für eine Politik der Integration, in Europa, in Deutschland. Es ist ein Paradox, dass ausgerechnet der Mann, den die Linken als »Birne« verspotteten, heute zur Leitfigur eines linken Traums taugt – er gilt als einer, der Grenzen eingerissen hat.

Es gehört zur Historisierung, dass Helden einen Kopf kürzer gemacht werden. Umso besser, wenn sie dann immer noch groß sind. Das trifft auf Kohl zu. Am Anfang der Geschichtsschreibung steht die Frage: »Was war?« Aber an ihrem Ende: »Was wäre gewesen, wenn …?« Was also wäre gewesen, wenn ein anderer als Kohl Kanzler gewesen wäre in jenen Jahren, als Deutschland und Europa geeint wurden? Man kann sagen, es wäre alles ebenso gekommen. Weil es da gar keinen Mantel der Geschichte gab, dessen Zipfel es zu greifen galt, sondern nur das Räderwerk einer historischen Mechanik.

Für Deutschland stimmt das. Für Europa ist es unwahrscheinlich.

Man wird es in den Festreden auf den CDU-Veranstaltungen der kommenden Tage nicht so deutlich sagen, aber natürlich war die deutsche Einheit nicht Kohls Werk. Der britische Autor David Pryce-Jones hat schon vor Jahren geschrieben: »Bis weit in das Jahr 1990 hinein war den westdeutschen Außenpolitikern nicht klar, dass sich ein historischer Moment anbahnte. Es ist kaum übertrieben zu sagen, dass sie alle schlafwandelnd in die Wiedervereinigung hineintaumelten.« Niemand sah kommen, was der »imperial overstretch« der Sowjetunion da ausgelöst hatte.

Aber Kohl hat keinen Fehler gemacht. Das ist schon viel. Er hat der Geschichtsmaschine keinen Sand ins Getriebe gestreut. Und darauf wäre ja in Wahrheit die »Eine Nation, zwei Staaten«-Lehre der linken Kritiker hinausgelaufen.

Was Europa angeht, man kann das gar nicht oft genug sagen, hat Kohl mehr getan, als nur keine Fehler zu machen. Sein Biograf Hans-Peter Schwarz tut ihm Unrecht, wenn er Kohl als »Verführten« sieht und »Mitterrand und dessen nationalegoistische Kollegen aus den Weichwährungsländern« als finstere Euro-Gesellen beschreibt, die mit geradezu welscher Schläue den deutschen Michel übervorteilt hätten: »Sie haben den im innersten Kern idealistischen Europäer Helmut Kohl zum langfristigen Schaden aller Beteiligten dazu überredet, ausgerechnet das Geldwesen der Völker Europas zum Gegenstand eines verfrühten Großexperiments zu machen, das sich auf lange Sicht eigentlich nur als sehr riskant herausstellen konnte.« Das bleibt noch abzuwarten.

In der Tat war Kohl Europa-Idealist. Und wenn Gott eine Adresse hätte, müsste man ihm Dank dafür schicken, dass einer wie Kohl seinerzeit im Kanzleramt saß, der die Zeichen der Zeit lesen konnte – und nicht eine Integrations-Analphabetin wie Angela Merkel. Kohl kommt in einer kuriosen Wendung der deutschen Geschichte als Bismarcks gemütlicher Wiedergänger daher, der die Einheit des Landes und die des Kontinents nicht mit »Eisen und Blut« schuf, sondern mit den Mitteln der Moderne: mit Geld, Geduld und guter Laune.

Vor allem Geld natürlich. Dass in der Politik mit Bimbes alles geht, das hatte er ja von Adenauer gelernt. In den sechziger Jahren schimpfte Kohl noch, es sei »skandalös«, wie die Union sich finanziere. Aber wir wissen ja, dass er das später gar nicht skandalös fand, sondern praktisch. Und was in der CDU geht, geht auch in Deutschland und in Europa. Die Summen waren andere. Das Prinzip dasselbe.

Kohl hat die deutsche Einheit in Mark bezahlt und die europäische Einigung in Euro. Und alles auf Kredit. Na klar! »L'intendance suivra«, hat de Gaulle gesagt – der Tross folgt der Armee. Anders kann man sich solche Anschaffungen gar nicht leisten. Darin liegt natürlich ein spielerischer Größenwahn. Aber den braucht man nun einmal, wenn man die großen Dinge anfassen will. Und das ist gelungen.

Also: Glückwunsch, Altkanzler! 24.9.2012

Sonderbare Ironie: je länger Angela Merkel im Amt war und je größer ihr Versagen in der Europapolitik, das erst in der Ära Macron wirklich offengelegt wurde, desto heller leuchtete der Mann, den sie abgeräumt hatte.

Wir Unverantwortlichen

Alles gut? Arbeitslosigkeit niedrig, Exporte hoch, Eurokrise außer Sicht, NSA-Schnüffelei irgendwie verpufft ... Alles gut? Die Oberfläche ist glatt. Darunter fault es. Im Jahr acht der Regierung Merkel ist Deutschland ein träges Land der Selbsttäuschung. Wir wissen, dass Politik auf den kurzfristigen Erfolg zielt. Politik redet von Verantwortung, will sie aber zumeist nicht tragen. Aber eine Politikerin, die Verantwortung derart auf die leichte Schulter nimmt wie Angela Merkel, ist selten. Geradezu einzigartig dagegen ist ihr Erfolg. Laut der ARD-Umfrage »Deutschlandtrend« waren die Deutschen seit 1997 noch nie so zufrieden mit einer Regierung wie mit dieser. Es ist paradox: Immer mehr Journalisten und Wissenschaftler entsetzen sich über eine Regierung, die ihr Amt nur zu dem Zweck ausübt, Herausforderungen abzuwenden. Aber was die Journalisten schreiben, ist den Leuten ganz gleichgültig. Mögen die sogenannten Meinungseliten der Kanzlerin Untätigkeit vorwerfen – gerade dafür lieben die Leute sie. Denn in Wahrheit teilen die Deutschen mit Angela Merkel die Angst vor der Zukunft.

Der Philosoph Jürgen Habermas führt im neuen SPIEGEL bittere Klage. Habermas beschwert sich über die Bequemlichkeit der Deutschen. In der Eurokrise sehen sie dabei zu, wie die Kanzlerin den Südländern ihre Krisenagenda aufzwängt und sich gleichzeitig aus der gesamteuropäischen Verantwortung Deutschlands stiehlt: »Deutschland döst auf dem Vulkan«, schreibt Habermas. Er redet von einem »historischen Versagen der politischen Eliten«. Es kostet den philosophischen Greis Überwindung, das Versagen der Kanzlerin zu geißeln. Denn sein Fach, die Soziologie, handelt von der Macht der Strukturen, nicht von Stärke oder Schwäche des Einzelnen. Aber auch Habermas weiß, »dass es außerordentliche Situationen gibt, in denen die Wahrnehmungsfähigkeit und die Phantasie, der Mut und die Verantwortungsbereitschaft des handelnden Personals für den Fortgang der Dinge einen Unterschied machen«. Die wichtigste handelnde Person heißt Merkel – aber sie handelt nicht.

Jeder Bürger weiß, wo es im Argen liegt – Steuersystem, Bildungschancen, Lohngerechtigkeit –, aber die Leute nehmen das Versagen der Regierung achselzuckend hin. »Die von FDP und Union im Koalitionsvertrag vereinbarte Arbeitsgruppe zur Reform des Mehrwertsteuersatzes schaffte es in vier Jahren nicht, auch nur ein einziges Mal zu tagen«, schreibt der SPIEGEL und zitiert einen anderen Philosophen, Peter Sloterdijk, der sagt, in Deutschland herrsche eine »chronische Duldungsstimmung«.

Die Verwunderung der Philosophen Habermas und Sloterdijk. Oder die Wut des Soziologen Harald Welzer, der angekündigt hat, der Wahl fernbleiben zu wollen. Das sind Empfindungen einer intellektuellen Elite, die vom Volk nicht geteilt werden. Die Leute haben mit ihrer Kanzlerin eine Koalition der Unvernünftigen geschlossen: Kopf einziehen, Augen schließen und hoffen, dass alles irgendwie vorübergehen wird. Aber das wird nicht

Das wichtigste Thema, das Merkels Regierung mit sehenden Augen verschlafen hat, war natürlich die Migrationskrise – die sich in Italien längst abgezeichnet hat, als Berlin sich immer noch für unzuständig erklärte. Es gehört aber zu den Aufgaben einer Regierung, kommende Krisen rechtzeitig zu erkennen – und nicht erst hektisch zu reagieren, wenn sie bereits eingetreten sind.

geschehen. Die Deutschen werden die Zeche zahlen. Wenn der Euro am deutschen Egoismus zerschellt. Wenn das Bildungssystem an seinen Lebenslügen zerbricht. Wenn das Wort Gerechtigkeit nur noch ein zynisches Grinsen auslöst.

Wenn jetzt der Wahlkampf beginnt, wird man schmerzlich das Fehlen der SPD als einer wehrhaften Opposition bemerken. 100 Jahre ist das »Dreikaiserjahr« der Sozialdemokratie her: 1913 starb August Bebel, Friedrich Ebert übernahm den Vorsitz der SPD und Willy Brandt wurde geboren. Das ist die große Geschichte der SPD, sie handelt von Revolution, Herrschaft, Phantasie. Was ist davon übriggeblieben? Angst. Wie bei Merkel.

Hier zeigt sich eine erste Sehnsucht nach einem linken Populismus, der dem Kolumnisten von hier an immer dringlicher fehlen wird.

Die SPD hätte Angela Merkel öffentlich als das entlarven müssen, was sie ist: eine leere Seele, deren Furcht vor Veränderung uns alle auf ihr Niveau der inneren Ereignislosigkeit herabzieht. Die SPD hätte die Warnungen der Spindoktoren in den Wind schlagen sollen. Sie hätte einen mutigen Wahlkampf führen sollen. Sie hätte Merkel dort schlagen können, wo sie schwach ist: bei der Überzeugung, bei der Begeisterung, bei der Sehnsucht – beim Gefühl. Sigmar Gabriel und Hannelore Kraft, Jürgen Trittin und Claudia Roth hätten für ein rot-grünes Bündnis der Veränderung in einen Wahlkampf ziehen sollen, der diesen Namen auch verdient. Bei allem Respekt – sie hätten höchstens besser, gewiss nicht schlechter abgeschnitten, als Peer Steinbrück abschneiden wird.

Wir lernen daraus: Wenn es um die Rettung der Zukunft geht, sollte man sich nicht auf die Politik verlassen. Es ist schon so, dass wir unsere Sache selber in die Hand nehmen müssen. Wir haben unsere Verantwortung abgegeben. Die Unverantwortlichen, das sind wir selbst. Wir müssen den Weg aus der selbstverschuldeten Unmündigkeit finden. Ohne Mut zur Radikalität wird das nicht gehen.

Die Selbstermächtigung der Zivilgesellschaft gegen die Trägheit der Mächtigen kommt nicht kostenlos. Kants »sapere aude« setzt Mut voraus. Und zwar den Mut, nicht nur zu denken, sondern zu handeln. Der berühmte Spruch, den wir als »Habe Mut, dich deines eigenen Verstandes zu bedienen« übersetzen, ist Teil einer Horaz-Epistel. Und im Original eröffnet sich da noch eine andere Richtung: »Dimidium facti, qui coepit, habet: sapere aude, incipe.« Das heißt: »Wer erst einmal begonnen hat, hat damit schon zur Hälfte gehandelt. Trau dich zu verstehen! Jetzt fang an!«

Wer das Denken beginnt, hat den halben Weg zur Handlung schon hinter sich gebracht.   5.8.2013

Merkel und ihre Deutschen

George Packer ist ein amerikanischer Journalist. Für die Zeitschrift The New Yorker hat er ein Porträt der deutschen Kanzlerin Angela Merkel geschrieben. Mehr: Packer, ein ruhiger Beobachter und ein exzellenter Stilist, hat die Deutschen porträtiert und die Mechanismen der deutschen Öffentlichkeit. Der Blick von außen legt schonungslos frei, was aus der Innensicht den Ruch des Radikalen hat: Volk und Kanzlerin haben einen

Pakt der Politikvermeidung geschlossen. Und das Schlimmste: Ganz viele Journalisten helfen eifrig mit.

Der Amerikaner in Berlin zeigt ein Land im Tiefschlaf. Fassungslos wohnt Packer einer Sitzung des Bundestags bei. Sein Fazit: »Angela Merkel, Kanzlerin der Bundesrepublik Deutschland und mächtigste Frau der Welt, gibt sich alle Mühe, nicht interessant zu sein.«

Dass die mächtigste Frau der Welt gleichzeitig wie die langweiligste wirkt, ist für den Beobachter aus der angelsächsischen Kultur eine einigermaßen deprimierende Erfahrung. Nicht nur für ihn. Emotionale Apathie als Strategie der Politik, verbale Reduktion als Strategie der Kommunikation – Packer hält das für eine Spätfolge des »Dritten Reichs«: »In einem Land, das durch leidenschaftliche Rhetorik und Macho-Gehabe ins Verderben geführt wurde, sind Merkels analytische Distanz und das scheinbare Fehlen jeder Eitelkeit politische Stärken.«

Aber es gibt einen deutschen Anti-Intellektualismus, der ist viel älter. »Ich hasse die Menschen, die mit ihrer nachgemachten kleinen Sonne in jede trauliche Dämmerung hineinleuchten«, lässt Ludwig Tieck seinen William Lovell sagen. Angela Merkel und ihre ins Nichts führenden Sätze, Helmut Kohl und seine unerschütterliche Gemütlichkeit, damals Strickjacke und Saumagen, heute der Templiner See und Kohlrouladen – in seinen Kanzlern bleibt der Deutsche Michel ganz bei sich.

Packer hat mit vielen Leuten in Berlin geredet. Er wollte herausfinden, wie das möglich ist: diese

Frau aus dem Osten, eine Außenseiterin, die keine Hausmacht hat, keinen Stallgeruch, kein Charisma, nichts von dem, was herkömmliche Politiker brauchten. Die Grüne Katrin Göring-Eckardt gab ihm eine vielsagende Antwort: »Die Leute wollen bloß nicht wahrhaben, dass sie einfach eine sehr gute Politikerin ist.«

Aber was ist das, eine gute Politikerin? Wenn Politik bedeutet, die Wirklichkeit nach den eigenen Ideen zu formen, dann ist Angela Merkel gar keine Politikerin. Wenn Politik nur bedeutet, an der Macht zu sein, dann ist Merkel die beste. Ihr politischer Kompass ist so geeicht wie der des Piraten Jack Sparrow: Er zeigt immer dorthin, wo das nächste Ziel liegt.

Merkel und Göring-Eckardt haben offenbar denselben Politikbegriff. Göring-Eckardts Äußerungen lesen sich wie eine Bewerbung für die zweite Geige in einer schwarz-grünen Koalition. Sie wird das sicher sehr, sehr gut machen.

Sie lassen einen frösteln, diese Protestantinnen aus dem Osten.

Das schlimmste Urteil der Packer-Studie gilt aber den Hauptstadt-Journalisten: Er hat mit allen geredet, die in Berlin Rang und Namen haben. Und offenbar haben sie ihm bereitwillig geantwortet. Bis hinein in ihre persönlichen politischen Präferenzen. Die Kollegen haben dem Besucher aus Übersee lauter ganz traurige Dinge über die Kanzlerin gesagt. Dass es ihr nur um Macht gehe und nicht um Gestaltung, dass sie keine Visionen habe, dass man einschlafe, wenn man ihr zuhören müsse, dass sie der deutschen Politik das Blut

Selbstkritik gehört leider nicht zu den herausragenden Eigenschaften der Leute, deren Beruf es ist, an anderen Kritik zu üben. Darum versank die Packer-Studie dort, wo so viele unangenehme Wahrheiten versinken: in Vergessenheit.

aussauge. Und dennoch: »Fast jeder politische Reporter, mit dem ich gesprochen habe, hat Merkel gewählt. Es gab für sie keinen Grund, es nicht zu tun.«

Immerhin. Alphajournalist Bernd Ulrich versuchte das nachher über Twitter geradezurücken. Zur Behauptung George Packers, dass deutsche Journalisten schlecht über Merkel reden, sie aber dennoch wählen, schrieb der stellvertretende Chefredakteur der ZEIT: »Bei mir: beides nicht.«

Da muss der Kollege aus den USA etwas falsch verstanden haben. 4.12.2014

Wir sind geschafft

Im vergangenen Jahr gehörte Angela Merkel zu den Favoriten für den Friedensnobelpreis. Sie hat ihn dann nicht erhalten. Das Komitee in Oslo entschied sich nicht für die deutsche Kanzlerin, die Hunderttausenden von Flüchtlingen Schutz geboten hatte, sondern für ein zivilgesellschaftliches Bündnis aus Tunesien. Vielleicht besser so. Zumindest in Deutschland hat Merkels Flüchtlingspolitik alles andere als Frieden gestiftet. Das Land ist tief gespalten. Die Deutschen sind erschöpft. Dass man in ihrem Namen Weltinnenpolitik betreibt, ist ihnen neu. Niemand hatte sie darauf vorbereitet. Auch die Kanzlerin nicht.

»Was auf der Welt los ist, geht alle an«, hat Merkel gerade gesagt. Das weist in die Richtung der Worte, die Willy Brandt 1980 in der Einleitung zum Nord-Süd-Bericht schrieb: »Die Globalisierung von Gefahren und Herausforderungen – Krieg, Chaos, Selbstzerstörung – erfordert eine Art ›Weltinnenpolitik‹.« Es blieb Brandt erspart, diese Politik auszuprobieren. Er ist darum bis heute der Held des guten Gewissens – und übrigens auch der bislang letzte Deutsche mit Friedensnobelpreis. Merkel hatte nicht so viel Glück. Sie musste sich entscheiden. Die Option, nichts zu tun, gab es Anfang September 2015 nicht mehr. Die hatte die Politik in den Jahren zuvor bereits ausgeschöpft. Merkels Entscheidung wird jetzt schon historisch genannt. Wer weiß, ob kommende Generationen das so sehen. Aber einen Platz im Geschichtsbuch verdient sie allemal – und zwar als Fallbeispiel für Versagen und Gelingen von Politik gleichermaßen. Wer sich für Steuerungsfähigkeit und Gestaltungswillen in der Gegenwart interessiert, dem kann die Krise der deutschen Flüchtlingspolitik eine Lehre sein.

Denn all diese Menschen, die standen ja nicht unerwartet vor der deutschen Tür. Die Deutschen waren die größten Profiteure einer aberwitzigen und unernsthaften Asylpolitik – Stichwort »Dublin« –, durch die alle Lasten der Migrationsströme vom wohlhabenden europäischen Zentrum in die ärmere Peripherie verschoben wurden. Aber, sagt da die Kanzlerin, es gebe nun einmal politische Themen, »die man kommen sieht, die aber im Erleben der Menschen zu einem bestimmten Zeitpunkt noch nicht angekommen sind«.

Ein Achselzucken, mehr nicht? Als gehöre es nicht auch zu den Aufgaben der Politik, den Leuten die kommenden Dinge zu zeigen. Jeder hat ein Recht auf Schläfrigkeit. Die Kanzlerin nicht. Aber es gehört zu den Schwächen gerade der besonders erfolgreichen Politiker, eine Expertise fürs Nichtstun zu entwickeln. Und Merkel war ohnehin die Fachfrau für vollendete Formlosigkeit. Bis die Flüchtlinge sie zu einer geradezu paulinischen Wende zwangen.

Seitdem geht es kreuz und quer im Land. Die Migration wurde zum wichtigsten Thema. Und je nachdem, wie einer dazu steht, findet er sich plötzlich in ungewohnter Gesellschaft. Ob jemand von der allgemeinen Furcht vor dem Fremden erfasst wird und von der besonderen Verachtung für den Islam, entscheidet sich nach allem Möglichen – nur nicht nach alten parteipolitischen Präferenzen. Es war zu erwarten, dass wir dabei erst einmal mehr über uns selbst lernen als über die Neuankömmlinge.

Besonders unangenehm war es zu erleben, wie bei vielen der materielle Überfluss und die empathische Armut zu einer dekadenten Mischung aus seelischer Verhärtung und moralischer Verbitterung geronnen. Man erinnere sich an die 34 CDU-Funktionäre, die im vergangenen Herbst in einem offenen Brief schrieben, die »Politik der offenen Grenzen« stehe nicht »im Einklang mit dem Programm der CDU«. Oder man denke an Alice Schwarzer, die jüngst mit Blick auf die vielen selbstlosen Helfer gesagt hat:»Es ging mehr um sie selbst als um die Flüchtlinge. Ein Hauch von Kitsch wehte mich an.« So sehen hilflose Versuche aus, sich die Gegenwart vom Leib zu halten.

An dieser wichtigsten Folge der Migrationskrise laboriert das Land immer noch: Das bewährte Koordinatensystem taugt nicht mehr zur Beschreibung der politischen Standpunkte. Die Linkspartei wäre über diesem Phänomen beinahe zerbrochen – am Ende musste nur Sahra Wagenknecht gehen.

Überhaupt Alice Schwarzer: Ihre Verachtung für die islamische Kultur machte sie zur Stichwortgeberin der Rechten. Für mich macht sie das selber zu einer Rechten.

Es ist diese Gegenwart, mit der Merkels Gegner hadern. Die Kanzlerin, so schreibt es Berthold Kohler in der FAZ, glaube schlicht nicht daran, »dass sich das reiche und friedliche Europa im Zeitalter globaler Krisen und Wanderungsbewegungen hinter Mauern und Zäunen verschanzen kann«. Merkels Gegner glauben immer noch an die Macht von Mauern und Zäunen. Erstaunlich viele Menschen aber sind im vergangenen Jahr mit der Kanzlerin gegangen, die vielleicht aus der deutschen Geschichte die Lehre gezogen hat, dass keine Mauer am Ende halten wird.

»Wir schaffen das«, hat Angela Merkel am 31. August 2015 gesagt. Die Tagesthemen haben gerade gemeldet, dass Sigmar Gabriel dasselbe schon am 22. August gesagt hatte. Ihm hat man den Satz nicht zugerechnet. Es wurde stattdessen ihr berühmtester. Ob die Deutschen »das« auch schaffen wollen, hat Merkel nicht gefragt. Sie ist damit die radikale Realistin geblieben, die sie immer war.

Wir schaffen das? Vielleicht. Aber wir sind auch geschafft. 1.9.2016

Die falsche Kanzlerin

Angela Merkel will noch einmal Bundeskanzlerin werden. Es gibt Menschen, die freuen sich über diese Ankündigung. Sie glauben, Merkel könne dann jenes Versprechen wahrmachen, das sie neulich im Bundestag gegeben hat: »Deutschland wird Deutschland bleiben, mit allem, was uns lieb und teuer ist.« Aber das ist ein Irrtum. Deutschland und Europa haben sich in Merkels Amtszeit radikal verändert. Die europäische Integration liegt in Trümmern, und wichtige Regeln der deutschen Politik seit dem Zweiten Weltkrieg gelten nicht mehr. Angela Merkel ist keine Kanzlerin der Kontinuität. Sie ist die Kanzlerin des Wandels.

Merkel und die Deutschen – das ist die Geschichte eines fortdauernden Missverständnisses. Im letzten Bundestagswahlkampf floss ihr ganzes politisches Programm in einem einzigen Satz zusammen: »Sie kennen mich.« Aber das stimmt ja gar nicht. Wir kennen sie eben nicht. Sie verstellt sich. Diese Kanzlerin inszeniert sich als ruhige Kraft. Aber ruhig soll nur der Bürger sein. Frau Dr. Merkel hat im Kanzleramt eine Praxis für politische Anästhesie eröffnet. Operiert wird erst, wenn der Patient eingeschlafen ist. Wir alle sind der Patient.

Der deutsche Sozialstaat, die europäische Einigung, das Verhältnis zu Russland, das Parteiensystem – nichts davon ist mehr so, wie es war, als Merkel an die Macht kam. Man kann solchen Wandel für unvermeidlich halten. Dann aber taugt auch Merkel nicht als Kraft der Kontinuität. Man kann der Kanzlerin zugutehalten, sie habe diese radikalen Transformationen nicht verursacht. Dann aber muss man erklären, warum Merkel künftig in der Lage sein soll, sie zu steuern. So oder so – die Rechnung geht nicht auf, und Merkel bleibt auch nach elf Jahren in der Regierung die große Unbekannte.

»Jeder sieht, was Du scheinst. Nur wenige fühlen, wie Du bist.« Das ist die doppelte Buchführung der politischen Philosophie, wie Machiavelli empfohlen hat. Herfried Münkler hat in einem Interview mit dem Deutschlandradio gerade an ihn erinnert und gesagt, da der Pöbel immer dem Schein folge, bestehe die kluge Politik darin, sich den Schein nutzbar zu machen. Merkel macht nichts anderes. Sie ist die Kanzlerin des Scheins. Das klingt paradox angesichts eines politischen Hütchenspielers wie Donald Trump, dem es gelungen ist, sich *against all odds* zum Präsidenten wählen zu lassen. Aber was die Benebelung der Öffentlichkeit angeht, kann unsere Kanzlerin durchaus mithalten.

Merkel gibt sich bescheiden. Aber es gibt eine eitle Bescheidenheit. Merkel beherrscht die Kunst, die Lust an der Macht in die Begriffe der Verantwortung zu verkleiden. Die Süddeutsche Zeitung hat beschrieben, wie die Kanzlerin mit sich gerungen hat, bevor sie sich zum Weitermachen entschloss. Das liest sich wie ein Stück aus der Legenda aurea: die Kanzlerin ist allein, mit wenigen Getreuen, »in sehr kleiner Runde«. Sie denkt ans Aufhören. Das ist ihre Versuchung, der Wunsch zu vollbringen, was keinem gelang: der Abgang aus freien Stücken. Dann jedoch mahnt Joachim Sauer, der Ehemann, es dürfe nicht die Eitelkeit, auch hier die Erste zu sein, den Ausschlag geben. So siegt, nach kurzer Anfechtung, doch die Pflicht. Langsam, beinahe schmerzhaft, erhebt sich die Kanzlerin und geht wieder hinaus in die Schlacht.

Rührend.

Donald Trump ist der Meister der Großkotzig-

Auch Jahre später ist dieser SZ-Artikel immer noch ein Lehrstück journalistischer Hagiografie. Wieso hält sich eigentlich so hartnäckig das Gerücht, die Mehrheit der Journalisten sei »irgendwie links«?

keit. Angela Merkel ist die Meisterin der Bescheidenheit. Meister der Inszenierung sind sie beide.

Merkels Desinteresse an Europa, ihre Vernachlässigung der sozialen Spaltung, ihre Feindschaft zu Russland – Deutschland hat bereits einen hohen Preis bezahlt für diese Kanzlerschaft, die sich den Anschein von Berechenbarkeit und Stabilität gibt. Der höchste Preis aber ist die Beschädigung der politischen Kultur. Mit der AfD hat sich genau die rechte Partei etabliert, die alle Unions-Chefs vor Merkel bislang verhindern konnten. Die früher so gerühmte Politik der Mitte kommt uns teuer zu stehen: Hass ist an die Stelle von Streit getreten.

Angela Merkel tritt also wieder an. Aber die Probleme, die sie jetzt lösen muss, hat sie selber mit verursacht. Wie soll das gehen? Die Kanzlerin gibt vor, sie wolle aus reiner Selbstlosigkeit weitermachen. Danke. Aber nein, danke. Wenn Sie es mit der Verantwortung ernst nimmt, sollte Angela Merkel den Weg für einen Nachfolger frei machen. 24.11.2016

Merkels Hose und die Angst der Deutschen

Es gibt im Film »Spiel mir das Lied vom Tod« eine tolle Szene. Jemand wird erschossen, und der Killer sagt: »Wie soll ich einem Mann trauen, der sich einen Gürtel umschnallt und außerdem Hosenträger hat? Einem Mann, der noch nicht mal seiner eigenen Hose vertraut?« Diesen Satz bitte im Ge-

Merkel als Mutter der AfD – das ist ein schwerwiegender Vorwurf. Aber ich stehe dazu: Als Chefin der CDU wäre es ihre Aufgabe gewesen, das alte Strauß-Diktum – »keine Partei rechts von uns« – zu verteidigen. Stattdessen hat sie lieber ihr Amt verteidigt.

dächtnis behalten. Denn darum geht es: um Hosen und die Frage, woher in einer Welt des Wahnsinns das Vertrauen kommt.

Die Welt dreht ja gerade durch, und Donald Trump ist ihr Präsident. Dies ist das Zeitalter der Auflösung. Man kann zusehen, wie sich das Gewebe der Nachkriegsordnung mit wachsender Geschwindigkeit aufribbelt. So ist das, wenn ein Imperium zerfällt. Das hier ist unsere Spätantike. Das amerikanische Reich löst sich auf. Ängstlich blicken die Deutschen um sich und landen auf der Suche nach einem festen Punkt bei Angela Merkel. Es gibt den spätrömischen Historiker Ammianus Marcellinus, den kann man jetzt mal wieder lesen. Er beschreibt ein von innen zerfallendes und von außen bedrohtes Reich. Eine Welt, die bevölkert ist von einem hoffnungslosen, sadistischen, machtgierigen abergläubischen und übermüdeten Personal. Unsere Welt. Aber Trump ist wahrhaft kein Kaiser Julian, er würde nicht stehend sterben. Im Gegenteil. Er ist der winselnde Präsident:

»Kein Politiker in der Geschichte, und das sage ich aus voller Überzeugung, wurde schlechter oder unfairer behandelt als ich!«

Trump ist als Kopf einer revolutionären Bewegung ins Amt gekommen. Aber die Trump-Revolution ist steckengeblieben. Es ist dem Präsidenten nicht gelungen, die Kontrolle zu ergreifen. Der Apparat wehrt sich. Die Institutionen leisten Widerstand. Auf die eigenen Leute ist kein Verlass. Weil es eine rechte Revolution ist, muss sie ohne positive Utopien auskommen. Wer schließt sich einem solchen Mann an? Wer folgt seinem Ruf?

Wahrhaftig nicht die Besten der Besten, sondern professionelle Versager, amoralische Nihilisten, opportunistische Glücksritter und schlichte Charakterschweine.

Je weniger Kontrolle Trump hat, desto größer ist sein Interesse an Chaos: der Naziterror in Virginia, die groteske Atomkrise mit Nordkorea – dieser Präsident lebt von der Unordnung. Zu jener toten Frau, die in Charlottesville Opfer eines rechtsterroristischen Angriffs wurde, fand Trump nur lauwarme Worte. Die Empörung darüber geht fehl. Die Nazis, die Rechten, die Rassisten, das sind seine Leute. Die wählen ihn – soweit sie wählen gehen. Und da dieser Mann keine anderen Werte hat als den eigenen Nutzen, hätte es für ihn keinen Sinn ergeben, sich von seinen Wählern zu distanzieren.

In seinem demnächst erscheinenden Buch schreibt Bernd Ulrich:»Nicht die Marktwirtschaft zieht die Demokratie nach sich, sondern die Ungleichheit die Diktatur.« Wenn der Chefredakteur der ZEIT, mithin des Zentralorgans des deutschen Bürgertums, so weit geht, dann muss sich der Zweifel tief ins System gefressen haben.

Aber was ist die deutsche Antwort? Schweigen. Das ist eine paradoxe Gleichzeitigkeit: die Welt dreht durch – und Deutschland verfällt in Erstarrung. Die Kanzlerin hat gerade das Wahlkämpfchen mit einem Auftrittchen in Dortmund sozusagen offiziell eröffnet, oder war es Duisburg? Jedenfalls irgendwo, wo man Merkel nicht erwartet. Aber Merkel ist ja wie der Igel im Märchen: Man erwartet sie nicht, und dann ist sie schon da.

Obwohl buchstäblich alles auf dem Spiel steht, ist die Stimmung so, als ginge es um nichts.

Merkels Politikstil vermeidet Auseinandersetzungen weil jede Auseinandersetzung voraussetzt, dass es überhaupt etwas gibt, über das man sich auseinandersetzen kann – also Alternativen.

Merkel und ihren Leuten ist es gelungen, diese Strategie nicht nur auf die Wähler anzuwenden, sondern gleich auf die ganze Öffentlichkeit. Auch die Journalisten sind inzwischen weitgehend demobilisiert. Hin und wieder gibt es ritualisierte Erinnerungen daran, dass die Wahl noch nicht entschieden sei. Und dann halten sich alle weiter die Ohren zu vor dem Lärm einer anbrandenden Welt.

Und jetzt noch mal zur Hose: Im Netz machte eine kleine Collage der Kanzlerin die Runde: Bilder von Angela Merkel beim Wandern, weiße Dreiviertelhose, rot-weiß kariertes Hemd, weiße Mütze, 2013, 2014, 2015, 2016, 2017, jedes Jahr das gleiche Bild.

Es ist nicht ganz klar, wer die Bildstrecke montiert hat, vermutlich waren es britische Boulevardjournalisten, die sich über Merkels Schlichtheit lustig machen wollten. Aber das wäre ein großes Missverständnis. Die bittere Wahrheit ist: Die Deutschen haben solche Angst vor Veränderung, dass sie Angela Merkel schon deshalb für eine gute Kanzlerin halten, weil sie immer die gleiche Hose trägt. 14.8.2017

Randnotiz: Im Twitterverse, das ist die von nicht durchweg intelligenten Lebensformen bewohnte Zone der sozialen Medien, wurde diese Kolumne in der Weise verstanden, dass der Autor als Angehöriger einer abgehobenen Elite sich über die Dauerhose der Kanzlerin habe lustig machen wollen. Aber, wie es im Text schon heißt: »Das wäre ein großes Missverständnis.«

2 Die rechte Revolution

Im Land der Niedertracht

»93 Jahre. Das ist ein bisschen wie die letzte Etappe. Das Ende ist nicht mehr fern.« Mit diesen Worten beginnt ein schmaler Text, der zurzeit Frankreich aufwühlt.

Stéphane Hessel heißt der Autor, ein Diplomat und Dichter. Titel der Schrift: »Empört Euch!« Es ist kein Ruf an die Waffen. Hessel hat das KZ Buchenwald überlebt, er hasst die Gewalt. Aber es ist ein Aufruf zum Kampf. »Für eine Gesellschaft, auf die wir stolz sein können«, schreibt Hessel.

Stolz ist ein wichtiges Wort im Leben der Nationen. Die Leute wollen stolz sein auf ihr Land. Die würdige Gesellschaft, sagt Hessel, ist diese: »Das Interesse der Allgemeinheit soll über dem Interesse des Einzelnen stehen, die gerechte Verteilung der Früchte der Arbeit soll wichtiger sein als die Macht des Geldes.« Hessels Heft wurde in Frankreich in einer Auflage von 900 000 Exemplaren gedruckt. Es liegt an den Zeitungskiosken neben der Kasse. Die Leute kaufen es wie verrückt. Die Schrift eines Greises, der sie an ihr Gewissen erinnert. An ihre Werte. Und der sie zur Empörung aufruft gegen ein System, in dem Gewissen und Werte wenig zählen.

Die französische Bevölkerung ist um etwa ein

Drittel kleiner als die deutsche. Die Auflage von Hessels Schrift ist für französische Verhältnisse etwa so hoch wie die Auflage eines anderen Buches, das in den vergangenen Monaten Deutschland aufgewühlt hat. Auch dieses Buch, das bestverkaufte deutsche Sachbuch seit langer Zeit, handelt von der Sorge um die Gesellschaft. Auch diesem Buch lag eine Empörung zugrunde. Darin erschöpfen sich dann aber auch die Parallelen zwischen den Werken Thilo Sarrazins und Stéphane Hessels.

Worüber empört sich der Deutsche?»Ich möchte nicht, dass das Land meiner Enkel und Urenkel zu großen Teilen muslimisch ist, dass dort über weite Strecken Türkisch und Arabisch gesprochen wird, die Frauen ein Kopftuch tragen und der Tagesrhythmus vom Ruf der Muezzine bestimmt wird. Wenn ich das erleben will, kann ich eine Urlaubsreise ins Morgenland buchen.«

Worüber empört sich der Franzose? Über »diese Gesellschaft der rechtlosen Ausländer, der Abschiebungen und des Generalverdachts gegenüber den Einwanderern, (...) diese Gesellschaft, in der die Renten unsicher werden, der Sozialstaat abgebaut wird und die Medien in den Händen der Reichen liegen, alles Sachen, die wir niemals akzeptiert hätten, wenn wir die wahren Erben der Résistance wären«.

Denn der Franzose Hessel gründet seinen Appell auf die Werte des französischen Widerstands gegen die deutschen Besatzer. Wenn Hessel sich um Frankreichs Zukunft sorgt, geht es um Gerechtigkeit. Sarrazins Sorge um die Zukunft Deutschlands dreht sich um Geld und Gene.

Die deutschen Zeitungen haben mit einer gewissen Zurückhaltung über Hessels Buch berichtet. Die Ehrfurcht vor einem, der aus dem KZ entkommen ist, dessen Unterschrift sich unter der Charta der Menschenrechte der Vereinten Nationen findet, verbietet Spott und Häme. Aber an ein so ungebrochenes Pathos wie das des alten Mannes ist unsere Öffentlichkeit nicht gewöhnt. Haben wir uns nicht, wenn hierzulande das Thema Ungerechtigkeit aufkommt, an dystopische Visionen à la Sarrazin gewöhnt, an zynische Witze oder an teilnahmsloses Achselzucken?

Sarrazins Buch erreichte eine Auflage von 1,5 Millionen Exemplaren. Und es war ja nicht sein letztes. Im Rückblick wird noch klarer: Die rechte Revolution hat in Deutschland tatsächlich mit diesem Mann begonnen – einem Mitglied und ehemaligen Politiker der SPD. Selten war ein Publizist so erfolgreich wie Sarrazin. Und der deutsche Hessel? Der fehlt noch immer.

Zur Ehrenrettung des deutschen Publikums muss man hinzufügen, dass auch Hessels Buch in Deutschland ein großer Bestseller war – das konnte der Kolumnist allerdings noch nicht wissen, da die deutsche Ausgabe erst im Februar 2011 erschien.

Stéphane Hessel hat seinen Lesern den schönen Satz geschenkt: »Ich wünsche jedem Einzelnen von Ihnen einen Grund zur Empörung. Das ist sehr wertvoll. Wenn etwas Sie empört, wie mich die Nazis empört haben, werden Sie kämpferisch, stark und engagiert.«

Ein solches Pathos des politischen Engagements konnten in Deutschland zuletzt die Grünen zum Leben erwecken. Aber das ist 30 Jahre her.

Es hätte ein großes Erschrecken durch dieses Land gehen müssen, als klar wurde, dass Sarrazins Buch das bestverkaufte seiner Art sein würde. Ein Innehalten. Ein Schämen. Es ist da ein tiefsitzender Rassismus deutlich geworden, der sich nach oben arbeitet, der durchbricht, der sich was traut. Man kann offenbar solche Sachen wieder sagen:

»Ich muss niemanden anerkennen, der vom Staat lebt, diesen Staat ablehnt, für die Ausbildung seiner Kinder nicht vernünftig sorgt und ständig neue kleine Kopftuchmädchen produziert.«

Es macht keinen Spaß, diese Feststellung zu

treffen: In Frankreich wurde ein Buch der Hoffnung zum Bestseller. In Deutschland ein Buch der Niedertracht. Wie kommt es, dass die deutsche Empörung etwas Böses hat und die französische etwas Befreiendes? Wie kommt es, dass die Franzosen Stéphane Hessel haben und wir Thilo Sarrazin? 13.1.2011

Politik für Männer ab 50

Neulich in Oberursel: Die »Alternative für Deutschland« sammelt sich. Rund 1200 Bürgersleute sind zusammengekommen, vor allem Männer, die meisten über 50 und gutsituiert, um den Kampf gegen den Euro aufzunehmen.

Das war schon fast ein Gründungskongress, wenn auch die offizielle Gründung erst im April ansteht. Aber die Medien reagierten seltsam verhalten. Als wollten sie die Euro-Gegner durch zu viel Aufmerksamkeit nicht aufwerten. Dabei sagt eine Umfrage, dass 26 Prozent der Deutschen sich vorstellen könnten, eine euroskeptische Partei zu wählen. Wer weiß, wo die Werte landen, wenn das Programm noch erweitert wird. Denn man kann ja getrost davon ausgehen, dass der Euro erst der Anfang ist. Als Nächstes geht es gegen den Islam, die Klimaforschung, den Feminismus und die Schwulen – das ganze Programm der modernen Rechtspopulisten.

Weg mit dem Euro, stattdessen ein Europa der souveränen Staaten, Abbau der Brüsseler Bürokratie, ein »mütterfreundlicheres« Deutschland und eine Neuordnung des Einwanderungsrechts: Das sind Kernforderungen der »Alternativen«. In der ersten Reihe finden sich ein früherer FAZ-Redakteur und ein ehemaliger Staatssekretär. Auf der Liste der Unterstützer: ein ehemaliger Ressortleiter der ZEIT und ein ehemaliger BDI-Chef. Überhaupt viele Ehemalige und Emeritierte. Denn anders als vor 33 Jahren bei der Gründung der Grünen sind die »Alternativen« von heute schon etwas älter. Und vor allem arriviert: Lauter Professores und Doctores finden sich auf der Liste, so viele, dass man damit zwei mittlere Universitätsstädte bestücken könnte. Das hier ist Deutschlands wertkonservatives Bürgertum. Die CDU hat allen Grund, sich zu fürchten.

Schrille Töne gab es nicht in Oberursel. Aber ein drohender deutscher Unterton der Unzufriedenheit war nicht zu überhören. Alexander Gauland, einst Staatssekretär des hessischen Altkonservativen Walter Wallmann, gab einen interessanten Einblick in zeitgenössisches bürgerliches Geschichtsdenken, als er seinen Zuhörern die Euro-Welt erklären wollte: »Deutschland war immer zu groß für Europa, aber zu klein für die Welt, und obwohl wir zwei Weltkriege hinter uns gebracht haben, hat sich das Problem erstaunlicherweise nicht wirklich reduziert.« So kann man das auch nennen, wir haben zwei Weltkriege »hinter uns gebracht«.

Anstatt den Kontinent zusammenzuführen, trenne die gemeinsame Währung ihn. Konrad Adenauer habe sich im europäischen Ausland keine Nazi-Karikaturen gefallen lassen müssen,

Angela Merkel schon. Daraus zogen die Oberurseler Euro-Gegner den Schluss, dass die Idee der gemeinsamen Währung nichts tauge. Sie kamen gar nicht auf die Idee, dass die deutsche Politik eine Ursache der Krise sein könnte.

Dass der Euro nicht funktioniert, liegt ja nicht daran, dass Europa für eine gemeinsame Währung noch nicht bereit ist. Sondern unter anderem auch daran, dass Deutschland nicht verstanden hat, was Integration bedeutet. Bisher haben wir uns so verhalten, als sei es schon Integration, wenn wir den anderen sagen, was sie machen sollen. Da fühlt sich mancher Miteuropäer an das deutsche Integrationsverständnis der vierziger Jahre des vergangenen Jahrhunderts erinnert. Integration würde bedeuten, dass auch die Deutschen ihre Politik aus Niedriglöhnen und Exportschwemme dem europäischen Ganzen anpassen.

»Nichts ist rechts oder extremistisch an der Idee, den Euro aufzugeben und eine neue, kleinere Währungsunion in den europäischen Nordländern zu gründen«, schrieb Frank Drieschner in der ZEIT vor der Veranstaltung in Oberursel. Und dennoch sei die Verbindung zum rechten Extremismus »unvermeidlich«. Das ist richtig. Das liegt nicht an den unmittelbar beteiligten Personen, sondern daran, dass bestimmte Ideen in einem bestimmten Umfeld besonders gut gedeihen.

Das Gespenst des Rechtspopulismus geht schon seit langem in Europa um. Deutschland war bislang verschont geblieben. Es gab auch hier populäre Rechtsabweichler. Einen kleinen Vorgeschmack, was da im deutschen Bürgertum so schlummert, hatten wir schon vor zehn Jahren bekommen, als der Zeithistoriker Arnulf Baring zum Widerstand gegen Rot-Grün aufrief:»Bürger, auf die Barrikaden! Wir dürfen nicht zulassen, dass alles weiter bergab geht, hilflose Politiker das Land verrotten lassen.« Und wie viele Deutsche mögen dann später vom populistischen Dream-Team Sarrazin/Guttenberg geträumt haben? Aber die Volkstribune waren immer zurückgeschreckt.

Guttenberg hatte in einem Gesprächsband, den er mit ZEIT-Chef Giovanni di Lorenzo gemacht hatte, nur gute Tipps zur Gründung einer populistischen Partei geben wollen: Man müsse die»Programmatik so deutlich entwerfen, dass gewisse Randgruppen, aber auch notorische Querulanten überhaupt nicht auf die Idee kommen, mit der neuen Gruppierung zu kokettieren. Ein klares Bekenntnis zu Israel beispielsweise würde den rechten Rand wohl abschrecken.«

Das war entweder der Versuch der Manipulation oder eine schlichte Fehleinschätzung. Die populistische Rechte hat mit Israel schon längst kein Problem mehr. In ihrer Ideologie mischt sich auf krude Weise die Furcht vor der Überfremdung durch den Islam mit der Ablehnung der Ergebnisse der Klimaforschung, dem Wunsch nach Rückkehr zur Atomkraft und dem brutalen Spott über alle Bemühungen, eine gerechte, inklusive Gesellschaft zu errichten, die allesamt mit dem vergifteten Begriff des»Gutmenschentums« bedacht werden.

Der freundlich lächelnde Hamburger VWL-Professor Bernd Lucke, der zurzeit noch das Gesicht

Der Erfolg des israelischen Ministerpräsidenten Benjamin Netanjahu war im Gegenteil ein Vorbild für rechtspopulistische Bewegungen weltweit. Netanjahu hat vorgemacht, wie man eine westliche Demokratie mit einer Mischung aus»ethnischem Nationalismus und Anti-Establishment-Populismus« (Economist) gewinnen kann.

der »Alternative« ist, kann sich da noch auf einiges gefasst machen. Hans-Olaf Henkel, der prominenteste Deutschland-Alternativler, hatte eine Parteigründung noch vor zwei Jahren als »Himmelfahrtskommando« bezeichnet. Eine Anti-Euro-Partei würde nicht nur Liberale locken: »Da stehen dann schnell die Braunen bei Ihnen im Saal.« Offenbar sieht man darin nun kein Risiko mehr. Im dunklen Spektrum verschwimmen die Farben leicht.

Wenn die Bundestagswahl im Herbst ähnlich knapp ausgeht wie die Wahlen in Niedersachsen, dann könnten die Stimmen für die neuen Konservativen Angela Merkel das Amt kosten. Eigenartige Ironie: Dann wäre die Kanzlerin am Ende doch über den Euro gestürzt. 18.3.2013

Hans-Olaf Henkel hat Recht behalten: Mit Leuten wie Björn Höcke hat die AfD tatsächlich die »Braunen« im Saal. Das Kommende hat sich früh abgezeichnet. Aber Merkel behielt natürlich ihr Amt.

Mitte und Antipolitik

Eine Revolution ist im Gange. Eine große Umwälzung. Ob sie zum Guten oder zum Schlechten führt, ist noch nicht ausgemacht. Die Waffe dieser Revolution ist der Populismus. Ihr Medium ist das Internet. Wie jede Revolution hat auch diese ihre Ziele und ihre Opfer. Das Ziel ist die Erneuerung der Demokratie. Sie hat es dringend nötig. Das Opfer ist das politische System der Mitte. Wir sollten ihm nicht zu viele Tränen hinterherweinen. Noch spürt Deutschland, der schläfrige Riese im Herzen Europas, vom kommenden Sturm nur einen leisen Hauch. Aber hoffentlich bläst auch hier bald ein frischer Wind den Mehltau fort, der das politische System erstickt. Es ist der Mehltau der Mitte.

Vielleicht ist es ganz gut, dass immer weniger Menschen Zeitungen lesen. Dort steht nämlich, dass die nächste Kanzlerin schon feststeht: Angela Merkel. Und dass die SPD sich nicht sicher ist, ob sie einen Kanzlerkandidaten aufstellen soll. Deutschland zeigt, wie eine Demokratie Selbstmord begehen kann. Das Elend der Deutschen liegt darin, dass sie Apathie mit Stabilität verwechseln. Und dieses Elend hat einen Namen: Mitte.

Die Mitte ist der Ort der politischen Korruption. Die Demokratie stirbt in der Mitte. Wir vergessen leicht: Mit der reinen Demokratie haben wir es im Westen ohnehin nicht zu tun. Sondern mit gemischten Staatsformen, in denen die Macht von Repräsentanten des Volkes und einer neuen Aristokratie gemeinsam ausgeübt wird. Das erfordert eine feine Balance. Aber eine aristokratische Elite in Firmen, Finanzen und Verwaltung entzieht sich mehr und mehr der demokratischen Kontrolle.

Der französische Konservative Philippe Seguin hat gesagt: »Dort wo die Demokratie existiert, wird immer weniger entschieden und umgekehrt, dort, wo immer mehr entschieden wird, ist keine Demokratie mehr.« Es sind die Politiker der Mitte und ihr Argument der Alternativlosigkeit, die der Demokratie das Leben austreiben. Selbst ein konservativer Denker wie Herfried Münkler räumt ein, dass die Dominanz der Mitte im deutschen Parteiensystem zu einer Einschränkung der politischen Programmatiken führe: »Man kann auch von einer politischen Horizontverengung sprechen.«

Das war tatsächlich der Gipfel der Selbstverzwergung, wenn das schiefe Bild erlaubt ist. Die SPD hat Merkel immer für ihre Stärken bewundert – anstatt ihre Schwächen zu attackieren.

Ja, die deutsche Politik hat einen zu engen Horizont. Unter dem bleiernen Himmel der »Alternativlosigkeit« erstickt die Demokratie. Wenn das Volk von einem Machtwechsel immer weniger hat, dann bleibt ihm nur, der Politik ganz den Rücken zu kehren oder sich gegen die ganze Politik zu wenden. Beides geschieht.

»Man spürt, irgendwas läuft schief im Land, obwohl doch alles so gut läuft«, hieß es neulich in einem Leitartikel der ZEIT. Ein vielsagender und trauriger Satz. Es will schon was heißen, wenn selbst das Leitmedium deutscher Selbstzufriedenheit das wachsende Unbehagen konstatiert, das sich im Bürgertum breitmacht.

Neulich hat sich die ZEIT über die Satire-Formate im deutschen Fernsehen entrüstet. Sie würden »Skandallust und Medienfrust mit enormem Erfolg bedienen« und so »Abscheu und Misstrauen« gegen das System steigern. »Satire darf alles«, sagt die ZEIT, »klar, sie darf böse sein, einseitig, zynisch. Aber wenn sie vom Rand der Debatte in deren Mitte rückt, sagt das viel über die Gesellschaft.« Mehr als die Feststellung der Symptome ist aber auch hier nicht drin. Das würde die Grenzen des schwarz-grünen Klienteljournalismus sprengen.

Bislang gelingt es in Deutschland nicht, die Unzufriedenheit in produktive Politik umzumünzen. AfD und Pegida sind der Aufstand der Ohnmächtigen, die Renaissance des Ressentiments. Da wird das »Nein« zur einzig schöpferischen Tat. Und das Netz, das anderswo zur Quelle des Protests wurde, hat in Deutschland nur das gescheiterte »Piraten«-Projekt hervorgebracht.

In Griechenland und Spanien sind dagegen neue, progressive linke Bewegungen gewachsen. Und in England geschieht gerade Unerhörtes: Die Labour Party könnte im September einen richtigen, echten Linken zum Chef wählen. Einen Mann, der keine Atomwaffen mag, der die NATO ablehnt, der Schulden nicht für den Weg des Teufels hält und Privatisierungen nicht für den Weg des Heils.

Einen Mann, der sich auch äußerlich von den Anzughelden moderner, europäischer Mitteparteien unterscheidet: Jeremy Corbyn trägt Schrubbelbart und Cordhosen und sieht aus wie ein Sozialkundelehrer. Seit Jahrzehnten sitzt er im Parlament, nie hat er irgendeinen wichtigen Posten bekleidet, aber immer wenn die englischen Sozialdemokraten irgendeine Schweinerei des Establishments mitgemacht haben, egal ob Krieg oder Privatisierungen, war Corbyn dagegen. Das Netz liebt ihn. »Der Hashtag #JezWeCan wird auf Twitter gerade alle 25 Sekunden benutzt«, hat der Guardian gerade geschrieben.«

In Italien hat das »MoVimento 5 Stelle« des Satirikers, Clowns und Aktivisten Beppe Grillo mit der Kraft des Netzes das gesamte politische System umgeworfen. Ein Drittel der Parlamentssitze wird inzwischen von Grillos Leuten gehalten. Grillo hält demonstrativen Abstand zu den Institutionen. Er steuert seine Bewegung – und seine Fraktion – über das Netz. Der französische Politikwissenschaftler Jacques de Saint Victor nennt Grillos Blog eine »Waffe der massenhaften Zerstörung und Eroberung der öffentlichen Meinung«.

Victor ist ein Konservativer. »Die Antipolitischen« heißt sein Essay, in dem er das Entstehen neuer politischer Kräfte aus dem Netz beklagt. Und das Netz mit seinem rauen Ton, mit seinen Möglichkeiten der Teilhabe, mit seinen Risiken der Manipulation, ist den Konservativen ein Graus.

Die Populismus-Sirene ist der Alarm, den das konservative Establishment im Angesicht der neuen Bedrohung schlägt. Aber das ist ein Missverständnis. Denn der Populismus setzt die Kraft frei, die zur Erneuerung des beschädigten Systems notwendig ist. Die Politiker der Mitte verstehen und fühlen nicht, was geschieht. 6.8.2015

Die Cinque Stelle verhalfen dann 2018 der ultrarechten Lega Nord an die Regierung – und lieferten Italien damit dem Halbfaschisten Salvini aus. Das war entweder der schlagende Beweis für die Irrwege des Populismus oder nur ein Symptom der italienischen Besonderheiten. In jedem Fall ist aber der Populismus eine Antwort auf die Legitimationskrise der repräsentativen Demokratie, die der Ungerechtigkeit nicht mehr Herr wird.

Der Faschismus lebt

»Das ist ein gutes Deutschland, das beste, das wir jemals hatten.« Joachim Gauck hat das vor einem Jahr gesagt. Ein schöner Satz. Für solche schönen Sätze lieben ihn die Menschen. Gauck ist ein Schön-Redner. Und gemeinsam mit ihrem Präsidenten haben sich die Deutschen ihr Deutschland schöngeredet. Vielleicht aus jener merkwürdigen Sehnsucht heraus, die im berühmten Satz vom »Ende der Geschichte« steckte: dass die Dinge endlich ein für alle Mal gut sind. Aber wir wissen längst, dass die Geschichte nicht zu Ende ist – und für die deutsche Geschichte gilt das erst recht.

Wir sehen gerade, wie ein Stück dieser Geschichte lebendig wird: der Faschismus. Nichts anderes ist es, wenn Enttäuschung, Lüge, Hass und Gewalt zu Politik werden: Faschismus. Wer dachte, Geschichte wiederhole sich nicht, der irrt.

Im Sommer 2019 kamen Warnungen ausgerechnet aus den Reihen der CDU, dass bei Polizei und Militär in Deutschland die Sympathie für die Rechten zunähme. Das war etwa zur selben Zeit, da der CDU-Politiker Walter Lübcke mutmaßlich von einem Rechtsterroristen erschossen wurde. Immerhin das hat Merkel geschafft: dass die CDU bei den Rechten nicht mehr als rechte Partei durchgeht.

Wie reagiert das liberale Deutschland? Die Rechten werden mit Abscheu betrachtet und als Idioten beschimpft. Der Verfall der bürgerlichen Kultur wird beklagt. Die Fähigkeit zum Gespräch wird vermisst. Das Internet wird beschuldigt. Oder die verfehlte Erziehung. Aber das sind nur die Symptome. Nicht die Ursachen. Nach den Ursachen wird erstaunlich wenig gefragt. Das liegt daran, dass wir das Denken in sozio-ökonomischen Begriffen verlernt haben. Oder es nicht wagen.

Wer meint, der Hass komme aus dem Netz, von falscher Erziehung oder zu viel Fernsehen, sollte Heinz Bude lesen. Im September hat der Soziologe in der FAZ einen Text geschrieben, der Analyse an die Stelle von Appellen setzte.

Bude beschreibt eine neue gesellschaftliche Klasse: das Dienstleistungsproletariat. Es sind die Leute, die die Pakete packen, die in der Auslieferung arbeiten, die Häuser und Züge reinigen, in den Supermärkten die Regale füllen und an der Kasse sitzen. Sie arbeiten 40, 50 Stunden die Woche und bekommen dafür 900 Euro, vielleicht 1100. In Deutschland sind das zwölf bis 15 Prozent der Beschäftigten, fünf, sechs Millionen Menschen. Sie machen den anderen das Leben leichter, jenen, die in der globalisierten Wirtschaft mithalten können. Aber ihnen selbst nützt keine Globalisierung, kein Wirtschaftswachstum und kein Mindestlohn.

Für diese Menschen sind die Flüchtlinge, die jetzt zu Hunderttausenden nach Deutschland kommen, nicht nur eine ausgedachte Bedrohung sondern eine reale – eine Reservearmee, stets bereit, sie zu ersetzen.

Bude schreibt dann von denen, die er die »Verbitterten« nennt. Leute, die »trotz guter Bildungsvoraussetzungen und hoher Leistungsbereitschaft die Position vergleichbarer anderer nicht erreicht« haben. Die sich ihres »prekären Wohlstands« nicht recht freuen können, weil sie ihn dauernd gefährdet wissen. Noch einmal zehn Prozent.

Gemeinsam mit der neuen Unterschicht sind das zehn Millionen Menschen, die bereitstehen für das, was der Soziologe die »Koalitionen der Angst« nennt, die quer durch die Gesellschaft laufen: »Wenn Dienstleistungsproletarier und prekär Wohlhabende sich in einem diffusen Misstrauen gegen das System verbünden, wird es brenzlig im Land.«

In der Ära der Selbstoptimierung sehen diese Leute in den Spiegel und stellen fest: da ist nicht viel zu optimieren. Besser wird es nicht. Sie haben die Maßstäbe gelernt, die in dieser Gesellschaft darüber entscheiden, was wertvoll ist. Und sie wissen, wo sie da stehen. Das ist das Wesen unserer neoliberalen Variante von Demokratie: Sie erkennt im Menschen nur den *homo oeconomicus* und entkleidet ansonsten alle Begriffe ihres Inhalts. Würde, Freiheit, Gerechtigkeit – das bedeutet alles etwas anderes. Oder nichts.

Der Neoliberalismus hat die Menschen glauben gemacht, ein natürliches Gesetz zu repräsentieren, eine objektive Vernunft. Aber er ist eine totalitäre Ideologie. Er beansprucht und erfasst den ganzen Menschen. Wer im Neoliberalismus versagt, versagt darum total.

Was sollen dann den Versagern in diesem System noch die Appelle an Pflicht und Grundgesetz und Mitgefühl? Es ist ein System, das alle nicht ökonomischen Werte negiert, das alles Öffentliche verächtlich macht, das die Intellektuellen nicht braucht und den Bürger als Citoyen nicht schätzt. Und was bleibt davon, wenn es das einzige Versprechen, das ihm eigen war, nicht hält: das Versprechen des materiellen Wohlstands? Nichts. Und von diesem Nichts zum Faschismus ist es nur ein kleiner Schritt. In Dresden und anderswo tut eine wachsende Zahl von Menschen gerade diesen Schritt. Das liberale Deutschland empört sich zwar über die rechten Exzesse. Aber an den wahren Ursachen zeigt es sich desinteressiert. Denn sonst gälte es, sich einzugestehen, was die amerikanische Soziologin Wendy Brown formuliert hat: Der Sieg des Neoliberalismus – und die Schwäche sowohl linker als auch liberaler Politik – ist ein Zeichen für eine »allgegenwärtige, wenn auch uneingestandene Erschöpfung und Verzweiflung an der abendländischen Kultur«.

Wir haben aufgehört, an eine bessere Welt zu glauben. 26.10.2015

Es fehlt in unserer Gegenwart nicht an Erkenntnis, sondern an Mut, auf das Erkannte auch zu reagieren – oder an Phantasie?

War Hitler links?

War Adolf Hitler ein Linker? Die Frage hat der berühmte Journalist Joachim Fest allen Ernstes einmal gestellt. In einem Zeitungsartikel schrieb Fest im Jahr 2003: »Manche guten Gründe sprechen dafür, dass der Nationalsozialismus politisch eher auf die linke als auf die rechte Seite gehört.« Das war das böse Märchen von der Velwechserbarkeit von rinks und lechts (um mit Ernst Jandl zu sprechen). Mit diesem Topos halten sich Konservative und Sozialdemokraten immer dann die Linken vom Leib, wenn die bürgerliche Mitte erodiert. Das ist heute wieder der Fall. Darum müssen sich die Linken jetzt anhören, sie gehörten in den gleichen Topf wie die Dunkeldeutschen von der AfD. Die Deutschen fürchten sich. Mehr als die Hälfte blickt angsterfüllt in die Zukunft. Die German Angst ist zurückgekehrt. Die deutsche Mitte fühlt sich bedroht. Ihr Schoß gebiert wieder die Extreme. Der SPIEGEL brachte dazu in der vergangenen Woche eine Titelgeschichte. Darin taucht eine Studie der gewerkschaftsnahen Otto-Brenner-Stiftung auf, die feststellt: Deutsche Rechtspopulisten streben eine »Querfront« an, eine Vereinigung von Links und Rechts. Der SPIEGEL schreibt, das sei eine Anleihe an die Weimarer Republik, »als jungkonservative Denker wie Arthur Moeller van den Bruck darüber philosophierten, wie sich nationalistische und sozialistische Kräfte bündeln ließen. Was kurze Zeit später ja auch gelang.«

Ein lapidarer Satz mit ungeheurem Inhalt: der damalige Nationalsozialismus als Bündelung nationalistischer und sozialistischer Kräfte? Und das heutige Murren im Osten eine Absage an die westliche Demokratie, in der sich Linke und Rechte nicht unterscheiden? Überhaupt: Links, Rechts, alles eins?

Der Hebel, mit dem die Linken in die braune Suppe befördert werden, ist der Vorwurf der Gleichmacherei. Der Journalist Jan Fleischhauer hat das in einem Artikel knapp und gekonnt vorgemacht: »Die einen versprechen soziale Homogenität, die anderen kulturelle. Gegen zu viel Ungleichheit sind beide.«

Es ist ein perfides Argument: Das Gleichheitsversprechen der Französischen Revolution und der amerikanischen Unabhängigkeitserklärung, das zum edlen Inventar der westlichen Zivilisation gehört, wird zur totalitären Gleichmacherei pervertiert, und auf diese Weise wird die Utopie der Linken auf die gleiche Schwundstufe gestellt wie die Dystopien der Rechten. Aber diese Lust an der Diskreditierung der linken Hoffnung gehört seit jeher zum bürgerlichen Inventar. Es war wiederum Joachim Fest, der 1991 schrieb: »Mit dem Sozialismus ist, nach dem Nationalsozialismus, der andere machtvolle Utopieversuch des Jahrhunderts gescheitert. Was damit endet, ist der mehr als zweihundert Jahre alte Glaube, dass sich die Welt nach einem ausgedachten Bilde von Grund auf ändern lasse. Zersprungen sind all die scharfsinnigen Träume über die Menschheitszukunft, die aus der Welt ein riesiges Schlachthaus gemacht haben.«

Es war ziemlich viel Ehre für den Nationalsozialismus, ihn als »Utopieversuch« zu kennzeichnen. Niemand wusste in Wahrheit besser als der Hitler-Biograf Fest, dass die Nazi-Ideologie das Gegenteil einer Utopie bot: Vernichtung statt Befreiung.

Links und Rechts, alles eins? Das ist ein schlimmer Vorwurf. Im Angesicht der Geschichte ohnehin. Die Sozialisten waren die Ersten, die in Hitlers Konzentrationslager wanderten. Und dann mutet man ihnen noch zu, mit den Nazis in »sozialistische« Geiselhaft genommen zu werden?

Es sei daran erinnert: Im ideologischen Aufbegehren der Zwischenkriegszeit konnte sich jeder aus den ideologischen Stellagen bedienen, wie er wollte, und durch rhetorisches Rühren immer ekligere Emulsionen eigentlich nicht mischbarer Bestandteile herstellen. Der »deutsche Sozialismus« von Otto Strasser war so eine unappetitliche Sauce.

Aber seitdem müssen sich die Linken das immer wieder anhören. Erika Steinbach, Dauervertriebene der CDU, twitterte vor ein paar Jahren: »Die NAZIS waren eine linke Partei. Vergessen? NationalSOZIALISTISCHE deutsche ARBEITERPARTEI ...« Und der Historiker Götz Aly nahm das gerne zum Anlass, an Hitlers Sozialpolitik zu erinnern.

Aber wenn der »Führer« dadurch zum Linken wird, dass er im Jahr 1934 das Kindergeld einführte, dann war Bismarck auch einer, als er 1883 die Krankenversicherung erfand. Wer die Nationalsozialisten für Sozialisten hält, weil sie so hießen, der kann ebenso gut die Deutsche Demokratische Republik für einen demokratischen Staat halten. Aber auf die Idee käme niemand.

Es gehört zum Wesen der Utopie einer Gerechtigkeit jenseits der bestehenden, dass sie eine Zumutung ist. Wer sich diese Zumutung vom Leib halten will, erkennt nicht den Unterschied zwischen dem Demonstranten, den die Hoffnung auf eine bessere Welt für alle auf die Straße treibt, und jenem, den Ernst Bloch einst »die rachsüchtige, kreuzigende Kreatur aller Zeiten« nannte. 21.12.2015

Als Sahra Wagenknecht 2018 die »Aufstehen«-Bewegung initiierte, rückte BILD-Haushistoriker Michael Wolffsohn auch das in die Nähe der Nazis ... wegen des Bewegungs-Begriffs. Auf das »Querfront«-Gerede können die Rechten nicht verzichten.

Mut zum Gefühl

Das Gefühl hat in der Politik keinen guten Leumund. Als würden die Leute immer das Richtige denken und das Falsche fühlen. Populismus ist darum ein Schimpfwort. Denn Populismus ist Politik mit Gefühl. Die Rechten zeigen gerade, wie das geht. Man macht ihnen das zum Vorwurf. Aber das ist läppisch! Denn die Rechten erringen Erfolg um Erfolg. Europa wird von einer rechten Revolution erfasst. Was wollen die Linken tun? Weiter zusehen? Sie haben das Gefühl verloren. Höchste Zeit, es sich zurückzuholen. Höchste Zeit für einen linken Populismus.

Es gibt den Satz, dass in der Mitte Wahlen gewonnen werden. Aber es gibt die Erfahrung, dass dort die Demokratie verloren geht. Wir sind besessen vom Konsens. Und opfern dafür die Demokratie. So geht es nicht weiter. Die Demoskopen haben nachgefragt: Die Deutschen glauben mit großer Mehrheit nicht mehr daran, dass Union und SPD wieder aufblühen und so wie früher bis zu 80 Prozent der Stimmen auf sich vereinen. Die Volksparteien gehen auf ihr Ende zu – und damit die Politik der Mitte. Besonders für Sozialdemokraten und Linke kann das böse enden. Wer wählt die AfD, den Front National, die Freiheitlichen in Österreich? Die Arbeiter, die Polizisten, die Krankenschwestern, die Wachmänner, die Angestellten in den Supermärkten und Kaufhäusern und natürlich die Arbeitslosen. Die Leute, die vom gesellschaftlichen Fortschritt nichts hatten. Das war ja die sonderbare Entwicklung der vergangenen

Diese Beobachtung ist zwar richtig – aber nicht vollständig. Der Erfolg der Rechten ist allein mit Wohlstandseinbußen nicht zu erklären. Es geht auch um »Macht- und Geltungseinbußen« (so die Soziologin Cornelia Koppetsch) in einem neuen Kulturkampf. Das ist zumal für Linke schwer zu akzeptieren.

Jahrzehnte: mehr Gleichberechtigung, aber weniger Gleichheit.

In Europa gewinnen die rechten Parteien mit linken Parolen. Noch gibt sich die AfD neoliberal. Wenn sie klug ist, wird sie bald auf den »national-sozialistischen« Kurs der europäischen Rechten einschwenken: für den Staat und gegen die Fremden.

Die Rechten machen Politik, wie der Nazi-Philosoph Carl Schmitt sie empfahl: mit der Gegenüberstellung von »sie« und »wir«. Sie – das sind die Fremden. Wir – das sind die Mitglieder des imaginierten Volkskörpers. Eine solche Politik appelliert an das Gefühl. Das ist menschenverachtend. Aber kraftvoll. Welches Kraut ist dagegen gewachsen? »Um im Kampf gegen ein Gefühl zu obsiegen, gibt es nur einen Weg: man muss ein stärkeres Gefühl entwickeln.« Chantal Mouffe hat das gesagt, die Philosophin des Populismus. Der Satz macht Angst. Das soll er auch.

Es fehlt auf der Linken der Mut, in Gegensätzen zu denken. Das zynische »Wir« und »Sie« der Rechten muss durch ein humanistisches »Wir« und »Sie« der Linken ersetzt werden. Grund und Anlass genug gibt es. »Sie«, das sind jene, die die Leute haben sitzen lassen, die den Vertrag der sozialen Marktwirtschaft gekündigt haben. Die soziale Marktwirtschaft – ihre Geschichte erinnert mehr und mehr an die historische Erfahrung mit dem Sozialismus: gute Idee, funktioniert nur leider nicht.

Es ist Zeit für eine alte Wahrheit der Politik: dass es zwischen oben und unten eine Grenze gibt. Es wäre die Aufgabe der liberalen Demokratie gewesen, diese Grenze verschwinden zu lassen. Stattdessen hat sie sich nur Mühe gegeben, sie unsichtbar zu machen. Die liberale Demokratie hat versagt. Inzwischen ist vorstellbar, dass wir künftig nur noch die Wahl haben zwischen der illiberalen Demokratie – oder der radikalen.

Es ist Zeit für den Satz des neuen österreichischen Bundeskanzlers Christian Kern, der sinngemäß gesagt hat, wer heute keine Visionen habe, solle zum Arzt gehen. Das ist ein Anfang.

Werden sich die deutschen Sozialdemokraten das trauen? Eher nicht. Ein großes ZEIT-Interview trägt die Überschrift »Die SPD muss radikaler werden«. Aber das sagt Sigmar Gabriel nicht mal von sich aus. Die Journalisten von der ZEIT fragten ihn:»Grundsätzlicher und radikaler – ist das jetzt die Linie?« Und Gabriel sagte:»Ja, aber nicht, weil die SPD sich radikalisiert. Sondern weil die Verhältnisse sich radikalisieren.« Selbst im Angesicht des Untergangs zeigt Sigmar Gabriel nur den Mut einer Maus. 4.6.2016

Von Gauland lernen?

Die Debatte – darf man mit Rechten reden, sie lesen, sie gar loben, wenn sie mal was Klugen sagen? – wird immer noch geführt. Für einen Journalisten darf sich diese Frage nicht stellen. Wir können uns die Wirklichkeit, über die wir berichten, nicht aussuchen.

Alexander Gauland bekennt sich in der FAZ zum Populismus. Das ist mutig. Vom Autor und von der Zeitung. Populismus war in Deutschland bislang nichts, womit man sich schmückt. Und Gauland als Autor gefällt auch nicht jedem. Nicht mal in der FAZ. Aber es lohnt sich, durch den sofort aufkommenden Empörungsnebel hindurch genau hinzusehen: Gauland hat nämlich einen klugen Text über die deutsche – und die westliche – Misere geschrieben. Aber aus seinen richtigen Gedanken zur Elitenkritik zieht er dann die falschen Schlüsse.

Wir leben in einer verurteilungsfreudigen Zeit. Es ist keineswegs mehr selbstverständlich, sich mit Gedanken zu befassen, die man ablehnt. Bei der AfD fällt das besonders schwer. Es handelt sich um eine rechte, in Teilen rechts-extremistische Partei. Sie lebt vom Ressentiment. Sie sät den Hass. Sie schürt die Furcht vor dem Islam und die Verachtung für die Muslime. Und sie gibt Holocaust-Verharmlosern und Antisemiten eine politische Heimat – auch wenn sich nun eine jüdische Gruppe in der AfD gegründet hat.

Aber mit all dem ist sie – jedenfalls wenn es um die Entwicklung geht – die zurzeit erfolgreichste Partei Deutschlands. Wenn der Chef dieser Partei seinen Erfolg analysiert, sollte man aufmerksam zuhören.

Gauland erklärt den modernen Populismus als Reaktion auf die Globalisierung. Es habe sich eine neue Elite gebildet, »man könnte auch von einer neuen Klasse sprechen«: Menschen aus der Wirtschaft, der Politik, dem Unterhaltungs- und Kulturbetrieb, die in den internationalen Unternehmen arbeiten, den Medien, den NGOs, die in den großen Städten leben, die mobil sind, die sich kennen und auskennen, die heute hier sind und morgen da – überall zu Hause aber nicht mehr in ihrer Heimat.

»Der Regen, der in ihren Heimatländern fällt,

macht sie nicht nass«, schreibt Gauland, und da merkt man plötzlich, dass er über das Leben dieser Menschen mit einer eigenartigen Poesie schreibt, aus der gar nicht Verachtung oder Unverständnis spricht, sondern beinahe eine traurige Sehnsucht. Diesen Globalisten stellt Gauland die Anhänger der AfD gegenüber: Menschen aus der bürgerlichen Mittelschicht, auch den Mittelstand, und die sogenannten »einfachen« Menschen. Diese Gruppen würden geeint durch die Bedeutung, die sie der Heimat geben, und durch ihre Empörung darüber, dass für Bankenkrise und Migration kurzerhand »Abermilliarden« an Steuergeldern ausgegeben worden seien.

Bis hierhin stellt Gauland auch den abgeneigten Leser vor ein großes Problem: Man muss ihm zugestehen, dass er die Scherkräfte richtig beschrieben hat, die an den westlichen Gesellschaften zerren. Natürlich irrt er kolossal, wenn er den deutschen Mittelstand pauschal zu den Globalisierungsverlierern zählt. Im Gegenteil: Dem Mittelstand ist das Kunststück gelungen, aus der heimatlichen Kleinstadt heraus den Weltmarkt zu erobern.

Aber Gaulands Schlüsselsatz hat es in sich: »Es war eine Konstellation, die nach einer Fundamentalopposition verlangte. Diese Opposition konnte von rechts und links kommen, aber sie musste notwendig populistisch sein. Populistisch heißt: gegen das Establishment.« Und dann schiebt er noch hinterher: »Frau Wagenknecht hat das begriffen.«

Das ist ziemlich fies. Einmal weil er die Linken

hier ganz offensichtlich in sein brackiges Fahrwasser ziehen will – das freut jene, die vor einer angeblichen »Querfront« aus ganz rechts und ganz links warnen, obwohl auf der Linken weit und breit niemand zu sehen ist, der sich dafür hergeben würde.

Fies ist es aber auch deshalb, weil Gauland mit Genuss in der linken Wunde bohrt: »Diese Opposition konnte von rechts und links kommen, aber sie musste notwendig populistisch sein.« Da hat der Mann schlicht Recht. Es war das scheinliberale mitte-zentrierte politische System, das die Globalisierungsgewinne so ungleich verteilt hat – oder diese Verteilung zumindest geduldet hat. Die Reaktion darauf musste sich notwendigerweise aus diesem Konsens der Mitte lösen. Das könnte bis aufs Wort auch von Chantal Mouffe stammen, der großen Predigerin eines linken Populismus.

Die Linken müssen die Schmach ertragen, dort versagt zu haben, wo die Rechten reüssierten: Unmut, Zorn, Enttäuschung, Unzufriedenheit über die schlechter werdenden Verhältnisse einzusammeln und daraus neue Stärke und politische Kraft zu schöpfen. Einen erfolgreichen linken Populismus sucht man vergeblich. 8.10.2018

… und eine erfolgreiche Linke auch …

3 Der Tod der Sozialdemokratie

Spätestens von hier an rätselte der Kolumnist die nächsten Jahre über die dunkle Lust der SPD an der Selbstzerstörung – und ein Ende ist nicht in Sicht.

Die drei ???

Die SPD war in Klausur. Sitzungsthema: die Bundestagswahl im kommenden Jahr. Als die Genossen fertiggeredet hatten, hat Sigmar Gabriel gesagt: »Es geht nicht um einen Wahlkampf gegen Kanzlerin Merkel.« Nur zur Erinnerung: Der Mann ist Parteichef der Sozialdemokratischen Partei Deutschlands. Erster Gedanke: Ist ein Arzt im Raum? Zweiter Gedanke: Wer rettet die deutsche Sozialdemokratie vor ihren Funktionären?

Sigmar Gabriel, Peer Steinbrück und Frank-Walter Steinmeier treten zwar als Führungstrio der SPD auf. In Wahrheit sind sie aber die drei Fragezeichen der deutschen Innenpolitik. Es ist rätselhaft, wie ein Kurs, der im Jahr 2009 ins Abseits geführt hat, im Jahr 2013 ins Ziel führen soll. Was ist das? Ein Freud'scher Wiederholungszwang?

Steinmeier hat schon einmal versucht, die Kanzlerin in ihrem eigenen Spiel zu schlagen: er hat jedes Profil vermieden und war freundlich bis zur Unkenntlichkeit. Aber Merkel ist die kühle Meisterin der Macht. Sie regiert, als habe sie fernöstliche Weisheit mit Stäbchen gegessen: Sie will nichts, weil im Wollen der Verzicht liegt. Sie hat keine Visionen, weil Visionen den Blick verengen.

Sie bekämpft niemanden, weil der Kampf neue Feinde schafft. Wie wollte Steinmeier gegen die unkenntliche Kanzlerin mit noch mehr Unkennt-lichkeit auftrumpfen? Hätten die Wähler würfeln sollen, wo sie ihr Kreuz machen?

»Es geht nicht darum, gegen andere zu kämpfen, sondern für ein besseres Deutschland«, hat Gab-riel jetzt gesagt. Das klingt ja ganz lieb. Ist aber lei-der ganz blöd. Denn erst mal müssen die ande-ren beiseitegeschafft werden, bevor der Weg für das bessere Deutschland frei ist. Das ist Politik. Es ist sehr ehrenhaft, dass die SPD die Wahl mit In-halten gewinnen will. Nichts gegen Inhalte. Man braucht schon Inhalte. Vor allem aber ist Politik heute ein personalisiertes Spiel. Und da bietet die Kanzlerin inzwischen Angriffsfläche genug.

Angela Merkel ist von der Krise gezwungen worden zu handeln. Und wer handelt, macht Feh-ler. Merkel hat in Europa viele Fehler gemacht: Es ist ihre Schuld, dass die Krise immer teurer wird. Ihr Starrsinn hat die Kosten der Griechenpleite ex-plodieren lassen. Sie setzt auf Sparen, während nur Wachstum den Weg aus der Pleite weisen kann. Sie zwingt die Europäer unter die deutsche Knute der Sparsamkeit und nötigt dem ganzen Konti-nent eine Medizin auf, die für die schwächeren Länder kaum zu ertragen ist. Dadurch wird alles viel schlimmer.

Das ist kein Geheimnis und auch keine Propa-ganda politischer Wirrköpfe. EU-Chef Barroso, die IWF-Chefin Lagarde, der Italiener Monti, der Belgier Di Rupo, der Luxemburger Juncker – sie alle haben in den vergangenen Monaten mehr oder weniger unverhohlen Merkels nationalen Egoismus kritisiert. Denn das ist es, was diese Kanzlerin verfolgt: Sie opfert die gesamte deutsche Europapolitik der Nachkriegszeit für ihren kurzfristigen innenpolitischen Vorteil.

Sie ist die erste Kanzlerin des Landes, die mit einem Schattenkabinett regiert: Die FDP befindet sich in Auflösung, und die meisten Merkel-Minister führen ein Dasein in stiller Abgeschiedenheit. Die Regierung besteht vor allem aus ihrer Kanzlerin. Und die ist gefährlich: Merkel hat die deutsche Frage des 19. Jahrhunderts wieder geöffnet und die europäischen Nachbarn daran erinnert, dass ein in sich gekehrtes Deutschland immer wieder zur Gefahr für die europäische Stabilität werden kann.

Auf dem bedenkenlosen Boulevard der BILD-Zeitung wird gejubelt: »Starke Kanzlerin, starkes Deutschland«, weil man dort nicht wissen will, dass die politischen Schulden, die Merkel uns jetzt im Ausland aufhalst, um so vieles schwerer wiegen als jedes Finanzdefizit. Merkels Büchsenspanner bei der BILD besaufen sich am scheinbaren wirtschaftlichen Erfolg der konservativen Regierung: Arbeitslosenquote, Wirtschaftswachstum und Staatsdefizit – überall liegen die Deutschen in Europa vorn. Aber diese Zahlen sagen wenig darüber aus, ob die Kanzlerin Deutschland zu einem lebenswerteren Land gemacht hat. Sie gaukeln einen Wohlstand vor, von dem zu viele Menschen nichts haben. Deutschland liegt nämlich auch bei der Vertiefung der sozialen Ungleichheit und beim Abstieg der Mittelklasse vorn. Die deutschen Reallöhne sind von 2000 bis 2009 um 4,5 Prozent

Noch mal ein paar Fakten? Rund ein Viertel der Beschäftigten in Deutschland arbeitet im Niedriglohnsektor – und bleibt dort auch. Die unteren 30 Prozent der Lohnempfänger haben seit 1995 Lohnverluste erlitten – die oberen 30 Prozent starke Steigerungen. Die SPD war seit 1998 – abgesehen von einem schwarz-gelben Intermezzo – ununterbrochen an der Regierung beteiligt.

gesunken, während sie in Resteuropa zwischen 2,7 (Österreich) und 25 Prozent (Norwegen) gestiegen sind. Die 5000 reichsten Haushalte haben seit Mitte der 90er Jahre ihren Anteil am Gesamteinkommen um etwa die Hälfte gesteigert. Für jede Zahl des wirtschaftlichen Triumphs gibt es eine der sozialen Schande.

Warum wendet die SPD das nicht als Waffe gegen die Kanzlerin? Wenn man bei Freud bleibt, könnte man sagen, die Sozialdemokraten leiden an einer Schicksalsneurose, die auch Teil des Wiederholungszwangs ist. Man kann sich dann aus dem Muster von Schmerz und Niederlage nicht befreien und will es auch nicht. Bei Freud gehört all das zum Todestrieb. Es ist ein Jammer, dass man eine Partei nicht auf die Couch legen kann. 2.2.2012

Ein Fall für Bebel

Für die SPD ist 2013 das Jahr der großen Feierlichkeiten: die Gründung der Partei, der Todestag des »Arbeiterkaisers« August Bebel, der Geburtstag des magischen Willy Brandt – alles jährt sich heuer rund und schön. Es gibt für einen Sozialdemokraten viele Gründe, stolz zu sein. Das Problem ist nur: Die meisten liegen in einer weit entfernten Vergangenheit. Die sozialdemokratische Gegenwart ist deprimierend. Im Jubiläumsjahr sucht die SPD ihren politischen Platz. Und keine Frage scheuen die Genossen mehr als diese: Wenn die Kanzlerin Angela Merkel kein konservatives

Daran hat sich seither nichts geändert. Und das ganze Glück der SPD wäre es gewesen, wenn der wirtschaftskonservative Friedrich Merz zum CDU-Vorsitzenden gewählt worden wäre.

Haar an der CDU lässt, wofür braucht man da die SPD? Es geht um mehr als das Schicksal einer deutschen Traditionspartei. Es stehen buchstäblich die Zukunft des politischen Systems in Deutschland und die Zukunft Europas auf dem Spiel. Wenn die SPD die Wahl hätte, wäre sie am liebsten die CDU-light. Die Grünen wollen die Steuern erhöhen? Bedächtig wiegt die SPD ihr Haupt und beschwichtigt. Sigmar Gabriel will ein Tempolimit einführen? Die Funktionäre heulen und der Kanzlerkandidat widerspricht. Das ist das Sozialdemokratische an der Sozialdemokratie: gerne Veränderung, aber bitte nicht so radikal. »Reformismus« nannte man das früher. Der Deutsche hasst den Umsturz. Bloß keine Revolution.

Das Problem der SPD ist aber: Eine CDU-light gibt es schon, und Angela Merkel ist ihre Kanzlerin. Denn nie waren die Konservativen so wendig wie heute. Ach, glückliche CDU. Die Partei ist ihrem Wesen nach ein Kanzlerwahlverein. Von nennenswerten politischen Überzeugungen ist sie unbeschwert, und im Übrigen hält sie sich selbst für den deutschen Normalfall. Wer keine Prinzipien hat, der kann auch keine verraten. Da tut sich die SPD schwerer. Marx und Lassalle, Bebel und Bernstein, Brandt und Schmidt – die sollen alle unter der sozialdemokratischen Decke Platz finden. Kein Wunder, wenn man da manchen einen Kopf kürzer machen muss. Willy Brandt hat vorgemacht, wie das geht, als er vor 50 Jahren an Bebels Grab in Zürich sprach und sich seinen Bebel so lange zurechtfaltete, bis der in jede kapitalistische Westentasche gepasst hätte.

Ausgerechnet Bebel, der ohne Zweifel nicht nur einer der bedeutendsten Sozialdemokraten, sondern überhaupt einer der bedeutendsten Demokraten war, die es in Deutschland jemals gab. Bebel hat 1869 im Norddeutschen Reichstag gesagt: »Ich bin, meine Herren, das wissen Sie alle, ein entschiedener Gegner dieses Systems, ich bekämpfe es mit allen mir zu Gebote stehenden Mitteln und kann nicht anders ein Heil für das Volk selbst erblicken, als bis dieses System in Grund und Boden zerschlagen und zertrümmert ist.« Man kann es sich leicht machen und sagen: Das »System«, das meinte Preußen und seinen Militarismus, und damit ist dieser Bebel ein Teil der lebendigen sozialdemokratischen Tradition. Oder man kann ehrlich sein und sagen: Bebel meinte mit »System« den Kapitalismus und die Ausbeutung der Lohnabhängigen. Der Kampf dagegen wäre ein bisschen was anderes als Brandts Versuch, die ruhmreiche sozialdemokratische Tradition auf den Dreiklang aus »Freiheit, Gerechtigkeit und Solidarität« zu beschränken.

Im Hamburger Programm von 2007 ist im Zusammenhang mit diesen Worten zwar noch die Rede von der Vision des »demokratischen Sozialismus«. Aber wann hat man einen deutschen Sozialdemokraten das letzte Mal so reden hören wie François Hollande vor seiner Wahl zum Französischen Präsidenten: »Ich bin kein gemäßigter Sozialist, auch nicht mäßig sozialistisch – ich bin einfach Sozialist«?

Solcher Mut wächst diesseits des Rheins nicht mehr. Die heutige SPD wäre wahrlich ein Fall für

Tolles Zitat von Hollande – ehrlicherweise muss man zugeben: Das war ungefähr das einzig Memorable, was er je gesagt hat.

einen Bebel. »Ach, diese kleinlichen Gesichtspunkte, diese Engherzigkeit, diese Schüchternheit, dieses ewige Beruhigen, Temporisieren, Dimplomatisieren, Kompromisseln!«, rief der »Arbeiterkaiser« 1903 in Dresden aus. Er wusste, dass sozialistische Politik damit beginnen muss, dass die Welt mehr ist, als was der Fall ist.

Und nun zwingt ausgerechnet eine Kanzlerin der CDU die Sozialdemokraten, sich ihrer Geschichte zu stellen. Sonderbare Ironie. Aber Merkels Pragmatismus ist der Fluch der SPD. Ob sie wollen oder nicht: Die Sozialdemokraten müssen sich entscheiden.

29 Prozent? 29 Prozent! So viel hatte die SPD mal ... Aber es geht immer noch weiter nach unten. Die Totengräber der Partei kommen bestimmt noch tiefer.

Die Partei kann weitermachen wie bisher (derzeit 29 Prozent in den Umfragen!) und sich damit begnügen, dass die Wahlen künftig ausgewürfelt werden, so wie neulich in Niedersachsen. Die Splittergruppen entscheiden dann über das deutsche Schicksal: Ein paar Prozent mehr oder weniger für AfD, Piraten oder FDP bedeuten Sieg oder Niederlage der (einstmals) großen Parteien. Demokratie wird dann zur Arithmetik, und Politik macht nur noch schlapp, schlapp, schlapp. Wir sind auf dem Weg dahin. Die Politikmüdigkeit nimmt schon zu. 30 Prozent der Bundesbürger wissen nicht, ob sie wählen gehen sollen, und wenn, welcher Partei sie ihre Stimme geben würden. Weitere zehn Prozent wollen sich für eine Splitterpartei entscheiden.

Oder die Partei besinnt sich darauf, was Sozialdemokratie eigentlich bedeutet: Emanzipation. Die SPD muss sich das emanzipatorische Projekt unserer Zukunft suchen. Und da gibt es nur eine Antwort: Europa! Die gerechte Wirtschaft, die zivile Gesellschaft, der friedliche Staat – das wird es für uns nur in Europa geben. Umgeben von Steppen und Dschungeln ist Europa unser Garten der Ordnung. Es ist nicht nur die Chance der SPD im Wettstreit mit Merkel, dass die Kanzlerin die Bedeutung Europas nicht versteht – es ist die Verantwortung der Sozialdemokratie. Ohne die Deutschen wird Europa nicht werden. Und mit Merkel gewisslich nicht. Eine sozialistische Vision von Europa – ja, das wäre das, was Brandts Freund Richard Löwenthal einst abschätzig als einen »romantischen Rückfall« bezeichnete. Umso besser. August Bebel wäre diesen Weg gegangen. 20.5.2013

Wille und Wahl

Als die SPD es im Jahr 1969 wagte, gemeinsam mit der FDP eine Regierung zu bilden und allen Ernstes einen Sozialdemokraten zum Bundeskanzler machte – zum ersten Mal –, da war die CDU ehrlich entsetzt. Das war schlicht nicht vorgesehen. Aus Sicht der Konservativen war die Bundesrepublik das Hoheitsgebiet der Union. Kiesingers Leute sagten damals, SPD und FDP hätten die neue Regierung »an demokratischen Spielregeln vorbei im Handstreichverfahren« gebildet und den Wählerwillen ignoriert. Jede Wette, wenn die SPD heute mit den Grünen und den Linken eine Regierung bilden würde, dann würden die Leute ebenso argumentieren: Handstreich, Putsch, Wählerwille.

Aber im Grundgesetz und in der Geschäftsordnung des Deutschen Bundestages gibt es keine besonderen Ausführungen zum Wählerwillen. Dafür haben wir die Wahl. Dort soll sich der Wille des Wählers manifestieren. Nicht in den Umfragen zuvor und nicht in den Leitartikeln der Kommentatoren danach. Es mag einem ja missfallen, dass im repräsentativen System der Wähler alle vier Jahre seine Stimme abgibt und danach schweigt. Aber der Wählerwille muss nicht interpretiert werden. Es handelt sich nicht um einen apokryphen Text. Oder um einen Gegenstand der Exegese.

Der Wählerwille zeigt sich in der Zusammensetzung des Deutschen Bundestages. Die Abgeordneten des Deutschen Bundestages wählen den Kanzler, und der bildet seine Regierung. So funktioniert das.

Aber so funktioniert das immer dann nicht, wenn die SPD die Möglichkeit hat, die CDU von der Macht abzulösen. Sie könnte ja. Und sie hätte jedes Recht dazu. Denn die Behauptung, die stärkste Fraktion müsse den Kanzler stellen, ist einfach unsinnig. Kanzler wird, wer eine Mehrheit hat. Wer anfängt, dieses Prinzip zu untergraben, bringt mehr ins Rutschen, als ihm lieb sein kann. Es gibt regelmäßig ein Drittel der Wähler, die gar nicht von ihrem Wahlrecht Gebrauch machen, die aber dennoch politische Interessen, Vorlieben und Abneigungen haben. Was ist mit denen? Oder, schlimmer noch, was ist mit jenen gut 16 Prozent, die sogar zur Wahl gegangen sind, die aber aufgrund der 5-Prozent-Hürde keine politische Repräsentation im Parlament haben? Wer spricht für die?

Im Bundestag haben drei Parteien zusammen

eine Mehrheit, deren Programme sich so hinreichend ähneln, dass man auf eine gedeihliche Zusammenarbeit hoffen darf. Europa, Mindestlohn, Steuern, Rente, Gesundheit – da würden sich Sozialdemokraten, Linke und Grüne schon einig. Die Hindernisse der Vergangenheit – eine Agenda-verblendete SPD, Lafontaine und sein Bedürfnis nach Rache, der verquere Extrempazifismus der Westlinken – spielen keine Rolle mehr.

Jetzt spielt nur noch eine Rolle: Will die SPD die Macht? Traut sie sich die Macht zu? Hat sie Verwendung für die Macht?

Gewiss: Es gibt viele Gründe für die SPD, nicht die Führung einer rot-rot-grünen Koalition zu übernehmen. Das Echo in den Medien wäre verheerend – es ist ja eine Illusion, dass die meisten Journalisten irgendwie links wären. Die Union würde mithilfe ihrer Büchsenspanner in den Redaktionen aus allen Rohren das Feuer auf die Links-Koalition eröffnen: Die nächste Eurokrise! Die Verpflichtungen gegenüber den Verbündeten! Die Wirtschaft! Die Arbeitsplätze! Man kann sicher sein: Mindestens der Untergang des Abendlandes würde winken. Die SPD ist für derlei Parolen leider empfänglich. Als Angela Merkel – ausgerechnet Angela Merkel – der SPD in einem Fernsehinterview vorwarf, sie sei in Europa-Fragen »unzuverlässig«, da waren die Genossen ernsthaft beleidigt.

Aber auch in den vermeintlich eigenen Reihen könnte Sorge aufkommen. Es könnte sich zeigen, dass auch die Gewerkschaften angesichts steigender Energiepreise um den Standort Deutschland

JA, JA, JA!
Allerdings ist R2G, wie
das ja seinerzeit abge-
kürzt wurde, wirklich
nicht nur an der Furcht
der SPD gescheitert –
sondern auch an Oskars
unversöhnlicher Dest-
ruktivität.

fürchten und eine Große Koalition befürworten.
Dennoch hat die SPD gar keine Wahl, als diesen
Weg zu gehen. Eine weitere Große Koalition? An
deren Ende könnte man die Reste der deutschen
Sozialdemokratie mit dem Kehrblech aufsammeln
und ins Haus der Geschichte nach Bonn bringen.

Die SPD muss ihre neue Rolle akzeptieren. Die
Ära der großen sozialdemokratischen Volkspartei
ist vorüber. Ob 23 Prozent bei den letzten Wahlen
oder knapp 26 Prozent jetzt – die SPD steht mit
ihrem Signum schon lange nicht mehr für die
linke Gegenkraft, die sich dem Primat des Ökonomischen entgegenstellt. Die SPD ist nur noch die
führende Oppositionspartei. Nicht mehr, nicht
weniger.

Diese Rolle – primus
inter pares der irgend-
wie linken Parteien –
hat die SPD verspielt.
Alt-Sozis vom Schlage
eines Olaf Scholz wer-
den das nie verkraften.
Wann kommt die Zeit
der Jungen?

Es ist Zeit, umzudenken. Die SPD ist jetzt der
primus inter pares der linken Opposition. Sie hat
jetzt die historische Aufgabe, Grüne und Linke
unter ihrer Führung zu einer neuen, linkslibera-
len Regierung zusammenzufassen.   23.9.2013

Wozu SPD?

Sigmar Gabriel hat auf dem Parteitag der SPD in
Berlin eine wunderbare Rede gehalten. Da stand
alles drin. Er kann das. Er beschrieb ein liebens-
wertes Land. Er empfahl eine überzeugende Politik. Er schlug Maßnahmen vor, die gleich einleuchteten. Er predigte eine Sozialdemokratie, der man
sofort folgen will. Diese SPD muss unbedingt an
die Regierung, dachte man. Und hielt dann inne:
Aber die SPD ist doch an der Regierung. Schon

ganz lange. Das ist eben das Problem der deutschen Sozialdemokratie: Zwischen Anspruch und Wirklichkeit klafft eine Lücke, die ist so groß, in die passt sogar Sigmar Gabriel.

»Dass aus dem Leben was wird, ein gelungenes Leben, das muss jeder selber machen. Aber Bedingungen dafür schaffen, dass das Leben nicht von der Hautfarbe abhängt, nicht vom Einkommen der Eltern, nicht von Beziehungen, nicht von Rasse, Geschlecht oder Religion, sondern dass es möglich ist, dass jeder Mensch in diesem Land und in Europa aus seinem Leben etwas machen kann, selbstbestimmt und frei, das ist der Auftrag der Sozialdemokratie, liebe Genossinnen und Genossen.«

Ja, ja, ja, wo muss ich unterschreiben? Gleiche Chancen für alle, unabhängig von der Herkunft, das ist das große Versprechen der Sozialdemokratie. Aber irgendwas ist da wohl schiefgelaufen. Denn wer hierzulande arm geboren ist, wird aller Voraussicht nach auch arm bleiben.

Es gibt ganze Berge von Statistiken, die von den vielen Ungerechtigkeiten zeugen, die an der unterschiedlichen Herkunft hängen: Die Wahrscheinlichkeit für ein Akademikerkind, auf der Universität zu landen, ist dreimal so hoch wie für ein Kind gering qualifizierter Eltern. Wer aus der Unterschicht stammt, lernt später schwimmen, wiegt mehr, verletzt sich häufiger im Straßenverkehr und ist häufiger Opfer von Gewalt. Arme sterben früher als Wohlhabende. Bei Männern beträgt der Unterschied zwischen oberer und unterer Einkommensgruppe in der Lebenserwartung beinahe elf Jahre.

In den ersten anderthalb Jahrzehnten dieses Jahrhunderts hätten die Sozialdemokraten Deutschland zu einem gerechteren Land machen können. Seit dem Jahr 1998 war die SPD nur eine Legislaturperiode hindurch von der Macht ausgeschlossen. Genügen zwölf Jahre Regierung nicht für eine gerechte Bildungs- und Steuerpolitik? Wie lange braucht es dann? Man wüsste das als Wähler gerne, bevor man der SPD das nächste Mal die Stimme gibt.

Ach, Sigmar! Es war rührend oder doof, dass die Redenschreiber ihrem Chef gleich noch so eine Passage ins Script setzten, die man bei nüchternerer Selbsteinschätzung besser unterschlagen hätte. Gabriel bezog sich auf einen Bericht, den die Experten der OECD über Deutschland verfasst hatten: »Sie fordern, die zu große Einkommensungleichheit zu beseitigen, weil sie diese als ein Wachstumshemmnis in Deutschland sehen. Sie fordern gute und produktivitätsorientierte Löhne, aber auch eine gezielte Abgabenentlastung für die unteren Einkommensgruppen … Ich finde, die OECD hat ein schönes sozialdemokratisches Modernisierungsprogramm formuliert, liebe Genossinnen und Genossen.«

Wiederum ja. Die OECD hat das sehr schön aufgeschrieben. Aber die SPD hat sich darum nicht gekümmert. In der Zeit der sozialdemokratischen Regierungsbeteiligung hat die Ungleichheit der Einkommen immer weiter zugenommen – das war vor der Finanzkrise so, dann hatte die Entwicklung kurz angehalten, um sich seit einigen Jahren fortzusetzen.

Sigmar Gabriel ist nämlich der beste theoretische Kanzler, den Deutschland niemals hatte.

Und für die Verteilung der Vermögen galt ohnehin immer: Deutschland wird beständig ungerechter. Das reichste eine Prozent der Deutschen besitzt 33 Prozent der Vermögen. Das reichste Promille – das sind 40 000 Haushalte – besitzt mehr als 17 Prozent. Die ärmere Hälfte besitzt gerade mal 2,5 Prozent der Vermögen.

Nach dem Parteichef sprach Johanna Uekermann, die Chefin der Jungsozialisten. Sie ist eine junge Frau, 28 Jahre alt. Es sind oft junge Leute, die den Widerspruch zwischen Wort und Wirklichkeit nicht gut aushalten. Uekermann sagte, sie verstehe jeden, der nach Gabriels Rede sagt: »Ja, das war 'ne starke Rede, aber irgendwie kann ich das nicht in Einklang bringen mit dem, was danach immer wieder passiert.«

Gabriel hat sich darüber sehr geärgert. Aber so kompliziert ist das gar nicht. Ein Versprechen, noch dazu ein dauernd wiederholtes, muss irgendwann eingelöst werden. Oder niemand glaubt es mehr. 14.12.2015

Merkels Notnagel

Was ist Politik? Ein Automat, in den man oben Wählerstimmen reinwirft, und unten kommt Merkel raus. Jedenfalls sehen das offenbar viele Leute im Land so. Anders ist nicht zu erklären, dass nach dem Scheitern der Jamaika-Verhandlungen alle Varianten und Permutationen möglicher Konstellationen der Frage, wie es nun weitergeht, so gedreht werden, als sei wenigstens eines unverrückbar: Merkel war und ist Kanzlerin und wird Kanzlerin sein, et nunc et semper, Amen. Nur zur Erinnerung: Das ist falsch.

Ein paar Tatsachen gefällig? Die Kanzlerin ist mit ihrer letzten Regierung gescheitert – wie sonst soll man einen kombinierten Verlust von 15 Prozentpunkten nennen? Und acht Wochen nach der Wahl ist es ihr nicht gelungen, eine neue Mehrheit im Parlament zu finden. Man könnte auch sagen: Diese Kanzlerin ist am Ende ihrer Macht. Sie muss zurücktreten und den Weg freimachen. Stattdessen sollen jetzt wieder die Sozis ran und ihr das Amt retten? Was für eine verdrehte Welt.

Die älteste Partei Deutschlands ist nicht Merkels Reserverad. Sie ist nicht Ausputzer der Kanzlerin. Sie ist nicht der Notnagel, der am Ende doch alles zusammenhält.

Die SPD ist mit einem Programm in den Wahlkampf gegangen. In diesem Programm hat sich die Überzeugung niedergeschlagen, dass eine bestimmte Politik an ihr Ende gekommen ist.

Es geht heute nicht um ein bisschen mehr oder weniger Entlastung mittlerer Einkommen oder einen so oder so gestaffelten Abbau des Solidaritätszuschlags – es geht um einen politischen Kurswechsel, eine neue Definition von Gerechtigkeit. Es geht darum, endlich einem pervertierten Selbstbedienungskapitalismus Grenzen zu setzen, der für Air Berlins Pleitechef eine Millionenabfindung bereithält und Hartz IV für die gekündigten Mitarbeiter.

Dafür steht Martin Schulz. Darin lag die Begeisterung, die er am Anfang seiner Kampagne ausgelöst hat. Aber das ist mit Angela Merkel nicht zu machen. Denn anders als das Gerücht es will, ist Merkel durchaus keine sozialdemokratische Kanzlerin, und aus der CDU ist mitnichten eine linke Partei geworden. Merkel ist – dafür kennen wir sie nun lange genug – an sozialer Gerechtigkeit nicht interessiert, und das lauter werdende Murren im Land, das hört sie nicht.

Angela Merkel hat schon die »marktkonforme Demokratie« errichtet – jetzt soll bitte auch noch die »marktkonforme Sozialdemokratie« folgen. Nein, danke. Wie glaubwürdig wäre diese Partei noch? Wie würdig wäre sie? Würde ist keine unendliche Ressource. Es gibt bekanntlich kein Recht zu regieren. Und zum Glück auch keine solche Pflicht. Gutes Stichwort: Pflicht. Es ist irre, wie über alle Gräben hinweg die SPD an ihre Regierungspflicht erinnert wird, wie die Sozis zum Einsatz an der Verantwortungsfront gedrängt werden. Das ist perfide. Denn jeder weiß: Ein echter Sozialdemokrat kann allem widerstehen – nur nicht dem Appell an seine Ehre. Die Sozis stehen immer noch unter einem Zwang, der der Union ganz fremd ist: Sie glauben, ihre Staatstreue unter Beweis stellen zu müssen – da hat sich seit den unseligen Zeiten der Kriegskredite nichts geändert.

Auch jetzt tönt der Ruf zu den Waffen so laut, als läge mindestens eine vaterländische Bedrohung vor. Was ist denn los? Ist Deutschland in Gefahr? Steht das Wasser an der Deichkrone? Nichts davon. Der SPIEGEL hat zwar getitelt »Stunde Null« – aber Deutschland steht nicht am Abgrund. Um es mal zeitgenössisch auszudrücken: Die Bun-

Es war nicht zuletzt der enorme Druck des Bundespräsidenten Frank-Walter Steinmeier, der die SPD am Ende in diese Koalition trieb – und sie damit noch kaputter machte. Steinmeier hatte ja seine Mitgliedschaft in der SPD ruhen lassen, als er sein Amt antrat. Aus der Ruhe wurde offenbar ein tiefer Schlaf.

Quod erat und so weiter. »Europa« war wirklich das zynischste Argument, mit dem die Merkelianer ihrer Kanzlerin das Amt retteten. Denn die Europapolitik dieser Koalition war ein – vorhersehbarer – Totalausfall.

desrepublik Deutschland verfügt über ein Betriebssystem, das eine Weile sehr gut ohne Update auskommt.

Und bitte redet nicht von »Europa« und Macron und der besonderen Verantwortung, die Deutschland als größtes Land trage. Dieser Verantwortung ist Angela Merkel schon in den vergangenen Jahren mit wenig Elan gerecht geworden – es gibt keinen Grund für die Annahme, dass sich das nun ändern werde, egal in welcher Regierungskonstellation. Dafür ist sie – Verzeihung – einfach die falsche Kanzlerin.

Aber natürlich gibt es auch in der SPD solche, die gerne zurück in den warmen Schoß der Regierung kriechen würden. Sie rechnen sich schon aus, was dabei herausspringen könnte. Dass sie sich mal nicht verrechnen. Denn in Wahrheit wäre die SPD in der schlechtesten aller denkbaren Positionen – sie würde sich spät und widerwillig in die Verhandlungen begeben haben –, darum dürften diese dann auf gar keinen Fall an ihr scheitern. Viel Spaß dabei, in diesem Korsett Platz für Bürgerversicherung, Bildungsinvestitionen, Wohnungsbau, Breitband und das Macron-Europa zu finden.

Um es klar zu sagen: Wenn die SPD in die Große Koalition geht, dann reicht es vielleicht noch mal für vier Jahre. Aber dann ist Schluss. Danach wächst da nichts mehr. Auch die älteste Partei Deutschlands ist sterblich. Es sei denn, die CDU erfüllt die einzige Bedingung, unter der es sich für die SPD lohnen würde, in die Große Koalition zu gehen: Martin Schulz wird Kanzler. 27.11.2017

Der Tod ist gar nicht so schlimm

Angela Merkel schleppt sich in ihre vierte Amtszeit. Was für ein deprimierendes Schauspiel! Wie Donald Trump in seinem Bademantel durchs Weiße Haus, so schlurft unsere Kanzlerin durch die Gänge der deutschen Politik: ohne Orientierung, ohne Ziel. Immerhin: Sie twittert nicht. Aber ohne Stütze der SPD würde sie stürzen. Sie hängt am Tropf der SPD. Ihr Kanzleramt ist zum Zentrum für sozialdemokratisch betreutes Wohnen geworden. Was tut die SPD da? Die Sozialdemokraten sind doch nicht Angela Merkels Altenpfleger.

Genossen, tut uns einen Gefallen: Stellt dieser Kanzlerschaft die lebenserhaltenden Systeme ab! Angela Merkel gehört in Rente. Und die SPD gehört in die Opposition.

Das Ergebnis der Sondierungen ist nicht überraschend. Es ist niederschmetternd. Wenn sich die SPD schon in den Sondierungen einer Koalition den Schneid abkaufen lässt, wie sollen dann die Verhandlungen zu dieser Koalition laufen? Und erst die Regierung?

Die SPD hat getönt, es werde mit ihr keine Obergrenze für Flüchtlinge geben. Die CDU hat sie durchgesetzt. Die SPD forderte einen angemessenen Familiennachzug. Die CDU will davon nichts wissen. Die SPD beharrte auf Steuererhöhungen. Die CDU hat sie verweigert. Die SPD bat um die Bürgerversicherung. Die CDU gab ihr einen Korb. Die SPD war schon als Bettvorleger in diese Verhandlungen gestartet. Gelandet ist sie als Küchenlappen.

Merkel kann mit den Sozialdemokraten jetzt die Ecken auswischen. Kein Wunder: Die Verhandlungsposition der SPD war von Anfang an schwach. Nach dem Abgang des Polit-Hasardeurs Lindner lastete übergroßer Druck auf den Genossen. An ihnen durften die Sondierungen und dürfen die Verhandlungen nicht scheitern. Aber Genossen, macht euch nichts vor: Der Erfolg dieser Koalition wird das Ende der SPD sein. Im Reparaturbetrieb des Neoliberalismus schuftet sich die SPD zu Tode. Denn natürlich wird die Union auch in dieser Koalition jeden sozialpolitischen Erfolg als den ihren verbuchen: Stabilisierung der Rente? Paritätische Finanzierung der Krankenkassenbeiträge? Wetten, dass der Dank an Merkel gehen wird?

Ach, arme SPD! Sie hat sich zur Geisel einer falschen Logik machen lassen. Denn in Wahrheit trägt ja nicht sie die Regierungsverantwortung, sondern die Bundeskanzlerin, der es nach zwölf Jahren an der Macht nicht mehr gelingt, eigene Mehrheiten zu finden.

Dabei haben Martin Schulz und sein Vorstand es zugelassen, dass der Einsatz immer höher wird. Am kommenden Sonntag soll der Parteitag über die Sondierungen befinden. Wenn die Delegierten dagegen stimmten, muss Martin Schulz zurücktreten. Nach den Verhandlungen sollen die Mitglieder befragt werden – wenn sie gegen die Koalition stimmen, ist der gesamte Vorstand erledigt.

Aber darauf darf die SPD jetzt keine Rücksicht mehr nehmen. Die Partei kann sich jetzt nur noch durch den Mut zur radikalen Vernunft retten. Und die Vernunft weist den Weg in die Opposition.

Sahra Wagenknecht hat im SPIEGEL gesagt: »Mir ist völlig schleierhaft, warum die Sozialdemokraten nicht verstehen, weshalb sie in den letzten Jahren so viele Wähler verloren haben.« Vielleicht haben die Sozialdemokraten ja einen geheimen Todeswunsch – den können die Wähler gerne erfüllen. Wie in vielen anderen europäischen Ländern droht nämlich auch der Sozialdemokratie in Deutschland das Ende. Leute wie Olaf Scholz und Frank-Walter Steinmeier, die ihre Partei dennoch in diese Koalition des Todes drängen, sind wie trunkene Kapitäne, die ihr Schiff sehenden Auges auf die Klippen steuern.

Inzwischen spielt es schon beinahe keine Rolle mehr, was sie sich dabei in Wahrheit denken. Sollen sie das mit Gott oder ihrem Therapeuten ausmachen. Wir anderen hoffen jetzt nur noch auf den Parteitag, der die Selbstzerstörung noch stoppen kann. Oder danach auf die Parteimitglieder. Sie werden noch einmal die Chance für ein Manöver des letzten Augenblicks haben. Danach ist es zu spät.

Und dann? Eine wirklich sozialdemokratische Politik wird ja dringend gebraucht. So dringend wie vor buchstäblich mehr als hundert Jahren. Thomas Piketty hat in seinem Buch »Das Kapital im 21. Jahrhundert« gezeigt, dass die kurze Phase der Umverteilung, die der Krieg mit sich brachte, vorüber ist. Der Kapitalismus ist wieder obenauf. Alle reden von den Einkommensunterschieden. Die sind tatsächlich ein Skandal. Aber viel wichtiger sind die Vermögen. Denn die großen Vermögen haben sich wieder selbstständig gemacht. Ka-

Dieser Gedanke kommt zu kurz: Die soziale Marktwirtschaft war eine Ausnahme, nur vor dem Hintergrund der materiellen und moralischen Verwüstung des Krieges vorstellbar. Jetzt hat der Kapitalismus die Zügel abgestreift – und die SPD hat sich als zu schwach erwiesen, sie ihm wieder anzulegen.

pital erzeugt Kapital und das erzeugt Macht. Die Klassengrenzen, die kurz geöffnet zu sein schienen, sind wieder fest verschlossen. Auf Dauer wird die Demokratie das nicht aushalten. In den USA hat der Prozess schon begonnen: Amerika ist auf dem Weg in den Feudalismus. Wie werden wir mit dieser Herausforderung umgehen?

Es wäre Pflicht und Aufgabe der SPD, diese Frage zu beantworten. Aber wenn die SPD in diese neue große Koalition eintritt, beweist sie, dass sie von jener schlimmen Krankheit befallen ist, die so viele alte Institutionen trifft: Angst. Dann beweist sie, dass sie den Wandel selber fürchtet und ihn darum nicht gestalten kann. Man scheut sich, das auszusprechen: Aber in diesem Fall wäre es um die SPD nicht schade. Dann soll sie untergehen. Und Platz machen für etwas Neues: eine Sammlungsbewegung von Linken, Sozialdemokraten und wirklichen Liberalen aus allen Parteien. 15.1.2018

Stattdessen schleppt sich die Partei als Untote durch die politische Landschaft, und wo sie Platz macht, wachsen leider nicht nur die Grünen nach – sondern auch die AfD.

4 Wir und die Migranten

Land der Mutlosen

Wer sind wir – und wenn ja, wie viele? Die Stimmungslage der Deutschen ist wie dieser leicht abgewandelte Titel eines Philosophie-Bestsellers. Vom Bundespräsidenten Joachim Gauck bis zum Bundesmelancholiker Botho Strauß rätselt das Land, was die Migranten von ihm noch übrig lassen werden. Angst vor dem Wandel macht sich breit. Dabei ist es nicht die Zukunft mit den Einwanderern, die den Deutschen Angst machen sollte – sondern eine ohne sie.

Die Zahlen sind eindeutig: In Deutschland leben heute rund 45 Millionen erwerbsfähige Menschen. Ohne Zuwanderung werden es im Jahr 2050 noch 29 Millionen sein. Die Kräfte der Demografie sind so radikal wie die der Migration. Darum wird sich Deutschland verändern. Und niemand kann das aufhalten. Es gibt kein Bleiberecht in der Vergangenheit. Auch nicht für die Angstvollen und die Angstmacher.

Wenn Deutschland schrumpft – wie gehen wir damit um? Beispielsweise wie das Institut der Deutschen Wirtschaft. Die Forscher aus Köln berichten, dass zehn Prozent der Migranten über einen Hochschulabschluss in einem »Mint-Fach« verfügten: Mathematik, Informatik, Naturwissenschaften oder Technik. Aus dem Institut spricht die ökonomische Vernunft, wenn es feststellt, dass durch die neu hinzugekommenen Arbeitskräfte die Wirtschaftskraft Deutschlands steige, was sich wiederum positiv auf die öffentlichen Haushalte und die Kommunen auswirke. So weit, so wirtschaftlich.

Es wäre ein Zeichen für den weiten Weg, den die Deutschen zurückgelegt haben, wenn sie die Frage der nationalen Identität nach den Regeln der ökonomischen Vernunft beantworten würden. Das alte Deutschland, das Dostojewski seinerzeit »das protestierende Reich« nannte, hat sich bekanntlich nicht so entschieden. Der »uralte deutsche Kampf gegen den Geist des Westens«, von dem Dostojewski schwärmte, wäre nur noch Geschichte, die Weigerung, »sich mit der westlichen Welt zu vereinigen«, die Thomas Mann lobte, endgültig der besseren Einsicht in den eigenen Nutzen gewichen.

Man kann das aber auch ganz anders sehen, so wie Botho Strauß. Der Primat des Ökonomischen ist dem Dunkeldenker aus der Uckermark ein Dorn im Auge. Im SPIEGEL ärgert er sich: »Noch vor nicht allzu langer Zeit fand sich eine linkskritische Intellektualität, die sich gegen die Hegemonie des Ökonomischen über unsere Lebenswelt auflehnte. Mittlerweile sind deren Geistesverwandte selbst die führenden Ökonomen der Gegenwart – Piketty, Stiglitz, Krugman – und betreiben unter linkem Vorzeichen eine nächste Hegemonie der Ökonomie, nun der angeblich sozialverträglichen, aber auch sie bieten keinen Geistesfunken außerhalb von Wirtschafts- oder Geldpolitik.«

Strauß hatte 1993 seinen Essay vom »anschwellenden Bocksgesang« veröffentlicht, den gar nicht so wenige Nationalkonservative als Ruf zu den Waffen interpretiert hatten. Aber Strauß eignete sich nicht als Wortführer einer konservativen Revolution – dafür fehlt seiner elitären Kapitalismuskritik zum Glück die Massentauglichkeit.

Strauß gibt den Romantiker, dem der Neoliberalismus die letzten Felle wegschwemmt. Er will vom globalen Lärm unbehelligt in sich hineinhorchen und dort der alten deutschen Melodie von Sehnsucht, Trieb, und Qual lauschen.

»Und immer fragt der Seufzer: Wo?
Mit Geisterhauch rufts mir zurück:
Da, wo du nicht bist, ist das Glück!«

Ja, es ist tatsächlich eine historische Wegmarke, an der wir uns befinden. Der Bundespräsident hat Recht, an die Zeitenwende des Mauerfalls zu erinnern: »Wie 1990 erwartet uns eine Herausforderung, die Generationen beschäftigen wird.«

Aber Deutschland braucht die Migranten nicht nur, weil die Kräfte der Wirtschaft erlahmen. Es erlahmen auch die der Kultur. Das Deutschland des Botho Strauß, in dem sich wohl auch die Strobls, Seehofers, Söders wohlfühlen würden, wäre eine Geisterbahn. Ein Land der Alten und Versehrten. Der Furchtsamen und Mutlosen.

Dieses Land sucht sein Heil nicht in der Zukunft, sondern in der Rehaklinik. Es ringt nicht mehr mit dem Schicksal, sondern nur noch mit dem Rollator – wahlweise ausgerüstet mit Korb und Stockhalter oder mit gepolsterter Unterarmauflage. Die letzten Fragen drehen sich darum, ob man sich beim Treppenlift für den Sitz-, Plattformoder Hublift entscheidet. Und der einzige Weg, um den es geht, ist der ins nächste Sanitätshaus.

Es gibt Vorstädte in München, Hamburg, Berlin, die lassen dieses kommende Leben erahnen: keine

Ausländer, keine Kinder, aber dafür ganz viele faltige Deutsche in Jack-Wolfskin-Jacken.

Strauß schreibt den kolossalen Satz: »Ich möchte lieber in einem aussterbenden Volk leben als in einem, das aus vorwiegend ökonomisch-demografischen Spekulationen mit fremden Völkern aufgemischt, verjüngt wird, einem vitalen.« Ich nicht. 5.10.2015

Lust der Angst

Ein Jahresbeginn wie ein Faustschlag. Ganz Deutschland ist von einer ungeheuren Erschütterung erfasst. Mit den Ereignissen in Köln allein ist das nicht zu erklären. Wir erleben ein Land im Zustand der sozialpsychologischen Kernschmelze: Kultureller Hochmut gegenüber dem Islam verbindet sich mit der Abwehr des eigenen Sexismus. Das ist eine brisante Mischung. Überraschend ist, wie anfällig die Deutschen sind. Die Frauen von Köln sind dabei längst Nebendarsteller. Schlimmer: Sie werden zum zweiten Mal missbraucht.

»Ganz zum Schluss aber möchte ich eine Bitte an uns Deutsche richten: dass auch wir diesem grundlegend gebesserten Land zuallererst in der Grundhaltung des Vertrauens begegnen.« Joachim Gauck hat das mal in einer Rede gesagt. Die vergangene Woche lässt daran zweifeln, ob dieses Vertrauen gerechtfertigt ist. Denn die wahre Lehre von »Köln« hat viel weniger mit grapschenden und stehlenden Ausländern zu tun als mit den Deutschen selbst: Sie können sich ihrer selbst

---

Das ist wirklich völkisches Denken in Reinform. Die kulturelle Sorge erhält hier schlicht eine biologische, um nicht zu sagen: genetische Komponente. Das macht mich heute noch fassungsloser als damals.

Etwa 650 Frauen sollen in dieser berüchtigten Silvesternacht Opfer sexueller Übergriffe durch etwa 2000, zumeist nordafrikanische. Männer geworden sein. Juristisch ließ sich das kaum ahnden. Denn die insgesamt 1205 Strafanzeigen führten nur zu einer sehr kleinen Zahl von Urteilen und Strafbescheiden, hauptsächlich wegen Diebstahls. Wegen sexueller Nötigung wurde nur ein Angeklagter verurteilt.

nicht so sicher sein, wie sie bisher geglaubt haben. Bis weit in die Kreise hinein, die sich selbst für liberal halten, hat sich ein Rassismus mit gutem Gewissen verbreitet. Es sind nicht die notgeilen Muslime, die wir fürchten müssen. Sondern uns selbst.

Die Politiker spüren das. Sie haben Angst vor ihrem Volk. Sie trauen den Deutschen nicht über den Weg. Die Grünen-Fraktionschefin Katrin Göring-Eckardt hielt die Klarstellung für nötig: »Es gibt keinen Bonus für Nationalität oder Aufenthaltsstatus.« Ein sonderbarer Satz. Er evoziert gerade das, was er leugnet. Und so gossen aus lauter Furcht die, die das Feuer hätten löschen sollen, noch mehr Öl in die Flammen. Justizminister Heiko Maas sprach von »Zivilisationsbruch« – ein Wort, das bislang für die Shoa vorbehalten war. Und Cem Özdemir nannte das, was sich in jener Nacht abgespielt hatte, »grässlich«. So, als seien in Köln Frauen verspeist, nicht beraubt und bedrängt worden.

Was war »Köln«? Das kolossale Versagen der städtischen Polizei. Das ist die einzig sichere Information, die wir haben. Es darf einer Stadt nicht die Kontrolle über ihr eigenes Zentrum entgleiten. Zu den Tätern gibt es vor allem Spekulationen. Eine plausible lautet, dass sie zu jener besonders verzweifelten Gruppe von Migranten gehören, die zwar keinen sicheren Aufenthaltstitel haben, in Deutschland aber geduldet werden. Sie dürfen bleiben, aber keine Wurzeln schlagen. Sie leben in Sicherheit, aber auch in Sinnlosigkeit. Wer aus »Köln« etwas lernen will, könnte hier ansetzen: bei der örtlichen Polizei und bei unsinnigen Einwanderungsregeln.

Heiko Maas ist der Mann, der gesagt hat, er sei wegen Auschwitz in die Politik gegangen. Ein besonders geschwätziger Satz. Entweder war es die Wahrheit, dann hätte er es für sich behalten sollen. Oder es war gelogen, dann erst recht. Mit Auschwitz geht man nicht hausieren. Wem Auschwitz das Gewissen zerdrückt, der stellt das nicht eitel zur Schau.

Darum geht es aber nicht. »Köln« erlangt solche Wucht, weil sich hier Rassismus und Sexismus treffen. Das Münchner Magazin Focus hat das illustriert: Das Titelbild vom vergangenen Wochenende zeigt eine nackte blonde Frau. Sie ist von den Abdrücken schwarzer Hände gezeichnet. In diesem Bild wird der Körper der blonden Frau zwar gegen die schwarze Bedrohung verteidigt – bleibt aber für den weißen Mann verfügbar.

Die feministische Publizistin Teresa Bücker spottet: »Wenn jetzt alle auf Dauer so engagiert gegen sexualisierte Gewalt bleiben, wie in den letzten Tagen, dann ist sie bald weg.« So wird es nicht kommen. Das deutsche Sexualstrafrecht ist rückständig. Es wäre ein Leichtes, die Istanbul-Konvention zu ratifizieren. Jede nicht einverständliche sexuelle Handlung wäre dann endlich unter Strafe gestellt. Das ist in Deutschland immer noch nicht der Fall. Die Union sträubt sich. 1997 tat sie sich schwer damit, dass Vergewaltigungen in der Ehe auch als solche bezeichnet und bestraft werden. Leute wie Horst Seehofer oder Volker Kauder stimmten damals dagegen. Heute verlangt CSU-Verkehrsminister Dobrindt: »Es muss zu einer zwingenden Ausweisung bei Sexualdelikten kommen.«

Das Interesse an Gesetzen, die Frauen wirksam vor männlicher Zudringlichkeit schützen, ist nur dann groß, wenn es um die Zudringlichkeit von Ausländern geht. »Unsere« Frauen missbrauchen wir bitte selbst. So sieht es aus, wenn Sexismus und Rassismus sich treffen.

Ja, Rassismus. In der Vergangenheit überwog

Deutschland hat diese Konvention im Oktober 2017 schließlich ratifiziert, 2018 trat sie in Kraft – die Umsetzung verläuft schleppend.

92

der biologische Rassismus, in der Gegenwart der kulturelle. Früher nutzte man »wissenschaftliche« Methoden, um die Menschen in höhere und niedere Geschöpfe zu teilen: Schädelvermessungen und Vererbungslehren. Heute genügen phänomenologische Argumente, um die Kulturen in wertvolle und wertlose zu teilen. »Eine islamische Sozialisation bringt ein Frauenbild hervor, das nicht selten zu solchen Verbrechen führt«, hat der Journalist Harald Martenstein geschrieben. Frühere Rassisten hätten gesagt, die Muslime seien geborene Verbrecher. Heutige sagen sie, sie seien gelernte. Gemeinsam ist allen Rassisten das gute Gewissen.

Und auch die Folgen für die Opfer sind die gleichen: Es gibt wieder Pogrome in Deutschland. Häuser, in denen Ausländer wohnen, werden angezündet und beschossen. Am Wochenende teilte die Kölner Polizei mit, es habe Hinweise auf Personengruppen gegeben, die »gezielt Provokationen suchen würden«. Der Kölner Express sprach von »Menschenjagd«. Zwei Pakistaner kamen ins Krankenhaus. Ein Syrer wurde leicht verletzt.

Der Schriftsteller Arthur Koestler schrieb im Rückblick auf die dreißiger Jahre in Deutschland: »Wir kapitulierten einfach vor der rapid wachsenden Brutalisierung der Masse.« 11.1.2016

Heile, heile Hitler?

Angela Merkels Flüchtlingspolitik hat viele Gegner. Vor allem in ihrer eigenen Partei. Zu viele Ausländer in zu kurzer Zeit. Und dann noch alles Muslime. Aber Merkels Gegner haben ein Problem: Wie erklären sie, dass so viele Deutsche seit dem vergangenen Sommer so viel Zeit und Kraft und Liebe in die Sorge um die Flüchtlinge stecken? Ganz einfach: Die haben alle einen »Judenknacks«. Konservative Kommentatoren von New York über London bis Berlin sind sich einig: Die Hilfe der Deutschen für die Flüchtlinge ist eine schräge Form der Vergangenheitsbewältigung. Eine deutsche Sondermoral lehnen die Flüchtlings-Gegner aber ab. Wieso eigentlich?

Schon vor der Nacht von Köln hat der Verleger George Weidenfeld über die Flüchtlings-Freude der deutschen Öffentlichkeit gespottet, »als könnte man damit die Schuld der Großeltern wieder tilgen. Hitler ausmerzen, indem die Deutschen endlich die Guten sind. Das ist Ignoranz.« Nach »Köln« werden solche Stimmen lauter. Der konservative Kolumnist der New York Times Ross Douthat mahnt die Deutschen, »die närrische Illusion aufzugeben, Deutschland könnte sich von den Sünden der Vergangenheit durch einen rücksichtslosen Humanitarismus in der Gegenwart erlösen«. Und der Berliner Schriftsteller Peter Schneider schreibt: »Die Flüchtlinge dienen als Projektionsfläche für Lehren, die die Geschichte den Deutschen angeblich aufgegeben hat.«

Erstaunlich leichthändig verwirft der Amerika-

Das war kurios: Auschwitz soll also sozusagen folgenlos bleiben? Das können diese Leute doch nicht im Ernst gemeint haben. In Wahrheit ging es um Tagespolitik. Aus diesen oder jenen Gründen fanden diese Kritiker es falsch, so viele muslimische Flüchtlinge aufzunehmen – also leugneten sie eine besondere, aus Auschwitz resultierende Verantwortung der Deutschen. Bei der nächsten Gelegenheit werden sie Auschwitz gerne für Zwecke bemühen, die ihnen besser in den Kram passen.

ner Douthat ein Grundprinzip des christlichen Abendlandes: Sühne durch tätige Reue. Und verblüffend locker redet der Deutsche Schneider von Lehren, die die Geschichte uns eben nur »angeblich« aufgegeben hat – in Wahrheit also nicht. Aber war denn nicht das »Nie wieder!« der Kern der deutschen Identität nach dem Krieg, in Ost und West? Sind das nur leere Worte?

Auschwitz als konkrete Verpflichtung in der Gegenwart? Bloß nicht. Der Historiker Heinrich August Winkler schrieb schon im vergangenen Herbst: »Zur deutschen Verantwortung gehört, dass wir uns von der moralischen Selbstüberschätzung verabschieden, die vor allem sich besonders fortschrittlich dünkende Deutsche aller Welt vor Augen geführt haben. Der Glaube, wir seien berufen, gegebenenfalls auch im Alleingang, weltweit das Gute zu verwirklichen, ist ein Irrglaube.«

Jeder Versuch, aus dem schrecklichsten Kapitel der deutschen Geschichte eine deutsche Sondermoral abzuleiten, fand Winkler, »führt in die Irre und ist zum Scheitern verurteilt«.

Winkler postuliert das nur. Er begründet es nicht. Ebenso wie die anderen, die etwas gegen die Flüchtlinge haben – weil sie zu viele sind, weil sie arm sind, weil sie Moslems sind. Es ist die Wucht des Gedankens an Auschwitz, die ihnen unheimlich ist.

Die Deutschen haben es nicht leicht. Einerseits wollen und sollen sie sein wie andere Völker. Normal. Andererseits soll und darf und kann es nie einen Schlussstrich unter die deutsche Vergangenheit geben. Und die war alles andere als normal. Deutschsein ist kein Spaß.

Ob wir es wissen oder nicht, ob wir es wollen oder nicht, Bundespräsident Joachim Gauck sprach für uns alle, als er sagte, er werde sein Leben lang »darunter leiden, dass die deutsche Nation mit ihrer so achtenswerten Kultur zu den ungeheuerlichsten Menschheitsverbrechen fähig war«.

Ebenso groß wie das Verbrechen muss die Verantwortung sein, die daraus erwächst. Und es lässt sich ja dieser Verantwortung gar nicht besser gerecht werden als in der tätigen Hilfe für Menschen in Not. Die deutsche Vergangenheit wäre ein gutes Argument dafür, Flüchtlingen zu helfen.

Es ist unwahrscheinlich, dass die Menschen, die Zeit und Mühe für die Flüchtlinge opfern, ausdrücklich von solchen Gedanken bewegt werden. Wer schenkt heute Suppe aus, weil Opa für Adolf gekämpft hat? Aber es gibt so etwas wie das kollektive Bewusstsein einer Öffentlichkeit. Manchmal sucht sich dieses Bewusstsein einen, der es vertritt. Der Bundespräsident, oberster Dienstherr in Sachen Deutschland, ist hier eine gute Wahl: Siebzig Jahre nach der Befreiung des Konzentrations- und Vernichtungslagers Auschwitz durch die Rote Armee sprach er von einem »taghellen Credo«, das wir formulieren, »wenn wir uns jeder Art von Ausgrenzung und Gewalt entgegenstellen und jenen, die vor Verfolgung, Krieg und Terror zu uns flüchten, eine sichere Heimstatt bieten«.

In der Tat: Wenn wir nicht solche Lehren aus Auschwitz ziehen wollen, welche dann? Wenn die besondere Verantwortung Deutschlands sich nicht hier erfüllt, wo sonst? 18.1.2016

Wir haben uns geirrt

Neulich fand in Köln eine große Demonstration statt. Die Menge forderte die Einführung der Todesstrafe. Nicht in Deutschland, sondern in der Türkei. Es war eine Demonstration zu Ehren des türkischen Staatspräsidenten Recep Erdoğan. Der ist bekanntlich einem Putsch entkommen. Die türkische Demokratie, so sieht es aus, hatte nicht so viel Glück. Aber ganz gleich, wie autokratisch Erdoğan sich gibt, in Deutschland halten Hunderttausende zu ihm. Darunter sind etliche, die haben neben dem türkischen Pass auch den deutschen. Deutsche, die nach der Diktatur brüllen? Die doppelte Staatsangehörigkeit war einmal als progressives Projekt gedacht. Sie war ein Irrtum.

Wo immer in der Demokratie einer der Diktatur huldigt, ist etwas schiefgelaufen. Man will ja nicht wissen, wovon der durchschnittliche Pegida-Sachse so träumt. Aber das gut gemeinte Instrument der doppelten Staatsbürgerschaft hat die Integration mancher Türken zusätzlich erschwert. Es geht nicht nur um die Türken. In Deutschland leben etwa 550 000 Menschen, die einen türkischen und einen deutschen Pass haben. Nicht wenig. Wichtiger ist aber: Die große Migrationsbewegung hat erst begonnen. In jedem Jahr werden künftig ein paar Hunderttausend Menschen zu uns kommen. Umso besser. Aber wer wollen die sein? Und wer sollen sie sein?

Die doppelte Staatsbürgerschaft war ein progressives Projekt. Es waren immer die vorgeblich dunklen Mächte der Reaktion, die dagegen

waren. Die CSU und Roland Koch mit seiner berüchtigten Unterschriftenkampagne. Die Tante
taz schreibt heute noch: »Wer Deutscher ist, kann
viele Loyalitäten haben: zum Papst, zu Rihanna
oder auch zum bayerischen Ministerpräsidenten
Seehofer. Das alles hält eine moderne Demokratie gut aus.« Alles richtig. Die Frage ist nur, ob die
CSU und – horribile dictu – Roland Koch nicht
vielleicht einen Punkt hatten, als sie darauf beharr-
ten, dass das nicht alles eins sei, Rihanna hören
und sich einem Staat verpflichtet fühlen.

Was bedeutet das Wort »Staatsbürgerschaft« –
und was wollen wir, dass es bedeute? Es war immer das Argument der Konservativen, dass man
nicht zwei Herren dienen könne. Und es war immer das linke Gegenargument, dass der Bürger
kein Diener sei, sondern der Souverän. Aber wie
ist es, zweierlei Souverän zu sein? Zumal im Fall
der Türkei und Deutschlands, deren »Interessen,
Ziele und Prinzipien« sich immer stärker widersprechen, wie der CDU-Politiker Jens Spahn richtig festgestellt hat.

Nur noch mal zur Erinnerung, wie groß der
Widerspruch inzwischen ist: »Wir werden sie so
hart bestrafen, dass sie flehen werden: ›Lasst uns
sterben, damit wir erlöst werden!‹ Wir werden
sie zwingen, uns anzuflehen. Wir werden sie in
so tiefe Löcher werfen, dass sie kein Sonnenlicht
mehr sehen, solange sie atmen. ›Tötet uns‹, werden sie uns anflehen. Selbst wenn wir sie hinrich-
teten, fände mein Herz keinen Frieden. Sie werden
in zwei Quadratmeter großen Löchern sterben
wie Kanalratten.« Das hat der türkische Wirt-

schaftsminister Nihat Zeybekçi über das Schicksal der Putschisten gesagt.

Die doppelte Staatsangehörigkeit hat 550 000 Menschen in Deutschland die Möglichkeit geboten, sich nicht entscheiden zu müssen. Sie haben jetzt zwei Wirtschaftsminister. Jenen Nihat Zeybekçi, der politische Gegner wie Kanalratten krepieren sehen will, und SPD-Chef Sigmar Gabriel. Was wird mit den Syrern, die jetzt kommen? Mit den Afghanen? Den Irakern? Es wird noch Jahre dauern, aber eines Tages werden wir uns fragen müssen, welchen Ministern und Präsidenten und Premiers die künftig Loyalität schulden werden.

Die SPD will an der doppelten Staatsbürgerschaft weiterhin festhalten. Begründung: Sie sei »ein selbstverständlicher Teil einer Anerkennungskultur der deutschen Einwanderungsgesellschaft«. Man könnte auch genau andersherum argumentieren: Die Einwanderungsgesellschaft nimmt all jene auf, die sich zu ihr bekennen. Wofür brauchen solche Leute noch eine zweite Staatsbürgerschaft?

Der liberale Journalist Heribert Prantl hat in der Süddeutschen Zeitung einmal geschrieben: »Die doppelte Staatsbürgerschaft verlangt vom Bürger, der in zwei Kulturen zu Hause ist, nicht mehr, sich zu zerreißen. Sie nimmt den Bürger so, wie er ist: mit seiner Geschichte, mit seiner Tradition, mit seinen Wurzeln und mit der Identität, die sich daraus ergibt.«

Aber Geschichte, Tradition, Wurzeln – nichts geht verloren, wenn man eine neue Staatsbürgerschaft annimmt und die alte ablegt. Die Nachfahren der Iren und Italiener, die nach Amerika ausgewandert sind, haben weder ihre Geschichte noch ihre Tradition noch ihre Wurzeln verloren, auch wenn sie heute Amerikaner sind. Nur wer den Bürger als Konsumenten sieht und den Staat als Dienstleister, für den machen mehrfache Staatsbürgerschaften tatsächlich Sinn. Sie vereinfachen das Leben. Man kann sie dann sammeln wie Kundenkarten von Kaufhäusern oder Tankstellen.

Das alte Staatsbürgerschaftsrecht sorgte dafür, dass in Deutschland immerzu Ausländer geboren wurden. Es folgte der sogenannte Optionszwang, der dazu führte, dass Deutsche auf Zeit geboren wurden, die sich mit der Volljährigkeit entscheiden mussten. Und heute werden bei uns Doppelpassler geboren. Damit haben wir also alle Varianten ausprobiert, die unsinnige, die halbgare und die leichtfertige.

Mit Blick auf die Migration der Zukunft brauchen wir eine erneute Reform des Staatsbürgerrechts. Die doppelte Staatsbürgerschaft sollte grundsätzlich abgeschafft werden und nur Bürgern aus EU-Ländern vorbehalten sein. Als Vorläufer einer künftigen EU-Staatsbürgerschaft. Und sonst sollte gelten: Wer in Deutschland geboren wird, ist Deutscher. Und nur das. 4.8.2016

Dieser Text hat viel Kritik erfahren. Der Publizist Imran Ayata hat dazu geschrieben: »Dass Tausende AKP-Anhänger in Köln auf die Straße gehen, hat weit weniger mit der doppelten Staatsbürgerschaft, sondern mit dem Erstarken des politischen Islam und dem Abdriften der Türkei in eine Erdoğansche Autokratie zu tun.« Ayata schrieb, das Staatsbürger-Recht sei das falsche Spielfeld. Gerade Linke sollten lieber »politische Alternativen gegen den sich radikalisierenden politischen Islam und Erdoğans Politik der Repressionen … formulieren.«

Burka dir einen!

Das Sommerloch ist in diesem Jahr so schwarz wie eine Burka und gerade so tief, dass der Mittelfinger des SPD-Chefs hineinpasst. Das ist, zugegeben, keine schöne Vorstellung. Aber das Niveau ist halt niedrig zur Zeit. Ganz so weit runter wie Donald Trump schafft es die deutsche Politik noch nicht. Aber sie bemüht sich. Sigmar Gabriel, der rechten Pöblern den Stinkefinger zeigt, und die CDU, die im Ernst mit dem Gedanken spielt, die Vollverschleierung zu verbieten – das Regierungslager bekleckert sich im Moment nicht gerade mit Ruhm. Aber zufällig treffen diese Themen auch nicht aufeinander. Es lässt sich daran die Hilflosigkeit ablesen, mit der die sogenannte etablierte Politik auf den Stimmungswandel im Land reagiert. Wie soll man auf die Rechten reagieren? Angreifen oder einbinden?

»Mensch, dein Vater hat sein Land geliebt. Und was tust du? Du zerstörst es.« Als sich Sigmar Gabriel das bei einer Wahlkampfveranstaltung im niedersächsischen Salzgitter anhören musste, zeigte er den Finger. Gabriels Geste war eindeutig. »Fuck you Very Much« – so wie es im Lied der Sängerin Lily Allen heisst, was man nicht übersetzen muss. Gabriels Vater war Nazi, der SPD-Chef macht keinen Hehl daraus, wie sehr er darunter leidet. Inzwischen hat die SPD-Zentrale mitgeteilt, der gereckte Mittelfinger sei in der Tat »keine angemessene Form der Alltagskommunikation«, aber der Minister sei auch nur ein Mensch. Das wusste man gerade bei Sigmar Gabriel allerdings auch schon vorher.

Die deutsche Debattenkultur hat sich in den vergangenen Monaten so verändert, dass sich der Zusammenhang, in dem der schlimme Satz von Salzgitter zu verstehen ist, inzwischen von selbst erklärt: Es geht natürlich um die Migration und ihre Folgen für Deutschland. Der Vorwurf an die Politik, das Land durch »Umvolkung« zu zerstören, kommt als Neonazi-Pöbelei auf der Straße daher. Oder als raunende Sorge in neurechten Magazinen wie Cicero, wo ein Autor fragt: »Sind wir Zeuge einer demokratisch nicht gedeckten, fundamentalen Veränderung des Staatsvolkes?«

Wie soll die Politik mit dieser Sorge umgehen? Sigmar »Der Finger« Gabriel hat sich entschieden: Irgendwo ist Schluss. Klare Kante. Darum hat er neulich in Sachsen die Rechten einfach »Pack« genannt. Und ihnen jetzt in Niedersachsen den Finger gezeigt.

In der CDU tendiert man zu einer anderen Strategie: umarmen statt ausgrenzen. Einen anderen Sinn macht das Burka-Verbot nicht, das der CDU-Politiker Jens Spahn jetzt wieder aufgebracht hat und über das nun allen Ernstes in Deutschland erneut diskutiert wird – mit freundlicher Begleitung durch die BILD-Zeitung. »Die Burka ist ein Instrument des Missbrauchs«, hat BILD-Online-Chef Julian Reichelt geschrieben. Es spielt aus dieser Sicht darum auch gar keine Rolle, dass es hierzulande praktisch keine Burka gibt – es sei denn, der Spaßvogel Henryk M. Broder steckt darunter.

Wenn CDU und BILD sich in die Avantgarde des Feminismus begeben, ist Misstrauen angebracht. Denn beide wurden bisher nicht an der

Front gesehen, wenn es um den Kampf gegen alle Formen weiblicher Unterwerfung unter das männliche Gebot ging.

Schönheitsoperationen wären da ein viel lohnenderes Verbotsfeld. Werden die massiven Eingriffe in die Integrität des weiblichen Körpers, die man mit schreckgeweiteten Augen derzeit an Europas Stränden erleben muss, wirklich freiwillig vorgenommen? Die erfolgreich missionierte Muslima kann ihre Burka wenigstens von sich werfen und verbrennen – triumphierend hat BILD-Feminist Reichelt ein entsprechendes Foto auf Twitter verbreitet. Schlauchbootlippen und Silikonbrüste wird frau dagegen nicht so ohne weiteres los.

Aber es geht ja in Wahrheit auch nicht um die Frauen, sondern um rechte Wähler – und Leser. Während sich Sigmar Gabriel für seinen Finger Benimmtipps anhören muss, gibt der Erfolg der Burka-Debatte in den sozialen Netzwerken der CDU und der BILD-Zeitung Recht. Das Elend mit solchen Verboten, die nicht dem angeblich intendierten Zweck, sondern einem ganz anderen dienen, liegt allerdings darin, dass es mit ihnen kein Ende nimmt. In Frankreich ist die Burka seit Jahren verboten. Ohne irgendein Ergebnis. Das Land ist nicht sicherer, die Muslime sind nicht integrierter. Um jetzt irgendwas anderes Muslimisches zu verbieten, hat der Bürgermeister von Cannes für den örtlichen Strand ein Burkini-Verbot erlassen. Wer sich an Louis de Funes im »Gendarm von Saint Tropez« erinnert, weiß: Früher durfte man sich an französischen Stränden nicht ausziehen, heute muss man. 18.8.2016

Leben und sterben lassen

Es ist Sommer. Es ist sonnig. Zeit, ans Meer zu fahren. Wir liegen am Strand. Die See ist ruhig. Wir gehen ins Wasser. Dann kommen wir wieder heraus. Wir verbringen unsere Ferien am Meer. Andere verlieren dort ihr Leben. Weil sie keinen anderen Weg sehen, stechen sie in See und kommen darin um. Das wissen wir. Kümmert es uns? Was tun wir dagegen? Tun wir genug? Was ist genug? Es gibt inzwischen Menschen – nicht wenige –, die halten schon solche Fragen für eine Zumutung. Zu viel Moral, sagen sie dann. Die halten sich solche Zumutungen mit dem Argument vom Leib, dass in den Fragen der Migration und der globalen Gerechtigkeit die Maßstäbe des ethischen Handelns zu oft falsch gebraucht werden oder überhaupt gebraucht werden, wo sie angeblich nicht taugen. Dafür gibt es sogar ein tolles Fachwort:»Hypermoral«.

In ihrer jüngsten Ausgabe räumte die ZEIT dem hypermoralischen Argument viel Platz ein. Da konnte die Autorin Mariam Lau den Leuten, die sich aufgemacht haben, im Mittelmeer Leben zu retten, den Vorwurf machen:»Ihr Verständnis von Menschenrechten ist absolut kompromisslos.« Es ging bei dem Artikel um die Frage, ob die Privatrettung von Menschen aus dem Meer »legitim« sei. Frau Lau schrieb, dass die privaten Retter das Problem, das sie lösen wollen, selber mitverursachen: Die Retter seien längst »Teil des Geschäftsmodells der Schlepper«. Um diese These zu überprüfen, müsste die private Rettung eingestellt werden. In dem Maße, in dem öffentliche Schiffe nicht einspringen, erhöht sich dann die Zahl der nicht Geretteten. Das ist ein anderes Wort für Tote. Und dann? Legen keine weiteren Schlauchboote ab, weil die Flüchtlinge nicht mehr auf Rettung hoffen? Müssen erst mehr Menschen sterben, damit andere dann leben?

Unsere öffentlichen Debatten sind schwierig geworden. Dem einen erscheint selbstverständlich, was dem anderen völlig abwegig vorkommt. Das Reden – und Zuhören – fällt zunehmend schwer. Aber hier hält man doch entsetzt inne: Die ZEIT, Zentralorgan des deutschen Bildungsbürgertums, gibt den Gedanken frei, dass es Umstände geben kann, unter denen Lebensrettung nicht mehr »legitim« ist. Es handelt sich nicht um ein Missverständnis. Das machte die Redaktion deutlich, als sie unter der Überschrift »Gibt es falsche Fragen?« in einem online nachgeschobenen Erklärstück darauf beharrte: »Diese Frage muss gestellt werden dürfen.«

Dazu lässt sich sagen: Nein, darf sie nicht. Und: Ja, es gibt falsche Fragen. Eine Frage ist dann »falsch«, wenn sie ihre Antwort in sich trägt (»Darf ich Angela Merkel töten?«). Und sie wird noch »falscher«, wenn ihre reine Existenz die Selbstverständlichkeit der Antwort in Frage stellt. Wer ernsthaft darüber debattiert, ob wir alles tun müssen, um Menschen auf dem Meer zu retten, hält auch die Antwort »Nein« für möglich. Das lobt sich zwar selbst als »Debattenkultur« – läuft aber auf ein AfD-mäßiges »Man wird ja noch fragen dürfen …« hinaus. Ja, was? Ob man Neger ersaufen lassen darf?

Die Migration ist keine einfache Sache. Wo sollen die Flüchtlinge hin? Wer zahlt für sie? Wie viele werden noch kommen? Was können wir tun, die Wanderung zu steuern oder zu unterbinden? Welche Pflicht haben wir, die Fluchtursachen zu bekämpfen? Welche Verantwortung tragen wir?

Wichtige Fragen – die aber im Angesicht des Todes im Mittelmeer verstummen müssen. Das Mittelmeer heißt auf Lateinisch *mare nostrum*, weil es unser Meer ist, das Meer der Europäer. Wir sind nicht für jedes Leid der Welt zuständig. Für das Leid in unserem Meer sind wir zuständig. Wenn wir den Tod im Mittelmeer verhindern können, müssen wir ihn verhindern. Wer das für moralischen Totalitarismus hält, hat aus Auschwitz nichts gelernt.

Auschwitz? Darf das Wort in diesem Zusammenhang genannt werden? Oder ist das schon die »Selbstüberhöhung«, von der die ZEIT-Autorin Lau spricht, die jene Retter verspottet, die »sich unerschrocken mit den Fluchthelfern der DDR oder gar mit jenen, die im Zweiten Weltkrieg Juden gerettet haben«, verglichen.

Aber wer sich dagegen wehrt, dass Auschwitz dergestalt »instrumentalisiert« wird, irrt. Geschichte wird immer »instrumentalisiert«. Es gibt kein reines, zweckfreies Gedenken. Auschwitz muss geradezu als Ermahnung instrumentalisiert werden, sich jeder Politik entgegenzustellen, die Menschen als Masse behandelt und nicht als Individuen. Mirjam Zadoff – die als Direktorin des NS-Dokumentationszentrums in München keinen Zweifel an der Einzigartigkeit der deutschen Verbrechen lässt – hat gesagt: »… ich bin sicher, dass der Blick zurück eines lehrt: Wenn wir Flüchtlinge nicht mehr als Menschen betrachten, sondern nur mehr als Bedrohung, zahlen wir einen hohen Preis und büßen unsere Menschlichkeit ein.«

Aber wir sind inzwischen so weit, dass Amoralität als Realismus durchgeht. Es fällt auf, dass vor allem jene den falschen Gebrauch der Moral beklagen, die einer unmoralischen Politik das Wort reden. Wer Liebe, Hilfsbereitschaft und Friedlichkeit gegen Autorität, Interesse und Sachzwang einwechseln will, beweist, in welchem Umfang die Migrationskrise zur Krise unserer Moral geworden ist. 16.7.2018

Dieses denkwürdige »Pro und Contra« in der ZEIT sollte dann für den Theodor-Wolff- Preis nominiert werden. Dagegen sprach sich aber die »Pro«- Autorin Caterina Lobenstein aus. Es geschieht nicht oft, dass Autoren sich selbst von einer Nominiertenliste nehmen.

5 Demokratie und Kapitalismus

Wie geht es Deutschland?

Deutschland geht es glänzend, hören wir. Kein Land habe die Finanzkrise so gut überstanden wie Deutschland, hören wir. In der ZEIT konnte man neulich lesen, die Lage sei »so gut wie selten seit '49«. Und tatsächlich: Die Auftragsbücher der Firmen sind voll, die Wirtschaft brummt, die Arbeitslosigkeit ist niedrig und das Haushaltsdefizit liegt unter der Grenze des Maastricht-Vertrages. Die Regierung verspricht jetzt sogar schon Steuersenkungen.

Wenn es Deutschland so gut geht, wird es wohl auch den Deutschen gut gehen. Was für einen Sinn würde diese Aussage sonst machen? Die Wahrheit ist: Der Wirtschaft geht es gut, den Menschen nicht. Es ist lange her, dass sich am Stand der Wirtschaft ablesen ließ, wie es den Menschen geht. Heute hat das eine mit dem anderen wenig zu tun. Und wer sagt, dass es Deutschland gut geht, betreibt damit bereits Politik. Denn er verschleiert das größte Problem des Landes: die wachsende soziale Ungleichheit.

Jenseits der fröhlichen Selbstbespiegelung gewinnt man einen klaren Blick am besten von außen. Die Vereinten Nationen haben gerade ihren Staatenbericht vorgelegt. Danach geht es den Randgruppen der deutschen Gesellschaft alles andere als glänzend. Die Randgruppen, das sind aber nicht nur Asylsuchende, Migranten und Behinderte, sondern auch Kinder, Alte und Arbeitslose. Egal ob es um Bildung geht, um Gesundheitsversorgung, um den Zugang zum Arbeitsmarkt: Deutschland ist schon lange kein gerechtes Land mehr.

Vor drei Jahren hatte schon die OECD vorgerechnet, wie die Ungleichheit sich in Deutschland ausgebreitet hat. Anfang der 90er Jahre lag der Anteil der Armen in Deutschland um ein Viertel unter dem OECD-Schnitt. Knapp 20 Jahre später lag er knapp darüber. »Insgesamt haben in Deutschland Ungleichheit und Armut in den Jahren 2000 bis 2005 so schnell zugenommen wie in keinem anderen OECD-Land«, hieß es in der Studie.

Die Armen werden ärmer, die Reichen reicher. In Deutschland geht es inzwischen zu wie früher in den Ländern der sogenannten Dritten Welt. Die 5000 reichsten Haushalte haben seit Mitte der 90er Jahre ihren Anteil am Gesamteinkommen um etwa die Hälfte gesteigert. In der gleichen Zeit blieben die realen Einkommen aller Deutschen praktisch unverändert.

Steuersenkungen werden daran nichts ändern. Auch nicht, wenn »kleine und mittlere Einkommen« profitieren sollen, wie die Regierung verspricht. Das Grundproblem der Verteilung bleibt unangetastet: Die Steuerlast wird von den Lohnempfängern getragen, nicht von den Vermögenden. Der Staat bedient sich beim Lohn. Darum verdampft auch jede Gehaltserhöhung. Die Vermögen besteuert der Staat hingegen gar nicht, ihre Erträge nur mäßig. Es ist darum kein Wunder, dass die Löhne und Gehälter stagnieren, die Vermögen aber zunehmen. Steuersenkungen schaden im Gegenteil den meisten Menschen nur. Vom Öffentlichen profitieren die am meisten, die selber nicht viel haben. Wer einen eigenen Pool besitzt, braucht das Freibad nicht. Alle anderen schon.

Wir sparen nach unten und verteilen nach oben. Das ist keine Ideologie. Das lässt sich in Zahlen darstellen. Aus den Zahlen ergibt sich die Frage: In welcher Gesellschaft wollen wir leben? Und es hat mit Sozialneid nichts zu tun, diese Frage zu stellen. Das ist ohnehin ein ärgerlicher Begriff. Sein Zweck ist es, die Debatte abzuwürgen.

»Mit dem Satz von der ursprünglichen Ungleichheit der Menschen hat alles politische Denken zu beginnen.« In diesem Satz des Historikers Heinrich von Treitschke aus dem 19. Jahrhundert steckt die ganze konservative Ideologie. In der Zeit, als es zwei deutsche Staaten gab, war das nicht das Leitmotiv des deutschen Gesellschaftsentwurfs. Seitdem hat sich daran etwas geändert. Es breitet sich eine Ideologie der Ungleichheit aus, eine Ideologie der Ungleichwertigkeit.

Soziale Ungleichheit ist nicht ursprünglich. Sie ist ein von Menschen gemachtes Übel. Sie sollte das Kernthema aller Parteien sein, die den Begriff Fortschritt noch ernst nehmen. Für die Gesellschaft ist zu viel Ungleichheit gefährlich. Grüne und SPD sollten sich dieses Themas mit demsel-

Dieser Text stammt aus dem Jahr 2011. Und es hat sich am grundlegenden Problem nichts geändert: Die Politik, auch die sozialdemokratische, sieht tatenlos – oder machtlos? – zu, wie der globalisierte Kapitalismus eine immer stärkere zentrifugale Kraft entwickelt, die Oben und Unten immer schärfer voneinander trennt.

ben Eifer annehmen, den sie einst für den Kampf gegen die Kernkraft aufgebracht haben. 8.7.2011

Die Gesellschaft vor der Kernschmelze

»Von der Gestalt der künftigen Tragödie wissen wir nichts«, hat Botho Strauß geschrieben. Aber das gilt nicht mehr. Inzwischen können wir uns die Gestalt unserer Tragödie ausmalen. Wir müssen nur bei YouTube nachsehen. Die Bilder der *London riots* sind der Vorfilm unserer Zukunft: Der malaysische Student Asyraf Haziq Rosli sitzt blutend am Boden, ein paar Jugendliche beugen sich über ihn, zwei helfen ihm auf, der dritte öffnet langsam den Rucksack des Verletzten und räumt ihn aus. Den jungen Mann, der sich nicht wehren kann, lassen sie stehen. Das ist der menschliche Nullpunkt.

Der britische Premier Cameron hat ein paar Tage gebraucht, um die richtigen Worte zu finden. Erst in dieser Woche sagte er: »Die sozialen Probleme, die sich seit Jahrzehnten entwickelt haben, sind vor unseren Augen explodiert«, und er sprach von der »kaputten Gesellschaft«. Für einen Tory ist das ein Fortschritt. Gesellschaft – das Wort kommt dem britischen Konservativen nicht leicht von den Lippen. Für Margaret Thatcher war das der springende Punkt: »Während die Sozialisten von der Gesellschaft ausgehen, und wie man sich in sie einfügt, nehmen wir den Menschen als Ausgangspunkt«, hat die eiserne Premierministerin gesagt. Aber wenn die Gesellschaft kaputt ist, geht auch der Mensch kaputt. Das wollten Thatcher und all die anderen neoliberalen Ideologen nach ihr nicht wahrhaben. Der Markt hat keine moralische Qualität, und ohne Moral werden wir alle zu Tieren.

Jetzt fällt es plötzlich allen auf. Im konservativen Daily Telegraph schreibt der konservative Charles Moore, der die offizielle, erst nach ihrem Tod zu veröffentlichende Biografie über Thatcher verfasst hat: »Es hat mehr als dreißig Jahre gedauert, bis ich mir als Journalist diese Frage stelle, aber in dieser Woche spüre ich, dass ich sie stellen muss: Hat die Linke nicht am Ende Recht?« Und in der konservativen FAZ greift der konservative Frank Schirrmacher das auf und wendet es gegen Angela Merkel und die CDU und bejammert, mit welch »gespenstischer Abgebrühtheit« die Kanzlerin das moralische Vakuum bürgerlicher Politik verwaltet. Die Aufstände in London sind, so scheint es, für das soziale Selbstverständnis des Westens, was Fukushima für sein technologisches Selbstverständnis war: der Super-GAU, die immer denkbare aber nie erwartete Katastrophe, der moralische Meltdown.

Aber bei allem Respekt: Das Einzige, was hier verwunderlich ist – ist die Verwunderung. Wer hatte denn gedacht, es werde ewig so weitergehen? Wer hatte geglaubt, die Vermehrung des obszönen Reichtums durch einige wenige bei gleichzeitiger Verelendung der vielen werde ohne Folgen bleiben? Die entgrenzte Akkumulation ist kein Unfall des kapitalistischen Systems. Sie ist das System. So wie Mauer und Gulag keine Unfälle des Sozialis-

Im Jahr 2011 war die Finanzkrise noch nicht ein Stück Geschichte wie heute. Damals war die öffentliche Erschütterung groß, und das »System« war in Erklärungsnot. Im Jahr 2008 hatte der damalige Bundespräsident Köhler die Finanzmärkte noch als »Monster« bezeichnet. Ein paar Jahre später war alles vergessen.

mus waren, sondern seine Wahrheit. Kapitalismus bedeutet, einer besitzt die Yacht mit Swimmingpool und Hangar für den Heli, und Millionen haben seit Jahren keine Gehaltserhöhung bekommen. Sozialismus bedeutet für alle Menschen das Glück, und wer nicht mitmacht, kommt in den Knast.

Die Neoliberalen können jetzt neben den Linken ihren Platz auf dem Scherbenhaufen der Ideologien einnehmen. Kein Grund zur Freude. Die deutsche Linke krankt seit jeher daran, dass sie die Idee der Gerechtigkeit nicht mit der Idee der Freiheit verbinden kann. Die Partei »Die Linke« hat sich das Wort »links« unter den Nagel gerissen und besetzt, so wie die FDP ihrerzeit das Wort von der Freiheit besetzt hat. Das bekommt solchen Begriffen nicht. Sie degenerieren in der politischen Abnutzung. Wenn Gesine Lötzsch und Klaus Ernst und das unwürdige Gezänk über die traurige DDR-Vergangenheit und Sahra Wagenknecht und ihr Haufen von DDR-Vertriebenen, die in Wahrheit nicht mal mehr als politische Folklore taugen – wenn all das links ist, wer will dann links sein? Die Zeitung Junge Welt hat vor kurzem einen zynischen Titel gemacht, auf dem sie sich für den Mauerbau bedankt, für die Stasigefängnisse, die Unterdrückung an den Schulen. Das ist nicht links. Das ist unanständig.

Links in einem politischen Sinne wäre es, das parlamentarische System gegen seine Feinde zu verteidigen und innerhalb dieser Gesellschaft für mehr Gerechtigkeit zu kämpfen. Der Posten ist frei, seit die Sozialdemokraten ihn gekündigt

Richtig an dieser Analyse war, dass die Linken es nicht geschafft haben, eine attraktive Alternative anzubieten. Sonst gäbe es die AfD nicht. Falsch war das Urteil über Sahra Wagenknecht, deren Ansichten dem Kolumnisten später absolut einleuchteten.

Andererseits versagt das parlamentarische System vor ziemlich wichtigen Herausforderungen: Es bringt keine gerechte Gesellschaft hervor, und den Klimawandel kann es auch nicht aufhalten.

haben. Dafür müsste sich »Die Linke« aber endlich von dem Gedanken verabschieden, die wahre Vollendung der Gesellschaft liege jenseits des parlamentarischen Systems. Dort wartet nur die Stasi. Sonst nichts.

Das parlamentarische System braucht stärkere Verbündete. Es gerät unter Druck. Das Autoritäre wittert schon seine Chance: Der Rechtspopulismus hat überall Zulauf, in England haben sich die Rechten zu Bürgerwehren formiert, Premier Cameron denkt über eine Kontrolle von Facebook und Twitter nach, wie sie in arabischen Staaten praktiziert wird. In Deutschland fordert der Innenminister die Aufhebung der Anonymität im Internet. Eine Demokratie ohne Demokraten hat keine guten Aussichten. Wir lernen aus der Geschichte bekanntlich wenig. Aber an diese Lehre von Weimar sollte man sich erinnern: Die *res publica amissa*, das vernachlässigte Gemeinwesen, wird am Ende untergehen. Wenn es darum geht, was uns wichtiger ist, die Demokratie oder der Kapitalismus – wie werden wir uns entscheiden? Und: Wird man uns überhaupt entscheiden lassen?   18.8.2011

Wer wissen will, wie wir zur AfD gekommen sind, findet in dieser Zeit seine Antworten.

2013 – Jahr der Gerechtigkeit

Warum werden die Reichen reicher und die Armen ärmer? Das ist eine Kinderfrage. Aber sie liegt am Grunde der Politik. Und wir sollten sie uns nicht ausreden lassen. Das drängendste Problem in Deutschland ist die wachsende Ungerechtigkeit und Ungleichheit in der Gesellschaft. Es ist ganz gleich, welche Statistik man zur Hand nimmt, die Ergebnisse weisen alle in dieselbe Richtung: Die Republik hat sich verändert. Die Deutschen müssen sich fragen, in welcher Gesellschaft sie leben wollen. 2013 haben sie die Gelegenheit zu einer Antwort. Sie sollten das Jahr der Bundestagswahl zum Jahr der Gerechtigkeit machen.

Gerechtigkeit ist ein gefährliches Thema. Es dringt in die Spalten des Systems und hat die Kraft, es von innen heraus zu sprengen. Die vollkommene Tugend nennt Aristoteles die Gerechtigkeit. Man liest bei diesem Philosophen sonst nicht viel von Gefühlen. Aber hier kommt er ins Schwärmen. Er sagt, Gerechtigkeit sei die Tugend, die alle anderen umfasse, und es gälten darum auch »weder Abendstern noch Morgenstern für so bewunderungswürdig wie sie«. Das sind alte, schöne Worte.

Für Aristoteles ist die Gerechtigkeit keine Sache der Götter und auch keine der Natur und – wir können das ergänzen – auch nicht unabänderliches Ergebnis anonymer Marktmechanismen. Sie ist Menschenwerk.

Der Mensch misst den Menschen an seiner Fähigkeit zur Gerechtigkeit. Das Maß ist ein wichtiger Begriff. Jede Tugend strebt nach Mitte und Maß. Gerechtigkeit ist die höchste Tugend, weil sie das Maßvolle geradezu verkörpert. Selbst Gott muss es sich gefallen lassen, dass das rechte Maß an ihn gelegt wird. »Warum bleiben die Gottlosen am Leben, werden alt und nehmen zu an Kraft?«, fragt Hiob. Auch Jahwe wird gemessen, an seiner Verheißung, an seinem Ideal.

Hiob ist Gott ausgeliefert, aber er ist ihm moralisch überlegen. Hiob zeigt, dass der Mensch besser sein und sich besser verhalten kann als Gott. Ernst Bloch hat darüber geschrieben. Hiob ringt mit Gott und mit seiner Enttäuschung über die Welt, wie sie ist. Er setzt dagegen die Ahnung einer besseren Welt. Und er beschwert sich. Es gibt eine Idee von Gerechtigkeit. Und wenn die Wirklichkeit und die Idee allzu weit auseinandergehen, dann setzt das Murren ein. Das ist das schöne Luther-Wort. Aus dem Murren wird die Klage. Aus der Klage wird die Anklage. Und aus der Anklage entsteht der Aufstand. Hiob rebelliert. Aber Gott mauert. Er entzieht sich. Hiobs Klage ist konkret. Gott weicht aus: »Wo warst du, als ich die Erde gründete? Sage mir's, wenn du so klug bist?« Und dann stellt Gott dem armen Hiob lauter Quizfragen aus dem Reich der Natur, die der natürlich nicht beantworten kann. Aber um die Natur ging es Hiob auch gar nicht. Gott entzieht sich der Frage nach Gerechtigkeit und antwortet, wie Bloch schreibt, »auf moralische Fragen mit physikalischen«. Im großen kosmologischen Sinnzusammenhang, im Meer der universellen Notwendigkeiten löst Gott das Wort von der Gerechtigkeit einfach auf.

Gott redet mit Hiob so, wie ein Finanzspekulant mit einem Occupy-Aktivisten reden würde: »Wo warst du, als wir das globale Wachstum finanzierten und die Welt mit Geld versorgt haben?«

Die an- und abschwellende Flut der globalen Kapitalströme folgt der unabänderlichen Natur des Geldes, so wie die Wasser der paradiesischen

Flüsse Perat, Pischon, Hiddekel und Ghion dem Wort des Herrn folgen.

Gott fragt Hiob: »Bist du zu den Quellen des Meeres gekommen und auf dem Grund der Tiefe gewandelt? Haben sich dir des Todes Tore je aufgetan, oder hast du gesehen die Tore der Finsternis? Hast du erkannt, wie breit die Erde ist? Sage an, weißt du das alles?« Was soll Hiob da antworten? Er weiß von den Toren der Finsternis ebenso wenig, wie wir heute von Himalaya Options, Variance Swaps oder Constant Proportion Portfolio Insurances wissen – oder wie die Instrumente sonst noch heißen, mit denen unsere Gesellschaft auf ihren verderblichen Kurs gesteuert wurde. Wenn »die Märkte« sprechen könnten, würden sie von uns verlangen zu schweigen.

Es ist die Aufgabe der Politik, die Märkte zum Schweigen zu bringen und dem Interesse der Allgemeinheit Gehör zu verschaffen. Die Wähler sollten im kommenden Jahr dafür sorgen, dass die Politik sich dieser Aufgabe stellt! Peer Steinbrück hat einen Richtungswahlkampf versprochen. Hoffentlich hält er sein Versprechen. Es war eine Rede voll überzeugender Worte, die er neulich bei seiner Nominierung zum Kandidaten gehalten hat. Bei diesen Worten sollte man ihn nehmen – und dann gut festhalten.

Denn sie sind beweglich und wendig, unsere Spitzenpolitiker. Im Gespräch mit der Frankfurter Allgemeinen Sonntagszeitung zeigte sich Steinbrück schon nicht mehr so entschlossen: »Hätte ich eine Rede halten sollen, mit der ich die eigene Partei quäle und demobilisiere? Das wäre doch ab-

Steinbrück hat nicht Wort gehalten. Aber SPD-Vorsitzende und -Kanzlerkandidaten kommen und gehen, und das Problem der SPD bleibt – die SPD. Für unsere Lage ist das Sozialdemokratische zu wenig radikal – und darum überflüssig.

surd gewesen«, sagte er, und man sah ihn schon im Kursbuch seinen nächsten Richtungswechsel eintragen: »Ich musste und wollte die SPD mobilisieren. Aber deswegen hänge ich doch nicht wie eine Marionette an Fäden, die von obskuren linken Kräften gezogen werden, wie einige Kommentatoren es in einer Abschreckungsstrategie zu beschreiben suchen.«

Wir sollten darauf achten, dass 2013 nicht zum Jahr der Beschwichtigungen wird. Kurt Kister hat in der Süddeutschen Zeitung geschrieben: »Die Beschreibung der Gesellschaft als eines zwischen Arm und Reich zerrissenen Nicht-Gemeinwesens ist nicht hinreichend, ja sie ist angesichts der Vielfältigkeit des Lebens hierzulande sogar falsch.« Der SZ-Chef hat Recht: die Gesellschaft besteht nicht nur aus ihrer Spaltung. Aber im Wahljahr lautet die Frage doch nicht: Was ist die Gesellschaft? Sondern: In welcher Gesellschaft wollen wir leben?

Das ist eine Frage der Werte und keine der Ideologie. Wer Werte mit Ideologie verwechselt, der glaubt auch, dass Politik sich in Verwaltung erschöpfen soll. Aber das ist selbst eine Ideologie, und zwar eine, die dem Starken mehr nützt als dem Schwachen. Diese Ideologie will uns davon abhalten, die Kinderfrage nach Reichtum und Armut zu stellen. Wir sollten das nicht zulassen. Alle vier Jahre haben wir die Wahl. Wer ist schuld, wenn wir sie nicht nutzen? 31.12.2012

Das Armutszeugnis

»Der Umbau des Sozialstaates und seine Erneuerung sind unabweisbar geworden. Dabei geht es nicht darum, ihm den Todesstoß zu geben, sondern ausschließlich darum, die Substanz des Sozialstaates zu erhalten.« Gerhard Schröder hat das gesagt, als er in seiner Regierungserklärung am 14.3.2003 die »Agenda 2010« verkündete. Das Ziel wurde verfehlt. Der Sozialstaat ist ausgehöhlt. Deutschland ist auf dem Weg zur Klassengesellschaft. Wir sollten uns an den Begriff wieder gewöhnen. Die Zeiten, in denen ein sozialpolitisch eingehegter Kapitalismus »Wohlstand für alle« (Ludwig Erhard) zumindest möglich erscheinen ließ, sind vorbei. Die Ära der sozialen Marktwirtschaft ist beendet.

Eine große Enteignung hat stattgefunden. Aber in Deutschland sind nicht die Reichen enteignet worden. Sondern das Volk.

Der »Armuts- und Reichtumsbericht der Bundesregierung«, der in der vergangenen Woche vorgelegt wurde, legt davon Zeugnis ab. Man muss genau hinsehen, um die traurige Botschaft des Berichts zu entziffern. Die Regierung hat sich in den vergangenen Monaten viel Mühe gegeben, die Lage zu schönen und zu manipulieren.

Aber an der Wahrheit konnte sie nichts ändern: Deutschland ist ein ungerechtes Land. 1970 besaß das oberste Zehntel der (West-)Deutschen 44 Prozent des Nettogeldvermögens. 2011 waren es 66 Prozent. Die – von der Masse der Menschen getragenen – Lohn-, Umsatz- und Verbrauchsteuern ergeben 80 Prozent des gesamten Steueraufkommens, die Unternehmens- und Gewinnsteuern machen nur 12 Prozent aus. Fast 8 Millionen Menschen leben von Niedriglöhnen, sechs Millionen arbeiten für unter 8 Euro. 12 Millionen Menschen in Deutschland leben an oder unter der Armutsgrenze. 25 Prozent der Beschäftigten in Deutschland haben sogenannte »prekäre« Jobs: Leiharbeit, Zeitarbeit, Werkverträge, Praktika. Jeder zweite neu zu besetzende Arbeitsplatz ist befristet.

Man könnte immer weiter solche Statistiken vortragen, manche stecken in dem Bericht, andere wurden von Sozialwissenschaftlern zusammengetragen. All das ist in Wahrheit längst bekannt. Aber die Mehrheit der Leute zuckt nur gleichgültig mit den Schultern. »Es bleibt bisher eine offene Frage, weshalb sich nur geringer Widerstand gegen die maßlose Einkommens- und Vermögenssteigerung regt«, sagt der Sozialhistoriker Hans-Ulrich Wehler.

Dabei müsste Wehler die Antwort kennen: Was sind schon Zahlen im Vergleich zu Interessen? Und was ist schon die Wirklichkeit im Vergleich zu den Strukturen der Macht? Die Industrie, die regierenden Parteien, große Teile der Medien, willfährige Forscher und Institute – sie alle helfen, die Tatsachen zu leugnen, zu relativieren, zu ignorieren. Das Kartell der Profiteure ist so stark, dass es auf die Wirklichkeit keine Rücksicht mehr nehmen muss. Es schafft sich seine eigene Wirklichkeit.

Und wenn gar nichts mehr hilft, kommt das Argument, dass Geld ja nicht glücklich macht. So wie es neulich der Abgeordnete Matthias Zimmer für die Unionsfraktion vorbrachte, als der Bundestag über den bevorstehenden Armutsbericht debattierte: »Die ganze Debatte wird ohnehin zu sehr mit Blick auf lediglich materielle Faktoren geführt.«

Währenddessen können wir den Niedergang dieser Gesellschaft längst mit eigenen Augen sehen. Die Schulen verfallen, die Städte verrotten, die Straßen verkommen, an den Kreuzungen klauben Menschen Pfandflaschen aus den Mülleimern. Aber man hat uns beigebracht, unseren Augen nicht mehr zu trauen und Ungerechtigkeit für Notwendigkeit zu halten und Unsinn für Vernunft. Alles dient dem Zweck, die Erträge, die unten erwirtschaftet werden, nach oben fließen zu lassen und gleichzeitig zu verschleiern, dass es sich so verhält. Die Gesetze, das Steuergefüge, die Werte – das System.

Es ist ein System der Lüge. Die Ideologen des Neoliberalismus reden gerne von Leistung, die sich lohnen soll. Aber wir leben nicht in einer Leistungsgesellschaft, sondern in einem Ständestaat. In seiner Agenda-Rede hatte Schröder vor zehn Jahren gesagt: »Es darf nicht so bleiben, dass in Deutschland die Chance des Gymnasialbesuchs für einen Jugendlichen aus der Oberschicht sechs- bis zehnmal so hoch ist wie für einen Jugendlichen aus einem Arbeiterhaushalt.« Und heute sagt Sigmar Gabriel im Bundestag immer noch: »Dieser Sozialstaat muss alles dafür tun, damit ererbter Status nicht zum Schicksal wird. Wir wollen nicht, dass die Frage der Herkunft das Schicksal der Menschen bestimmt.«

Die sozialpolitischen Ziele wurden verfehlt. Die wirtschaftspolitischen wurden erreicht. Die Agenda-Politik, die Schröder erfunden hat und die Merkel fortsetzt, hat Deutschlands Wirtschaft gestärkt, aber die Deutschen geschwächt.

An seiner erschütterndsten Stelle zeigt der Armutsbericht, wie wenig Illusionen sich die Menschen über die deutsche Wirklichkeit machen. Wenn man sie nach den Gründen für Reichtum in der Gesellschaft fragt, nennt ein Viertel besondere Fähigkeiten oder harte Arbeit. Eine viel größere Anzahl dagegen führt die Herkunft an (46 Prozent) oder das soziale Netzwerk (39 Prozent). Die ganz Enttäuschten halten Unehrlichkeit (30 Prozent) oder die Ungerechtigkeit des Wirtschaftssystems (25 Prozent) für die Wurzeln des Wohlstands.

Was ist erschreckender, der Realismus der Menschen oder ihre Passivität? 11.3.2013

Bleibendes Rätsel: Warum folgen so wenig Menschen bei den Wahlen ihren eigenen Interessen? Funktioniert unsere Demokratie nicht? Oder kann die Demokratie keine gerechte Gesellschaft erzeugen? Kinderfragen.

Ostern kommt nicht von Hase

Man muss kein Christ sein, um die Bedeutung der Auferstehung schätzen zu lernen. Die Auferstehung ist der Sieg des utopischen Denkens. Und zwar im Diesseits. Nicht in irgendeinem Wolkenkuckucksheim. Das ist der Triumph der Utopie über die Hoffnungslosigkeit des Todes. Der Tod kommt daher wie ein Finanzkapitalist und sagt »There is No Alternative« – und dann straft die Auferstehung Christi diese Worte Lügen. Das ist unerhört. Es gibt eine Alternative. Daraus lässt sich lernen, auch für die Politik.

Im September 2012 wurde ein junger Mann fotografiert, wie er ein Geschäft in München verlässt. In seinem Gesicht trägt er ein Lächeln. Beide Arme sind zum Himmel gereckt. In einer Hand hält er eine kleine weiße Schachtel. Hinter ihm stehen rechts und links zwei schwere Männer in uniformähnlichen Jacken und lächeln. Der 21-jährige Ralf M. hatte das erste iPhone 5 von München gekauft. »Es ist einfach Kult, ein iPhone zu kaufen«, sagte er einer Zeitung, die noch erwähnte, dass die Mitarbeiter des Geschäfts ihm rhythmisch klatschend applaudierten.

Walter Benjamin hätte sich gefreut. Er hat den Kapitalismus als »reine Kultreligion« bezeichnet, »vielleicht die extremste, die es je gegeben hat«. Keine Dogmatik, keine Theologie, nur Kult.

Im Gesicht des Apple-Jüngers aus München war ein Zustand zu erkennen, der nicht so ohne weiteres herzustellen ist: Glück, ja Exaltation. Aber was ist, wenn der Kapitalismus sein Versprechen nicht mehr einlöst, wie in Spanien und Griechenland? Dann verschwindet das Lächeln aus den Gesichtern der Leute, und man muss sie mit dem Polizeiknüppel daran erinnern, dass die Interessen der Finanzmärkte auch ihre Interessen sind.

Die Logik der Märkte hat die Welt an den Rand des Kollaps geführt. Eigentlich wäre es folgerichtig, dieser Logik eine Absage zu erteilen. Stattdessen lautet das Rezept unserer Politiker: mehr davon! Die Demokratie muss noch vollständig »marktkonform« gemacht werden bis zum Punkt der politischen Paradoxie, dass wir die Ergebnisse von demokratischen Wahlen fürchten, weil sie den

Märkten nicht gefallen könnten. Kapitalismus und Demokratie bedingen sich keineswegs, wie die angelsächsischen Liberalen uns einreden wollten. Manchmal bestehen sie zufällig zur gleichen Zeit nebeneinander.

In der Krise wird deutlich, dass Kapitalismus und Neoliberalismus keine Hoffnung bereithalten. Es sind dystopische Ideologien. Im säkularen Zeitalter wäre es die Aufgabe der Politik, ihnen mit der Kraft der Utopie zu begegnen. Aber die Politik versagt. In der Krise zeigt Angela Merkel einen erschreckenden Mangel an politischer Phantasie.

Die Konservativen hassen die Utopien. Sie kommen ihnen in die Quere. Was war das für eine Erleichterung, die in diesen Worten Joachim Fests erklang, des konservativen Intellektuellen par excellence, der 1991 schrieb: »Zersprungen sind all die scharfsinnigen Träume über die Menschheitszukunft, die aus der Welt ein riesiges Schlachthaus gemacht haben. Der Aufruhr der zurückliegenden Jahre war, über seine vordergründigen Anlässe hinaus, vor allem ein Aufruhr gegen den Terror der Ideen und die Befreiung, die endlich kam, eine Befreiung zur Realität.« Damals war gerade der Osten zusammengebrochen und mit ihm die »Abgrenzungsrealität« (Oskar Negt), vor der der Westen sich immerhin rechtfertigen musste. Ein großes konservatives Aufatmen war da zu vernehmen: Endlich kein Grund mehr, sich mit der Vorstellung einer anderen Welt herumzuschlagen! Endlich Stille!

Aber das ist ein Irrtum! Denn die »scharfsinnigen Träume« sind uns eingeschrieben, und selbst wenn es sonst keine Sozialutopie mehr gäbe, dann wäre die Bibel noch immer ihr Handbuch. Die christliche Kultur ist in ihrem Wesen eine utopische Kultur. Im Hintergrund des Christentums ist immer das Murren zu vernehmen. Mit diesem schönen Wort bezeichnet Luther den Ausdruck der wütenden Sehnsucht nach einer besseren Welt. Der Prophet Amos empört sich, »dass sie die Gerechten um Geld und die Armen um ein Paar Schuhe verkaufen«. Und sein Kollege Jesaja prophezeit: »Denn es wird ein Ende haben mit den Tyrannen und mit den Spöttern aus sein, und es werden vertilgt werden alle, die darauf aus sind, Unheil anzurichten.«

Das Christentum ist die Religion der Unterdrückten. Und man sollte nicht vergessen, dass Jesus selbst gleichsam der erste Kommunarde war, von dem es in der Apostelgeschichte heißt: »Die Menge aber der Gläubigen war ein Herz und eine Seele; auch keiner sagte von seinen Gütern, daß sie sein wären, sondern es war ihnen alles gemein.«

Das ist immer noch lebendig, jederzeit abrufbar. Wenn sich ein neuer Papst den Namen des Heiligen Franziskus »auferlegt« – so heißt es in der lateinischen Formel –, also den Namen eines Mannes, der sein Hab und Gut unter die Armen teilte, dann versteht in der Ära der menschenfeindlichen Gier des Finanzkapitalismus die ganze Welt diese Botschaft. So korrupt kann die Kirche nicht sein, so verdorben kein Priester, dass das verschüttet würde. Und das erinnert uns auch daran, was wir Heutigen eigentlich mit einem Mann anfangen würden, der mit Tieren spricht. Keine Frage, die Ärzte wüssten eine Lösung: drei Wochen geschlossene Abteilung, täglich 25 mg Zyprexa – und dann wäre Schluss mit der ganzen Heiligkeit.

Ernst Bloch hat an einer berühmten Stelle im »Prinzip Hoffnung« geschrieben: »Der Mensch lebt noch überall in der Vorgeschichte, ja alles und jedes steht noch vor Erschaffung der Welt, als einer rechten. Die wirkliche Genesis ist nicht am Anfang, sondern am Ende, und sie beginnt erst anzufangen, wenn Gesellschaft und Dasein radikal werden, das heißt sich an der Wurzel fassen.«

Nur das Radikale ist realistisch.   1.4.2013

Die Deutschen lassen sich zu viel gefallen

»Beim ersten Mal / da tut's noch weh. / Da glaubt man noch / dass man es nie verwinden kann. / Dann mit der Zeit so peu a peu / gewöhnt man sich daran.« (Hans Albers).

Der neue Deutschlandbericht der OECD gibt es uns schwarz auf weiß: Wir leben in einem Land, in dem die Ungleichheit zunimmt und die Chancen ungerecht verteilt sind. Aber die Deutschen spüren den Schmerz der Ungerechtigkeit nicht mehr. Sie haben sich daran gewöhnt.

Warum muss eine internationale Organisation kommen, um uns das Land zu zeigen, in dem wir leben? Weil gerechte Regeln und gleiche Chancen bei uns keine starken Fürsprecher mehr haben. Deutschland ändert sich – aber von den Gewerkschaften kommt zu wenig Widerstand und von den Medien kaum Widerspruch. Und was macht eigentlich die SPD?

»Unsere Kernbotschaft ist, dass Deutschland ein inklusiveres Wachstumsmodell verfolgen sollte. Basierend auf guten Löhnen, einem fairen Steuersystem, gleichen Bildungschancen für alle und höheren Bildungsinvestitionen.« Der Generalsekretär der OECD José Angel Gurría hat das am Dienstag in Berlin gesagt. Gute Löhne. Ein faires Steuersystem. Gleiche Chancen. Ausreichende Bildungsinvestitionen. All das sieht die OECD in Deutschland offenbar nicht gewährleistet. Dabei steht die Organisation nicht im Ruf, Hort linksradikalen Denkens zu sein.

Aber was tut der Wirtschaftsminister? Als Chef der Sozialdemokratischen Partei Deutschlands wäre er dafür eigentlich sowieso zuständig, wenn er von den internationalen Experten ermahnt wird, der Bildungserfolg sei immer noch stark vom sozioökonomischen Hintergrund der Kinder abhängig. Aber Sigmar Gabriel murmelt nur: »Das ist etwas, über das wir in Deutschland noch intensiver reden müssen.« Das ist alles.

Ob die Sozialdemokraten in der Regierung saßen oder nicht – die soziale Schere hat sich in Deutschland immer weiter geöffnet. Der Historiker Hans-Ulrich Wehler schreibt: »Die Verteilungsgerechtigkeit, der oberste Grundsatz jeder seriösen Steuerpolitik, wird bei der Distribution des erwirtschafteten Sozialprodukts krass missachtet.«

Das Ergebnis: Die Reichen waren in Deutschland noch nie so reich wie heute. Sie haben sich in den vergangenen zwanzig Jahren schamlos selbst bedient – und man hat sie gewähren lassen. Hat man darauf vertraut, dass die Parteien, die Gewerkschaften, die Medien sich der Sache der Gerechtigkeit annehmen würden? Die Arbeitnehmer wurden im Stich gelassen. Am schlimmsten haben die Gewerkschaften versagt.

»Danke, lieber Herr Sommer, für Ihre Hingabe und Ihre Hartnäckigkeit, für Ihre Weitsicht und auch für Ihre Kompromissbereitschaft, wenn sie nötig wurde.« So hat Bundespräsident Gauck gerade den scheidenden DGB-Chef gelobt. Tatsächlich. Unter Sommer waren die Gewerkschaften so »kompromissbereit«, dass die Vorstände der DAX-Unternehmen in aller Ruhe ihr Salär von 500 000 DM im Jahr 1989 auf durchschnittlich sechs Millionen Euro im Jahr 2010 wachsen lassen konnten – erst zwanzigmal so viel wie ein durchschnittlicher Arbeitnehmer, dann zweihundertmal. Rechtfertigung? Keine. Eine Frage der Macht, nicht der Moral.

Auch auf die Medien war kein Verlass. Als zum letzten Mal eine große Gewerkschaft die Machtfrage stellte – die IG Metall im Osten im Jahr 2003 –, da nannte der SPIEGEL das »absurd«, die Süddeutsche sprach von »Irrsinn«, das Handelsblatt von »Anmaßung« und die ZEIT von »Machtspielen zum falschen Zeitpunkt«. Die Wahrheit ist: Die Medien haben den Weg in die Ungleichheit freundlich begleitet. Der Metallerstreik scheiterte damals jämmerlich. Und seitdem gilt in Anlehnung an ein berühmtes Wort über einen Politiker der britischen Konservativen: Ein Angriff der deutschen Gewerkschaften ist wie der Angriff eines toten Schafes.

Das ist vielleicht nicht so verwunderlich. Denn Journalisten schreiben nicht in erster Linie für »die Gesellschaft« – sondern für ihre Leser. Und wer Zeitung liest, gehört in der Regel nicht zu den Abgehängten.

Jetzt wäre Gelegenheit, eine der irrwitzigsten Ungerechtigkeiten zu beenden: Während Einkommen aus Arbeit mit bis zu 45 Prozent besteuert wird, zahlt man auf Kapitaleinkünfte nur 25 Prozent. Peer Steinbrück hatte die Regelung seinerzeit eingeführt. Er beantwortete das Problem der Kapitalflucht damit, auf den Rechtsanspruch des Staates zu verzichten, anstatt ihn durchzusetzen. Aber jetzt ist das Problem erledigt: Selbst die Schweiz und Singapur sind vor ein paar Tagen einem Abkommen der OECD beigetreten. Ab 2017 wird es zwischen den 50 wichtigsten Staaten der Welt kein Bankgeheimnis mehr geben.

Jetzt gibt es keine Ausrede mehr: Zinsen müssen normal besteuert werden. Und dieses Geld könnte man nutzen, alle Menschen, die von ihrer Arbeit leben und nicht von ihrem Geld, zu entlasten. Wenigstens einmal könnte man die Umverteilung von unten nach oben stoppen.

Die CSU hat schon mal gesagt, dass das überhaupt nicht in Frage kommt. 15.5.2014

Das Auto? Der Betrug!

Das Auto. So lautet der Slogan von VW. Kurz, nur zwei Worte, sehr selbstbewusst. Jetzt kommen noch zwei Worte hinzu: Der Betrug. VW hat Millionen Autos verkauft, die mehr Abgase erzeugen als angegeben und erlaubt. Und damit das niemand merkt, hat VW diese Autos mit einem Computerprogramm versehen, dessen Zweck darin besteht, diesen Betrug zu verschleiern. VW ist nicht irgendein Unternehmen. Es ist – wegen seiner Geschichte, wegen seiner Größe und wegen seiner besonderen Eigentümerstruktur – das deutsche Unternehmen schlechthin. Wenn VW fehlgehen kann, dann kann ganz Deutschland fehlgehen. Darum trifft dieser Skandal das Herz des deutschen Selbstverständnisses.

Was ist das für ein Unternehmen, das seine Stärke – die Technologie – dafür einsetzt, Gesetze zu umgehen? Was sind das für Leute, die morgens zur Arbeit gehen, um das Recht zu brechen? Das ist kein Fehlverhalten Einzelner. Es ist das Vergehen eines Konzerns, dem die Maßstäbe abhandengekommen sind. Wenn das Verbrechen Teil des Berufs ist, dann darf man vom Berufsverbrechen sprechen. Und wenn die Kriminalität gut organisiert ist, dann darf man von organisierter Kriminalität sprechen.

Warum hat VW die Gesetze gebrochen? Aus Gier. 600 000 Mitarbeiter, 200 Milliarden Umsatz, 119 Fabriken – VW baut jedes achte auf der Welt ausgelieferte Auto. Und es muss immer weiter gehen. Der amerikanische Börsenmakler Ivan Boesky sagte in den achtziger Jahren vor Wirtschaftsstudenten in Berkeley: »Übrigens, Gier ist völlig in Ordnung. Das sollten Sie wissen. Ich glaube, Gier ist gesund. Sie können gierig sein und sich immer noch gut fühlen.« Boesky wurde kurz danach von der Börsenaufsicht wegen Insidergeschäften zu dreieinhalb Jahren Gefängnis und einer Strafe von 100 Millionen Dollar verurteilt. Oliver Stone hat ihm in der Figur des Gordon Gekko in seinem Film »Wall Street« ein ruhmloses Denkmal gesetzt.

Nach dem berühmten Lehman-Moment, jenem 15. September 2008, an dem der Zusammen-
bruch einer New Yorker Investmentbank Verwüstung über die internationale Finanzwelt brachte,
gab es hierzulande einen kaum verhohlenen Stolz,
einen deutschen Hochmut. Dort die Betrügereien
und Winkelzüge der angelsächsischen Finanzwelt,
hier das klare und ordentliche Regelwerk der deutschen Industrie. Und immer klang im Untergrund
noch die berüchtigte Unterscheidung nach, die Joseph Goebbels einst in seiner Schrift »Das kleine
ABC des Nationalsozialisten« zwischen dem »raf-
fenden« und dem »schaffenden« Kapital gemacht
hatte.

Aber das ist eine Selbsttäuschung. Die Idee, es
gebe einen guten Kapitalismus und einen bösen,
ist eine Illusion. Und eine irgendwie moralische
Überlegenheit der Industrie gegenüber der Fi-
nanzindustrie anzunehmen ist naiv. Die Amoralität ist in der Idee der Firma an sich eingebaut.
Menschen haben (vielleicht) Moral. Firmen nicht.
Da liegt ein grundlegendes Missverständnis im
modernen Kapitalismus.

In einem langen Artikel über Wirtschaftsethik
hat der Economist einmal geschrieben: »Unternehmen, die lügen und betrügen, können nicht erwarten, lange im Geschäft zu sein, selbst wenn ihre
Handlungen vom Gesetz gestattet sind.« Wir wissen, dass das Gegenteil der Fall ist. Aber so streuen
sich die Gralshüter der liberalen Wirtschaftsideo-
logie selbst Sand in die Augen.

Joel Bakan, der kanadische Jurist und Filme-
macher, hat in seinem wichtigen Buch »The Cor-

poration« darauf hingewiesen: Im 19. Jahrhundert hat das amerikanische Recht damit begonnen, Firmen wie handelnde Individuen zu betrachten. Im Deutschen wurde etwas später die Trennung in natürliche und juristische Personen vollzogen. Aber da gibt es eben einen erheblichen Unterschied. Natürliche Personen haben ein Gewissen – juristische nicht.

Menschen hadern mit ihrem Gewissen. Es quält sie. Sie wollen es beruhigen. Ohne Gewissen gibt es keine seelische Gesundheit. Ein Mensch ohne Gewissen fällt in den Bereich der Psychopathologie. Bakan hat die großen Konzerne darum als Psychopathen beschrieben. Wie sind die Kennzeichen der psychopathischen Persönlichkeit? Sprachgewandter Blender mit oberflächlichem Charme, erheblich übersteigertes Selbstwertgefühl, pathologisches Lügen, betrügerisch-manipulatives Verhalten, Mangel an Schuldbewusstsein, Gefühlskälte, mangelnde Bereitschaft, Verantwortung für das eigene Handeln zu übernehmen.

Beschreibt das nicht perfekt das Wesen der großen Konzerne – je größer, desto besser? Und VW ist sehr groß. 24.9.2015

Die juristische Auseinandersetzung dauert in Deutschland noch immer an. Im März 2019 teilte das Oberlandesgericht Karlsruhe mit, es sehe im Vorgehen des Konzerns eine »sittenwidrige Schädigung« und einen »besonders verwerflichen Charakter der Täuschung von Kunden«.

Zur Hölle mit den Reichen

»Paradise Papers« heißt der Datenschatz, den ein weltweites Investigativteam ausgegraben hat. Ein Glück, dass es solchen Journalismus gibt. Hier wird die Welt der Reichen enthüllt, in der die Menschen zwar arm sind an Moral, Solidarität und Pflichtgefühl – dafür aber ganz viel Geld und Macht besitzen. Im Vergleich zu dieser Welt ist das Leben der Anderen, die sich mit Staat und Steuern herumschlagen, tatsächlich die Hölle. Es gibt noch etwas, das im Paradies fehlt: das schlechte Gewissen. Denn wer reich ist und nicht teilen will, der muss gar keine Gesetze brechen. Die Gesetze sind ja für ihn gemacht. Noch ist es nicht ganz sicher, aber am Ende könnte es sein, dass illegal an den »Paradise Papers« vor allem ihre Veröffentlichung ist.

Die Zahlen sind einschüchternd: 13,4 Millionen Dokumente, auf denen beinahe 400 Journalisten monatelang herumgekaut haben, bis die »Paradise Papers« reif für eine Veröffentlichung waren. Die Quelle ist unklar, Datendiebstahl, Whistleblower, Cyber-Angriff? 120 Politiker tauchen darin auf, 50 Länder, deutsche Firmen wie Siemens und Allianz, Kabinettsmitglieder von Donald Trump, Superreiche wie der greise Glücksspielmilliardär Gauselmann oder die bei Steuerfahndern schon vorher einschlägig bekannte Familie Engelhorn. Die Materie ist kompliziert. Der Sachverhalt einfach: Wie spart man Steuern. Nur darum geht es. Offshorefonds und Briefkastenfirmen, Trusts und Stiftungen – es dient immer nur alles einem Ziel: den Staat nicht an den eigenen Gewinnen teilhaben zu lassen.

Und das Schönste – jedenfalls aus der Sicht der Reichen: Sehr viele dieser Praktiken sind vollkommen legal. Darauf beharrt auch die auf den Bermudas ansässige Anwaltskanzlei Appleby, über die viele der in Frage stehenden Geschäfte ablaufen:

Die Medien sind nicht die »Vierte Gewalt« – aber sie sind, solange sie wollen und können, ein Kontrolleur der demokratischen Verfahren. In Deutschland üben vor allem der SPIEGEL und die SZ diese Funktion aus. Hoffen wir, dass wir noch lange von den Orbans dieser Welt verschont bleiben, die von solcher Kontrolle nichts wissen wollen.

alles legal. Kein Wunder. Hier ist nämlich nicht der Gesetzesbruch der Skandal – sondern das Gesetz.

All das liegt schon lange offen zutage. Jeder kann es sehen. Jeder kann es aussprechen. Und dennoch hält sich die Empörung in Grenzen. Auch nach den jüngsten Veröffentlichungen wird das nicht anders sein. Der Skandal wird aufgedeckt – und besteht fort. Weil die Macht inzwischen so verteilt ist, dass Korrekturen nicht mehr möglich sind.

Die Ungleichheit der Vermögensverteilung hat inzwischen groteske Züge angenommen: Es gibt 1542 Milliardäre auf der Welt, die über ein Vermögen in Höhe von 4,5 Billionen Dollar verfügen. Damit ist die Vermögenskonzentration so hoch wie zuletzt Anfang des zwanzigsten Jahrhunderts. Damals nannte man die amerikanischen Industriellen, die sich das Volksvermögen aneigneten, *Robber Barons* und das Zeitalter, in dem sie lebten, *Gilded Age*. Das bedeutet vergoldet, nicht golden, denn unter dem Glanz des Reichtums lag der Dreck der politischen und moralischen Verrottung.

Zu jener Zeit hatte der amerikanische Präsident Theodore Roosevelt noch den Mut, sich mit John D. Rockefellers Standard Oil anzulegen und den Konzern zu zerschlagen. Kein moderner US-Präsident hat es bislang gewagt, sich mit Herren aus dem Silicon Valley anzulegen, den digitalen Räuber-Baronen unserer Tage. Auch Barack Obama nicht, dessen Ruf viel besser ist als seine Verdienste.

Natürlich weiß man auch in Deutschland, wovon die Rede ist. Gerade hat die Fluglinie Air Berlin Pleite gemacht. Tausende werden ihre Arbeit verlieren, viele Rechnungen werden offen bleiben, weil nicht genug Geld da ist, sie zu bezahlen. Aber der Vorstandsvorsitzende Thomas Winkelmann erhält noch 4,5 Millionen aus einem Treuhandkonto mit unwiderruflicher Bankgarantie, auf das der Insolvenzverwalter keinen Zugriff hat – das hat Winkelmann sich so ausbedungen, als er vor neun Monaten seinen Posten antrat. 4,5 Millionen Euro für neun Monate Arbeit, die mit der Pleite des Unternehmens enden. Alles vollkommen legal. That's capitalism, Baby!

Der Internationale Währungsfonds hat den westlichen Regierungen inzwischen empfohlen, ihre reichsten Bürger höher zu besteuern, um der Ungleichheit entgegenzuwirken. Aber auch die neue deutsche Regierung wird diesem Ruf wieder nicht folgen. Keine Vermögenssteuer nirgends. Und auch die Abschaffung des »Solis« wird übrigens wieder eine unsoziale Steuermaßnahme sein, die nur den gut Verdienenden nützen wird – aber von denen wurde diese neue Regierung ja auch gewählt.

Es ist das System selbst, das zutiefst krank ist. Es ist unmoralisch. Unanständig. Widerwärtig. Die Wut darauf wächst. Sie sucht sich nur die falschen Ziele. Der Hass der Betrogenen gilt eher dem Kriegs- als dem Steuerflüchtling. Der Planet ist ein Paradies für Arschlöcher. 6.11.2017

Die EU setzte als Konsequenz der Enthüllungen im Dezember 2017 17 Staaten und Regionen auf eine schwarze Liste von Steueroasen – die allesamt außerhalb der EU liegen. Europäische Steueroasen wie Großbritannien, seine Überseegebiete oder Malta blieben außen vor.

II

6 Politik und Krieg

Zehn Kinder

Am Samstag in der Provinz Kunar im Nordosten Afghanistans. Amerikanische und regierungstreue afghanische Truppen liefern sich ein Gefecht mit ihren Feinden. Nach mehreren Stunden, so kann man in der New York Times lesen, fordern die Amerikaner Luftunterstützung an. Das Haus des gegnerischen Kommandeurs soll zerstört werden. Als alles vorbei ist, sind die Taliban tot. Und es verlieren an diesem Tag auch zehn Kinder ihr Leben. Fünf Frauen werden verletzt. Das ist die Wirklichkeit des Krieges in Afghanistan. Eines Krieges, an dem die Bundeswehr teilnimmt. Und der vollkommen sinnlos ist. Denn Ende 2014 soll ja alles vorüber sein. Die fremden Truppen werden ihre Sachen packen und abziehen. So wie ein Zirkus packt und weiterzieht wenn das Gastspiel beendet ist. Aber das hier ist kein Spiel. Es ist in Wahrheit Mord. Denn nichts anderes als Mord ist ein sinnloser Krieg.

Im Februar hatte es einen ähnlichen Angriff gegeben. Damals waren fünf Kinder, vier Frauen und ein Mann getötet worden. Der afghanische Präsident Hamid Karzai hatte daraufhin seinen eigenen Sicherheitskräften untersagt, NATO-Luftunterstützung anzufordern. Die Bomben aus der

Luft bringen den unterschiedslosen Tod. Es wurde auch verfügt, dass die NATO keine Wohngebäude mehr angreifen darf.

Aber die Amerikaner kümmert das offenbar nicht. Die ISAF-Truppen, darunter auch die Deutschen, betreiben diesen Krieg mit sinnloser Routine wie ein Hobby. Es geht nicht mehr um ein Ziel, um Sieg oder Niederlage, um irgendeinen Sinn. Es geht nur noch darum, die Zeit bis zum Abzug totzuschlagen. Eines Tages um Mitternacht wird der Kampf einfach zu Ende sein. Das ist surreal. Nur die Toten, die diesem Irrsinn bis dahin noch zum Opfer fallen, die sind echt.

Es hat nichts mit naivem Pazifismus zu tun, sich darüber zu empören. Die wenigsten Leute taugen zum Pazifisten. Eine strengere Moral als die des wahren Pazifisten ist kaum vorstellbar. Die meisten Menschen ertragen die völlige Gewaltlosigkeit gar nicht. Sie glauben an die Gewalt und beruhigen ihr schlechtes Gewissen mit Gründen. Je schlimmer die Gewalt, desto besser muss der Grund sein.

Wie gut müssen die Gründe sein, zehn Kinder zu töten? Vielleicht gibt es solche Gründe. Vielleicht gibt es jemanden, der das ermessen mag. Aber hier wissen wir, dass es keine Gründe gibt. Wer glaubt denn im Ernst, dass es einen Unterschied für die Zukunft Afghanistans macht, ob jetzt noch ein Kommandeur der Taliban mehr oder weniger getötet wird? Die Zielpersonen der Amerikaner hießen in diesem Fall Ali Khan und Gul Raouf. Sie sollen im gebirgigen Nordosten des Landes Anschläge organisiert haben. Nach allem, was man lesen kann, sind diese Männer nun tot. Und nun? Wird die Kunar-Region jetzt friedlicher? Es werden andere an die Stelle der Toten treten, so wie es in der Vergangenheit in Afghanistan war. Darum ist dieser Krieg nicht zu gewinnen. Darum hat man ein Datum für den Abzug der westlichen Besatzungstruppen verkündet.

Alles ist auf den Rückzug ausgerichtet. Die ISAF-Truppen rechnen schon aus, wie sie ihr Zeug nach Hause bekommen. Gar nicht so einfach, bei der schlechten Infrastruktur. Bis Ende 2014 müsste alle sieben Minuten ein Container das Land verlassen, damit man den Abzug pünktlich hinbekommt. Die Transitländer Kasachstan, Kirgisistan und Usbekistan verdienen sich eine goldene Nase daran, den ISAF-Truppen den Rückzug zu Land und durch die Luft zu gestatten. Pakistan öffnet und schließt seine Grenzen für das westliche Militärmaterial je nach Lust und Laune und danach, wie viele Pakistanis gerade dem amerikanischen Drohnen-Krieg zum Opfer fielen.

Zur deutschen Teilhabe an diesem Krieg sagte Alt-Kanzler Gerhard Schröder neulich im Gespräch mit dem SPIEGEL: »Die Entscheidung war zum damaligen Zeitpunkt richtig.« Doch »ob der ganze Einsatz über mehr als zehn Jahre richtig war, das wird man erst später, vielleicht sogar erst in Jahrzehnten, beurteilen können«. Das war seine bisher kritischste Äußerung zum Afghanistan-Krieg. Aber es war nicht genug. Schröder hätte sich und der SPD einen Gefallen getan, wenn er endlich ausgesprochen hätte, was ohnehin jeder weiß: Dieser Krieg ist verloren, er ist sinnlos, und das weiß man schon klängst. Jeder weitere Tag, der dort gekämpft wird, ist einer zu viel. Jeder Tote ist einer zu viel. Und dieser Krieg lastet auf unser aller Gewissen. Wir haben uns zu Komplizen bei einem Verbrechen machen lassen.

Die Deutschen sollten sich wieder an den Krieg gewöhnen, hieß es vor ein paar Jahren. Das gehöre zur internationalen Verantwortung eines wirtschaftlich starken und politisch souveränen Staates, hieß es. Wenigstens da kann man sagen: Mission accomplished, Auftrag ausgeführt! Wir haben uns an den Krieg gewöhnt. Zehn sinnlos getötete Kinder regen uns nicht mehr auf. Jetzt wissen wir, was damit gemeint ist, internationale Verantwortung. Danke für die Lektion.   8.4.2013

Der »Abzug« aus Afghanistan dauerte im Frühjahr 2019 noch an. Er dauert so lange, dass der Bundestag im März erst einmal eine erneute Verlängerung des deutschen Einsatzes in Afghanistan beschloss. Die FAZ schrieb dazu: »Auch im siebzehnten Jahr des internationalen Engagements sind die meisten Probleme nahezu dieselben.«

Das Gerede vom Krieg

Mein Vater hatte eine Narbe aus dem Krieg. Ein Granatsplitter hatte seinen Unterarm durchschlagen. Auf der Vorderseite war der Splitter in den Arm eingedrungen und auf der Rückseite ausgetreten. Als Kinder haben wir die Krater gesehen und erst viel später verstanden: Er hatte den linken Arm um einen Baum gelegt und dann die Granate gezündet. An der Ostfront war er schon. Er wollte nicht noch weiter nach Stalingrad. Mein Vater war ein mutiger Mann: Man hätte ihn für diese Tat erschießen können.

Wir müssen nicht in Geschichtsbücher gucken, um zu wissen, dass General Sherman Recht hatte, als er sagte: »Der Krieg ist die Hölle.« Er hatte Atlanta niedergebrannt. Er wusste, wovon er sprach. Und wir wissen es, wenn wir uns erinnern.

Aber vor kurzem hat Außenminister Steinmeier gesagt, Deutschland sei »zu groß, um die Weltpolitik nur zu kommentieren«. Und Verteidigungsministerin von der Leyen fand: »Wir können nicht zur Seite schauen, wenn Mord und Vergewaltigung an der Tagesordnung sind.« Und jetzt hat Bundespräsident Gauck auf der Münchener Sicherheitskonferenz noch einen draufgesetzt und verkündet, Deutschland solle sich »früher, entschiedener und substantieller einbringen«. Diese Politiker gebrauchen das Wort »Krieg« nicht. Aber nichts anderes ist gemeint, wenn Steinmeier von »tätiger Außenpolitik« spricht und Gauck die Deutschen auffordert, »sich der Welt zuzuwenden«.

Vor der Wahl haben sie so nicht geredet, weil sie wissen, dass die Wähler das alles nicht wollen. Sie haben den Kurswechsel, den sie zweifellos schon länger planen, nicht angekündigt. Das ist dreist. Und es ist doppelter Unsinn. Diesem Denken liegt eine überkommene Vorstellung von Sicherheit und Verantwortung zugrunde. Und von deutschem Isolationismus kann längst keine Rede mehr sein. Kambodscha, Georgien, Kosovo, Afghanistan, überall sind deutsche Soldaten seit der Wiedervereinigung zu Tode gekommen. Der Einsatz in Afghanistan, der bald zu Ende geht, war der größte und teuerste der Bundeswehr, was Menschen, Material und Mittel angeht. Und dieser Einsatz war vollkommen sinnlos. Korruption, Islamismus, Stammesherrschaft, alles, was der Westen dort bekämpfen wollte, wird sich

Es ist im Nachhinein interessant, dass man im Februar 2014 offenbar davon ausging, der Afghanistan-Einsatz sei nun schnell beendet.

wieder ausbreiten, sobald die ISAF-Truppen abgezogen sind.

Wofür also ist der Hauptgefreite Sergej Motz gestorben, der dort am 29. April 2009 um 19.10 Uhr von einer Panzerfaust getroffen wurde? Der erste deutsche Soldat nach dem Zweiten Weltkrieg, der im Gefecht sein Leben verlor. Und all die anderen nach ihm. Im Afghanistan-Krieg starben 54 deutsche Soldaten, davon 35 im Kampf.

Bis April 2019 war die Zahl der getöteten Deutschen auf 58 gestiegen.

Meinte der Außenminister diese Toten, als er vom »kommentieren« sprach? Und findet der Bundespräsident das Opfer dieser Männer nicht »entschieden und substantiell« genug? Glauben die beiden denn, eine größere Zahl von Soldaten – und von Opfern auf beiden Seiten – hätte das afghanische Blatt wenden können? Sie reden neuen Einsätzen das Wort, aber haben nicht den Mut zuzugeben, dass dieser Krieg verloren ging. Andererseits: Wie hätte ein »Sieg« in Afghanistan überhaupt aussehen sollen?

Die Deutschen sind mit großer Mehrheit gegen die Kampfeinsätze der Bundeswehr. Sie haben besser verstanden als ihr im Gestern verhafteter Präsident und als ihr auf Aktionismus drängender Außenminister, dass die kulturellen Konflikte der Gegenwart mit Waffen nicht zu lösen sind.

Im April 2014 brachte die ZDF-Satiresendung »Die Anstalt« einen Beitrag über die übergroße Nähe deutscher außenpolitischer Journalisten zu zahllosen US-nahen Institutionen und ließ das in der zugespitzten Formulierung gipfeln: »Dann sind alle diese Zeitungen nur so etwas wie Lokalausgaben der NATO-Pressestelle.« Die namentlich genannten Josef Joffe und Jochen Bittner, beide von der ZEIT, wehrten sich gerichtlich. Sie gingen bis zum Bundesgerichtshof … und unterlagen dort im Januar 2017 in letzter Instanz.

Dafür konnten sich Gauck, Steinmeier und von der Leyen des Beifalls der außenpolitischen Medienelite sicher sein. Über das »deutsche Ohne-Micheltum« klagte der Außenpolitik-Chef der WELT. Den Vorwurf der »defensiven Bequemlichkeit« erhob der Kollege von der Süddeutschen Zeitung.

Denn in vielen Redaktionen sitzen Journalisten, die ihren Job wie NATO-Pressesprecher versehen. Diese Leute treffen sich auf der Sicherheitskonferenz in München, bei der Atlantik-Brücke, beim American Council on Germany oder bei der Deutschen Atlantischen Gesellschaft. In diesen Kreisen ist man sich darüber einig, dass die Zeit der »Zurückhaltung« ein Ende habe müsse. Der deutsche Beitrag zu militärischen Interventionen seit dem Fall der Mauer reicht diesen Leuten noch lange nicht. Mehr Stahl, mehr Fleisch! Warum? Damit sie sich endlich auf internationalem Parkett ebenbürtig fühlen. Es geht ums Prestige in einer Welt für Männer.

Auf einmal wird klar, was dieses Land an seinem Außenminister Guido Westerwelle hatte, der für eine »Kultur der Zurückhaltung« stand und der dafür nun von den Zeitungen gescholten wird.

Die Propheten des außenpolitischen Wandels geben vor, es gehe ihnen um Verantwortung und Sicherheit. Aber Verantwortung definiert sich nicht militärisch, und Sicherheit hat heute eine andere Bedeutung als früher.

Nichts bedroht unsere Sicherheit gegenwärtig mehr als der Verlust an Autonomie über unsere Daten: Geld, Identität, Macht, alles steht dabei auf dem Spiel. Aber so viel Verantwortung wollen Gauck, Steinmeier und von der Leyen dann doch nicht übernehmen.

Und auch eine andere Gelegenheit, sich verantwortlich zu erweisen, ließ die Bundesregierung gerade vorüberziehen: Einen Tag nach Gaucks Rede meldete der SPIEGEL, dass der Export von mehr als hundert Patrouillen- und Grenzüberwachungs-

Vor allem haben wir der Welt unsere Rüstungsgüter zu bieten. Anfang 2019 stellte sich heraus, dass entgegen allen Beteuerungen der Bundesregierung deutsche Waffen auch im saudischen Krieg im Jemen eingesetzt werden. Demonstranten protestierten darum im Mai 2019 während der Hauptverhandlung des Rüstungskonzerns Rheinmetall.

booten nach Saudi-Arabien mit einer Bürgschaft von rund 1,4 Milliarden Euro unterstützt werden soll. Ausdrücklich wird auf die »hohe beschäftigungspolitische Bedeutung« des Deals hingewiesen. Das Schlimmste ist die Heuchelei. 3.2.2014

Gott zum Gruße, Ohne-Michel!

Das Auswärtige Amt hat nachgefragt: »Soll sich Deutschland künftig international mehr engagieren?« 37 Prozent der Befragten antworteten mit »Ja«. 60 Prozent mit »Nein«. Außenminister Frank-Walter Steinmeier hat die Studie vorgestellt. Dagegen stellte er in einer Rede im Auswärtigen Amt die typische Position eines außenpolitischen »Experten«: Der sagte, es sei die deutsche Bestimmung, »Europa anzuführen und die Welt anzuführen«. Solcher Irrsinn gilt im Auswärtigen Amt tatsächlich wieder als Expertenmeinung.

Steinmeier sprach von einem Graben zwischen den Erwartungen der »Experten« und der Zurückhaltung des Volkes. Seine Aufgabe sei es nun, diesen Graben zu überbrücken. Aber warum eigentlich? Er hätte stattdessen den »Experten«, der den Deutschen rät, die Welt anzuführen, eigenhändig in jenen Graben werfen sollen. Aber die Kunst der Selbstbescheidung geht der deutschen Politik gerade verloren. In Berlin regt sich ein gefährlicher alter Geist: Wir haben doch der Welt so viel mehr zu bieten als nur unsere Industriegüter. Jetzt muss nur noch das Volk überzeugt werden. Hoffentlich hält es stand.

146

Als sich einmal Volk und Regierung der DDR entzweit hatten, gab Bertolt Brecht in seinen Buckower Elegien den berühmten Rat: »Wäre es da nicht doch einfacher, die Regierung / Löste das Volk auf und / Wählte ein anderes?« In einer ähnlichen Situation befindet sich der deutsche Außenminister. Er ist unzufrieden mit seinen Deutschen. Ihnen fehlt das richtige außenpolitische Bewusstsein: »Egal, ob es um Nahost, Mali, Afghanistan oder die Ukraine geht: ›Raushalten! Was geht uns das an?‹«, schimpfte Steinmeier: »Nur hält uns das nicht davon ab, immer und überall Haltungsnoten zu verteilen für das, was andere tun oder unterlassen.«

Steinmeier hielt seine Rede im Weltsaal des Auswärtigen Amts. Den muss man gesehen haben! Donnerwetter! 836 Quadratmeter ohne Stützen! Die Wände so weit wie der Wind und die Decke so hoch wie die Sterne. Ein Welt-Raum für große Gedanken. Das war mal die Kassenhalle der alten Reichsbank. Früher wurden hier Scheine gewechselt. Jetzt Visionen.

Denn Steinmeier hat eine Mission. Was die Deutschen schon leisten – das genügt dem Minister einfach nicht. Die Einsätze der Bundeswehr in Kambodscha, Georgien, Kosovo und Afghanistan – für Steinmeier alles nur Kommentare. Da sollte er sich nicht wundern, wenn er auf dem Berliner Alexanderplatz von Demonstranten als Kriegstreiber beschimpft wird. Er wurde da sehr wütend, der Minister, und seine Wutrede hat ihm viel Sympathie eingebracht. Steinmeier ist ein aufrichtiger Mann. Aber er ist kein aufrichtiger Politiker.

Steinmeier sagte: »Was in der Außenpolitik fehlt, ist die Verortung, der Kompass dafür, was Verantwortung heißt, was gerecht ist und was nicht, was anständig ist, was Politik leisten kann und was nicht.« Da hätte er sich doch in seiner Weltsaal-Rede mit der Frage befassen können, warum die Bundesbürger vor 20 Jahren noch ganz anders auf die Welt geblickt haben: Damals waren die Verhältnisse genau umgekehrt und 62 Prozent hatten sich für mehr außenpolitisches Engagement ausgesprochen. Aber seitdem hat sich der Westen heillos in seinen Lügen und Irrtümern verheddert. Steinmeier und seinen »Experten« in den Stabsstellen, in den Think Tanks und den Zeitungsredaktionen mag es gelingen, die moralischen Verheerungen der westlichen Abenteurerpolitik in einer großen historischen Bilanz als Verluste zu verbuchen. Die Deutschen können das offenbar nicht.

Denn es hat ihnen noch immer niemand erklärt, wie wir nach den Erfahrungen der Iraklüge jemals wieder den Amerikanern glauben sollen, wenn sie mit »Beweisen« für finstere Bedrohungen um die Ecke kommen, die einen Militärschlag nötig machen. Es hat ihnen noch immer niemand erklärt, wofür in Afghanistan 54 deutsche Soldaten gestorben sind. Und es hat ihnen noch immer niemand erklärt, warum die Frage, ob die Ukraine ein einheitlicher Staat bleibt oder in zwei Staaten zerfällt, deutsche Interessen berührt. Solange diese Fragen offen sind, sollten man den Deutschen danken, wenn sie die Zurückhaltung üben, die das politische Berlin gerade verlernt. Gott zum Gruße, Ohne-Michel!

Aber unsere außenpolitischen Eliten sticht schon lange der Hafer. Sie wollen endlich mit den Erwachsenen spielen, mit den Amerikanern, den Franzosen, den Briten, wenn auch ohne eigene Atomwaffen. Es geht ihnen wie in Hans Albers' Lied: »Mich trägt die Sehnsucht fort / In die blaue Ferne«. Steinmeier kündigte an, in den kommenden Monaten die Frage zu klären: »Was ist Deutschlands Rolle in der Welt?« Da können wir uns auf einiges gefasst machen. 22.5.2014

Heiliges Kanonenrohr!

Schon wieder! Bundespräsident Joachim Gauck hat die Deutschen aufgefordert, nicht so zimperlich zu sein, wenn es um die gerechte Sache geht. In einem Interview sagte er vor ein paar Tagen: »Und in diesem Kampf für Menschenrechte oder für das Überleben unschuldiger Menschen ist es manchmal erforderlich, auch zu den Waffen zu greifen.« Jeder Präsident hat sein Thema. Am Anfang dachte man, Gaucks Thema sei die Freiheit. Aber das war ein Irrtum. Langsam wird deutlich: Es ist der Krieg.

Der Krieg ist eine schwerwiegende Sache. Warum redet der Präsident so oft und so leichtfertig darüber? Denn so muss man das nennen, wenn Gauck sagt, es habe »früher eine gut begründete Zurückhaltung der Deutschen« gegeben, bei internationalen Einsätzen und Konfliktfällen aktiv zu werden. Heute sei das Land aber eine »solide und verlässliche Demokratie«, zu deren wachsender

Verantwortung es gehöre, den Einsatz militärischer Gewalt »als letztes Mittel nicht von vornherein zu verwerfen«.

Genau das ist aber in Deutschland offensichtlich nicht der Fall. Die Deutschen »verwerfen« den Einsatz ihres Militärs mitnichten. Sie sind – anders als andere Nationen – bloß nicht sonderlich erpicht darauf. Dennoch sind zur Zeit 4600 Soldaten im Ausland eingesetzt – und zwar in 15 Einsatzgebieten, vom Kosovo über die Küste des Libanon bis nach Afghanistan und weiter. Das liegt daran, dass sich außer der Linkspartei keine politische Partei grundsätzlich gegen ein militärisches Engagement der Bundesrepublik wendet. Und die Linken stehen nicht gerade kurz vor der Machtübernahme.

All diese Dinge sollte Gauck wissen. Er rennt also Türen ein, die weit offen stehen. Das tun aber nur Leute, die in Wahrheit das ganze Haus umbauen wollen.

Der Publizist Jürgen Todenhöfer hat Gauck auf seiner Facebook-Seite in einer Fotomontage als Al-Qaida-Chef Aiman az-Zawahiri gezeigt und dazu die Frage gestellt: »Was haben wir bloß getan, um einen solchen ›Jihadisten‹ als Präsidenten zu bekommen.« Wer den Vergleich schockierend findet, der übersieht, wie gefährlich der religiös-moralische Rigorismus in allen Religionen ist. Und die »Verteidigung der Menschenrechte« ist längst die säkulare Religion des Westens. Damit lässt sich beinahe alles rechtfertigen.

Auf den Koppelschlössern der deutschen Soldaten des Erstens Weltkriegs stand noch »Gott mit uns«. Die evangelische Kirche hatte ihren Teil an der »Augustbegeisterung«. Der protestantische Theologe Reinhold Seeberg, der später Rektor der Berliner Universität wurde, vertrat bis zum bitteren Ende 1918 die Ansicht: Wer im Zuge der »Verteidigung des Vaterlandes« einen belgischen Soldaten erschießt, der vollstreckt damit das Werk der Nächstenliebe Christi an ihm. So lange ist es noch nicht her mit dem deutschen Dschihadismus. Der Berliner Kirchenhistoriker Christoph Markschies hat erst vor ein paar Wochen gesagt: »Dieses Erbe ist immer noch nicht genügend aufgearbeitet.«

Gauck wird dazu nichts beitragen. Im Gegenteil: er hat die protestantische Selbstgerechtigkeit ins Schloss Bellevue getragen. Unsäglich war schon vor zwei Jahren sein Auftritt in der Führungsakademie der Bundeswehr, wo er die deutsche Fahne küsste und Einblick in eine absonderliche altdeutsch-protestantische Soldatenethik gab, in der es um Dienst und Pflicht und Opfer geht und die in der Feststellung gipfelte: »Dass es wieder deutsche Gefallene gibt, ist für unsere glückssüchtige Gesellschaft schwer zu ertragen.« Damals dachte man: Wenn sie ihm jetzt eine Kanone hinstellen, dann segnet er sie.

Die Grünen sollten sich überlegen, ob sie wirklich für eine zweite Amtszeit dieses Präsidenten votieren wollen. Es wäre an der Zeit zu erkennen: Dieser Mann ist ein Missverständnis.

Papst Franziskus hat sich übrigens gerade in einem Zeitungsinterview auch zum Krieg geäußert. Aber in einem ganz anderen Sinne. Er zog die Verbindung zwischen Krieg und Kapitalismus.

Er war wirklich eine gloriose Fehlbesetzung im Bellevue. Angela Merkel wusste schon, warum sie seinerzeit gegen seine Bestellung war. Abgesehen davon war das ohnehin eine beunruhigende Konstellation: zwei protestantische Pfarrkinder in zwei der drei höchsten Ämter des Staates. Da sehnte man sich zurück nach der rheinischen Republik ...

»Damit das System fortbestehen kann, müssen Kriege geführt werden, wie es die großen Imperien immer getan haben. Einen Dritten Weltkrieg kann man jedoch nicht führen, und so greift man eben zu regionalen Kriegen«, sagte Franziskus. Rosa Luxemburg hätte dem Papst zugestimmt.

Aber unser Joachim Gauck, der käme im Leben nicht auf so eine Idee. 19.6.2014

Wie feige sind die Deutschen?

Das sieht nicht gut aus: Eine amerikanische Studie hat herausgefunden, dass die Deutschen eine Bande von wortbrüchigen Feiglingen sind. Wenn Russland, sagen wir, das Baltikum angreift oder Polen, würde eine Mehrheit von 58 Prozent es ablehnen, dem Angegriffenen zur Hilfe zu kommen. Artikel 5 des NATO-Vertrags bestimmt die Verpflichtung zum Beistand? Die Deutschen pfeifen drauf! Selbst Italien bringt mehr Bündnistreue auf – und über Italien hat man sich hier früher lustig gemacht. Was ist nur mit den Deutschen los? Vielleicht haben ihnen zwei verlorene Weltkriege den Mumm aus den Knochen gesogen. Vielleicht liegt die deutsche Zurückhaltung aber auch daran, dass eine Mehrheit der Leute die Mär vom bösen Russen nicht mehr hören mag, die Politik und Medien ihnen unablässig einbläuen.

Neulich war Barack Obama in Tallin. Dort hat er gesagt, wenn sich die Menschen in Estland und den anderen baltischen Staaten heute fragten »Wer wird uns zur Hilfe kommen?«, sei die Antwort eindeutig: »Die NATO-Truppen und die Soldaten der Vereinigten Staaten. Hier und jetzt. Wir werden da sein für Estland. Wir werden da sein für Litauen. Wir werden da sein für Lettland. Ihr habt eure Unabhängigkeit schon einmal an Russland verloren. Mit der NATO im Rücken werdet ihr sie nie wieder verlieren.«

Das war nett. Aber nicht ganz richtig. Jedenfalls, wenn es nach den Leuten in den NATO-Ländern ginge. Und das sollte es in der lebenswichtigen Frage von Krieg und Frieden in einer Demokratie doch. Artikel 5 des NATO-Vertrages sagt: »Die Parteien vereinbaren, dass ein bewaffneter Angriff gegen eine oder mehrere von ihnen in Europa oder Nordamerika als ein Angriff gegen sie alle angesehen wird.« Jetzt hat das Meinungsforschungsinstitut Pew Research Center festgestellt, dass nur Kanadier und Amerikaner sich ihrer Bündnispflicht bewusst sind. Selbst in Großbritannien gibt es dafür keine Mehrheit. In Frankreich und Deutschland ist eine klare Mehrheit dagegen.

Frage: Wie viele Gänge hat ein italienischer Panzer? Antwort: Sechs. Einen für Vorwärts, fünf für Rückwärts. Solche Witze waren früher. Heute sind die Italiener zuverlässigere – sagen wir ruhig – Kameraden als die Deutschen. »Im Schatten einer Wodanseiche auf einem Grenzstein mit den letzten Freunden den schönen Tod der Helden sterben.« So beschreibt Hermann der Cherusker bei Kleist den süßen Traum des Soldaten. Lange her. Der postheroische Deutsche geht lieber den vom Philosophen Sloterdijk spöttisch bezeichneten Weg: »der sozialen Endformel entgegen: Urlaub, Umverteilung,

Das ist natürlich eine Entwicklung, die den Kolumnisten mit Freude erfüllt hat. Ebenso wie die Klage jenes AfD-Abgeordneten, der sich im April 2018 darüber beschwerte, dass die deutschen Soldaten »verweichlicht« seien – die Vorgesetzten könnten ihre Leute nicht mal mehr ein paar Liegestütze machen lassen, ohne dass die sich beschweren gingen …

Adipositas«. Die Demilitarisierung Deutschlands war das größte – und notwendigste – Zivilisierungsprojekt des 20. Jahrhunderts. Sie ist vollständig geglückt. Man muss schon suchen, wenn man in der Öffentlichkeit noch ein Echo des alten Preußen-Militarismus aufstöbern will. In Springers Welt, ehemals Fachblatt für Landser und Vertriebene, wird man hin und wieder noch fündig. Zum Beispiel wenn ein General-Leutnant a.D. dort »die ohne persönliche Schuld gebliebene Mehrheit der Soldaten der Wehrmacht und Waffen-SS« lobt und ins Schwärmen gerät über ihr »soldatisches Können, ihre Tapferkeit und Kameradschaft«.

Aber ihre komischen Ideale können sich die Soldaten in die Haare schmieren. Niemand, der halbwegs alle beisammen hat – und eine Wahl hat – will in Deutschland noch Karriere beim Militär machen. Zum Bund geht man nur dort, wo sonst nichts geht: im Osten. Nach Abschaffung der Wehrpflicht hat Bundeswehr-Professor Michael Wolffsohn es ungewöhnlich deutlich auf den Punkt gebracht: »Unsere Bundeswehr ist eine ossifizierte Unterschichtenarmee.«

Das ist – aus Sicht der NATO – besonders misslich, denn gerade im deutschen Osten verfängt die offizielle Linie gar nicht, die Medien und Politik verbreiten: Der Russe ist an allem schuld. Im Osten, auch das zeigt nämlich die Pew-Studie, haben noch vierzig Prozent der Leute Vertrauen in Putin, mehr als ein Drittel hat ein positives Bild von Russland, und viel weniger als im Westen glauben, dass die Russen eine militärische Bedrohung darstellen.

Was würde Adolf Heusinger dazu sagen? Der erste Generalinspekteur der Bundeswehr hatte in den früher fünfziger Jahren die Order ausgegeben: »Wir müssen einen Soldaten entwickeln, der dem Russen gewachsen ist, und deswegen muß der zukünftige Soldat erstens geistig aus der Notwendigkeit der Aufgabe, vor die er gestellt ist, überzeugt sein. Er muß zweitens hart erzogen sein, um der Härte des Ostens entgegentreten zu können. Er muß verantwortungsbewußt sein und dieses Verantwortungsbewußtsein muß aus der Entwicklung der freien Persönlichkeit herkommen. Und letzten Endes muß er gehorsam sein.« Ob die Deutschen von heute dem gerecht werden? 11.6.2015

Die Schreie der Verwundeten

»Jeder sitzt unter seinem Weinstock und unter seinem Feigenbaum und niemand schreckt ihn auf«, so beschreibt der Prophet Micha den Weltfrieden. Das kann er erst einmal vergessen. Auf allen Kontinenten bekämpfen sich die Menschen mit Pistolen und Gewehren, mit Hubschraubern und Haubitzen, mit Panzern und Raketen, mit Messern, Knüppeln und Macheten und, wenn sie nichts anderes mehr haben, mit den bloßen Fäusten. Sie werden des Gemetzels nicht müde. Ist der Friedensnobelpreis, der in dieser Woche vergeben wird, darum ein Hohn? Im Gegenteil!

Es wird wieder schön werden. Norwegen im Winter, Oslo, die Schöne, Dunkle. König Harald erwartet die Preisträger in seinem Schloss. Nach dem Empfang begleiten Kronprinz Haakon und Prinzessin Mette-Marit die Glücklichen zur festlichen Verleihung ins Rathaus. Alles ein bisschen wie in einem Disney-Film. Die Realität, um die es geht, sieht anders aus. Aleppo ist die Realität, Kinder, deren tote Körper aus dem Schutt geborgen werden, das ist die Realität. Krieg ist nichts, was den Menschen widerfährt. Keine Flut, kein Sturm. Krieg wird von Menschen gemacht.

Konrad Lorenz, der Verhaltensforscher, der sich auch mit der menschlichen Aggression befasst hatte, war noch der Ansicht, »daß der Mensch in sehr schneller Evolution begriffen ist, auch was seine Ausstattung mit Instinkten betrifft. Es ist so offensichtlich, daß ein höherer Grad von Fähigkeit zur Menschenliebe die Menschheit retten könnte und es schon mit dem Teufel zugehen müßte, wenn der Mensch sich nicht in der Richtung größerer Liebesfähigkeit zu entwickeln vermöchte.« Aus diesen Worten sprach eine alte Fortschrittsgläubigkeit. Der physiologischen Vereinheitlichung des Menschen, die Charles Darwin beobachtet hatte, werde die ethische folgen. So dass sich die ethischen Prinzipien zu einer immer umfassenderen Ordnung entwickeln, die schließlich alle Menschen einschließt. Aus Nächstenliebe wird Fernstenliebe.

Aber in Wahrheit ist der Mensch schon mit der Nächstenliebe überfordert. Und Zivilisation kann auch einfach verloren gehen. Wir müssen für diese Erkenntnis nicht nach Potocari fahren, jenes Dorf im Osten von Bosnien und Herzegowina, wo die Gedenkstätte für das Massaker von Srebrenica liegt. Es genügt, wenn wir in die hasserfüllten Gesichter der Menschen in Sachsen sehen. Wie viele von diesen Leuten würden auf alles schießen, was sich bewegt, wenn man ihnen eine Waffe und die Erlaubnis gäbe?

Krieg sei heute in Europa unvorstellbar, sagte der damalige europäische Ratschef Herman Van Rompuy im Jahr 2012 – aber nicht unmöglich.

Damals hatte die Europäische Union den Friedensnobelpreis erhalten. Es war eine Entscheidung des Osloer Komitees, die viel Kritik erfahren hat. Im Nachhinein blieb nur noch bitterer Spott: Dieses Europa, das sich im Angesicht der Flüchtlingskrise als egoistisch, kleingeistig und ängstlich erwiesen hat, schien nicht mehr nobelpreiswürdig. Und überhaupt habe der ganze Preis in dieser Welt keinen Platz. Aber nur in dieser Welt wird er gebraucht. Es ist ein Preis, der aus dem Krieg entstanden ist.

Stahl und Schreie, Splitter und Tumult, Rauch und Lärm, Angst und Dreck, verzerrte Gesichter, aufgerissene Augen, zerschmetterte Körper, Ströme von Blut: In der Schlacht von Solferino verloren am 24. Juni 1859 40 000 Mann ihr Leben. In den Tagen und Wochen danach starben noch mal so viele an ihren Wunden. Die Männer hatten sich als Österreicher, Sardinier und Franzosen bekämpft. Aber für die Menschen aus den umliegenden Dörfern, die nachher als Helfer auf das Schlachtfeld kamen, waren sie bald nur noch »tutti fratelli«, alles Brüder!

»Die Schreie der Verwundeten« heißt der große Essay, in dem der viel zu früh gestorbene Henning

Ritter über die Geschichte des Mitleids schreibt. Diese Schreie klingen immer gleich, egal woher einer kommt, an was er glaubt, wofür er kämpft. Nicht das Glück verbindet die Menschen, sondern das Leid. Der Schweizer Henry Dunant, der über das Schlachtfeld von Solferino gegangen war, hatte die Schreie der Verwundeten gehört. Danach gründete er das Internationale Rote Kreuz. Er war der erste Träger des Friedensnobelpreises.

Seit 1895 verleiht das Osloer Komitee den Preis an denjenigen, »der die meiste oder beste Arbeit geleistet hat für die Brüderlichkeit zwischen Nationen, für die Abschaffung oder Reduzierung stehender Armeen und bei Friedenskonferenzen«. Es hat falsche Entscheidungen getroffen – Henry Kissinger hat den Friedensnobelpreis erhalten. Manchmal gibt es sonderbare Kandidaten – gerade werden dem Papst gute Chancen eingeräumt, das ist so, als würde man zusätzlich zum Hosenträger noch den Gürtel nehmen. Aber der Preis wird gebraucht. Es ist ein Preis des Friedens, für eine Menschheit, die den Frieden nicht schätzt. Sein Ziel ist die Hoffnung.

Der Philosoph und frühere britische Großrabbiner Jonathan Sacks hat einmal daran erinnert, dass Optimismus und Hoffnung nicht dasselbe sind. Optimismus ist der Glaube daran, dass die Dinge besser werden. Hoffnung ist der Glaube daran, dass wir die Dinge gemeinsam besser machen können. Optimismus ist eine passive Tugend, Hoffnung ist eine aktive. »Es bedarf keines Mutes, um ein Optimist zu sein«, sagte Sacks, »aber einer Menge, um Hoffnung zu haben.« 6.10.2016

Unser Krieg

Die ganze Welt lacht über Donald Trump und verachtet ihn. Es gibt nur eine Sache, für die er regelmäßig Lob bekommt: Bombenwerfen. So war es vor einem Jahr, als die USA ein Flugfeld in Syrien zerstörten. Und so war es auch diesmal: Mehr als 100 Geschosse hat Trump gemeinsam mit Briten und Franzosen auf das in Trümmern liegende Syrien gefeuert – und der ganze Westen applaudiert ihm. Sogar die deutsche Bundeskanzlerin, und die mag Trump wirklich nicht. Das ist absurd.

Die Bomben, die der Dreibund da geworfen hat, sind vergeblich, verkehrt und verlogen. Vergeblich, weil sie am Lauf dieses Krieges nichts ändern werden. Verkehrt, weil sie das Völkerrecht weiter schwächen, anstatt es zu stärken. Und verlogen, weil sie von der Schuld des Westens ablenken.

Dieser Krieg ist auch das Vermächtnis von Barack Obama. Es ist verblüffend, dass diese Tatsache in der Empörung über das Leid in Syrien überhaupt keine Rolle spielt. Ohne Barack Obama, ohne die USA, ohne den Westen wäre dieser Krieg schon lange Geschichte. Es ist ein unglaublicher Zynismus und eine historische Verlogenheit, mit der sich der Westen von der Mitverantwortung für die hohe Zahl der Opfer, die lange Dauer der Kämpfe, die ganze Grausamkeit dieses Krieges selbst freispricht.

Obama wollte Assad stürzen. Die CIA begann 2013 damit, syrische Rebellen auszurüsten und zu trainieren – der Umfang des Geheimprojekts lag bei einer Milliarde Dollar im Jahr. Der Kongress kürzte die Summe später um 20 Prozent, und Trump beendete das Programm im vergangenen Jahr. Weil es gescheitert war. Die Washington Post schrieb im vergangenen Sommer: »Obamas Politik hatte ein Unentschieden auf dem Schlachtfeld zum Ziel. Die Regierung hoffte auf diese Weise eine Verhandlungslösung zu befördern, mit der der Konflikt beendet würde.« Diese Politik des Unentschiedens hat Hunderttausende von Menschen das Leben gekostet. Der syrische Krieg ist darum auch das Ergebnis eines gescheiterten Versuchs des Regimewechsels. Was im Irak und in Libyen gelungen ist – wenn man das angesichts der Ergebnisse so nennen will –, endete in Syrien in einem Desaster.

Ohne die westliche Einmischung hätte Assad seine Macht längst stabilisiert und seine nahöstliche Despotie fortgesetzt. Stattdessen schwächte die CIA das Assad-Regime und bereitete so erst den Kopf-ab-Islamisten des IS den Weg – und dann den Russen. Syrien ist ein weiteres Beispiel für die Fehleinschätzungen amerikanischer Geopolitik. Es ist eine besondere Ironie, dass ausgerechnet Barack Obama dem von ihm verachteten Wladimir Putin die Gelegenheit verschaffte, sich im Nahen Osten als ordnende Kraft zu entfalten!

Welchem Zweck dienten nun die neuerlichen Bomben? Die militärischen Kräfteverhältnisse in Syrien werden sie nicht ändern. Dafür waren es zu wenige. Es heißt, der Einsatz von chemischen Waffen dürfe nicht ohne Antwort bleiben. Aber das Argument ist zynisch.

Nach den höchsten Schätzungen wurden im syrischen Krieg vielleicht 4000 Menschen Opfer von

Am Ende wurde der syrische Bürgerkrieg durch das Eingreifen Russlands entschieden - das offenbar doch nicht nur eine »Regionalmacht« ist, wie Barack Obama gespottet hatte. Russland hatte ein realistisches Konzept für Syrien: Der Despot Assad sollte im Amt gehalten werden, das ist auch gelungen. Der Westen wollte mit Assad nicht einmal verhandeln. Aber von außen induzierter Regimewechsel mündet immer in größere Katastrophen.

chemischen Waffen. Das ist weniger als ein Prozent der Menschen, die in den vergangenen sieben Jahren dort ihr Leben verloren haben. Zählt ein Toter, der in einem Keller elend am Gas erstickt ist, mehr? Weil er sozusagen in einer ganz anderen Liga spielt – politisch, völkerrechtlich – als die Menschen, die ganz konventionell von Raketen, Granaten, Mörsern und Haubitzen zerfetzt, von Kugeln getroffen, von Trümmern verschüttet, von Krankheiten und Mangelernährung aufgezehrt wurden? Man wüsste gerne die Ansicht der Toten dazu. Es ist bedauerlich, dass man sie nicht fragen kann.

Den Hunderttausenden von Toten in diesem Krieg hat das Völkerrecht, das jetzt verteidigt werden soll, nicht geholfen. Es würde nicht lohnen, ihm mit auch nur einem einzigen zusätzlichen Menschenleben Geltung zu verschaffen. Übrigens geschieht das auch nicht: Nach bisherigen Erkenntnissen wird Assad sein Volk auch nach diesem Luftschlag weiter mit chemischen Waffen quälen können. Die Bilder der toten Kinder scheinen uns zum Handeln zu zwingen. Aber nachdem die Machtpolitik des Westens in Syrien gescheitert ist, bleibt uns nur noch die Simulation. Das Leid ist real. Der Tod ist real. Die Schmerzen sind real. Aber die Politik des Westens ist surreal. Es geht uns um hygienische Verhältnisse. Rechtshygiene. Moralische Hygiene. Diese Bomben wurden für uns abgeworfen. Nicht für die Opfer des Krieges in Syrien. Wenn es uns um die Opfer ginge, gäbe es nur eine Lösung. Sofortiger Rückzug, damit dieser Krieg endlich endet. 16.4.2018

Die liebenswürdige Kollegin vom Verlag, die diese Texte freundlicherweise noch einmal gründlich gegengelesen und auf Unstimmigkeiten geprüft hat, merkt zu diesem Kapitel an, dass ich meiner »pazifistischen Haltung« offenbar über die Jahre treu geblieben bin. Aber das ist ein Missverständnis, das man gar nicht deutlich genug aufklären kann. Darum hier auch diese Bemerkung: Ich selber bin gar kein Pazifist, dafür fehlt es mir an moralischer Festigkeit. Mein entscheidendes Argument gegen die westlichen Interventionskriege ist nicht moralischer oder religiöser Natur – sondern pragmatischer: Diese Kriege funktionieren nicht, sie lösen keine Probleme, sondern erschweren die bestehenden und schaffen zusätzlich neue.

7 Angst und Terror

Bruder bin Laden

Hat jemand im Ernst damit gerechnet, dass Osama bin Laden lebend gefasst wird? Dass er einst wie Rudolf Heß in Spandau als letzter Gefangener in Guantanamo sitzen würde? Nein, ein Revolutionär endet nicht als Rentner. Und ein Revolutionär war er ja, wenn auch einer des Bösen. Der Terrorist trägt seinen inneren Schrecken nach außen. Der Selbstmordattentäter ist die schreckliche Vervollkommnung dieses Prinzips. Wenn das Selbst ganz vernichtet ist, geht mit der Achtung vor dem eigenen Leben auch die Achtung des anderen Lebens verloren.

Im März 2019 veröffentlichte der syrische Regisseur Talal Derki einen Dokumentarfilm über einen Dschihadisten der Al-Nusra-Front. Der Mann spricht darin über seine Vorbilder, die großen Führer des Dschihad, Osama bin Laden und Aiman az-Zawahiri, und sagt, wenn er die Liebe, die er für diese Männer empfindet, über die Erde ausgießen könnte, würde sie »Planet Liebe« heißen. Das ist die Macht des Märtyrers über den Tod hinaus.

Eine 21-jährige Frau geht auf Krücken gestützt auf einen Militärposten zu, sie humpelt. Als die Soldaten sie überprüfen wollen, zündet sie den Sprengstoffgürtel, den sie am Leib trägt. Am Abend zuvor hat sie ein Video aufgenommen, in der einen Hand ein Gewehr, in der anderen ihr Baby, das sie noch stillte. Fünf Menschen starben so im Januar 2004 am Grenzübergang Erez. Osama bin Laden hat diese Form des Mordens nicht erfunden. Aber er hat sie verkörpert. Dagegen lässt sich kein Krieg führen. Nur Frieden. Darin hat der Westen versagt.

Im Oktober 2001 schrieb die indische Autorin

Arundhati Roy, dass Osama bin Laden »der dunkle Doppelgänger des amerikanischen Präsidenten« sei. Zur selben Zeit – da hatte der Krieg gegen den Terror noch gar nicht richtig begonnen – schrieb Botho Strauß, jetzt breche der »Kampf der Bösen gegen die Bösen« an. Das waren schwer erträgliche Worte so kurz nach den Angriffen auf New York und Washington, als die Leichen noch unter den Trümmern lagen. Aber es war die Wahrheit. Zehn Jahre danach wissen wir, wie das ist, wenn das Böse mit dem Bösen bekämpft wird. Wir haben die Gefolterten von Abu Ghraib gesehen, die Gefangenen von Guantanamo, die Getöteten des Drohnenkrieges. Diese Bilder werden für immer neben denen der brennenden Zwillingstürme von New York stehen.

Der Westen hat sich die Logik der Rache aufzwingen lassen und hat dem viel zu wenig entgegengesetzt. Angela Merkel sprach dem amerikanischen Präsidenten »Respekt für die gelungene Kommandoaktion« aus. Respekt dafür, dass ein unbewaffneter alter Mann, der von Frauen und Kindern umgeben war, von 79 Elitesoldaten überfallen und erschossen wird. Dieser alte Mann war ein Massenmörder, und seine Resozialisierungschancen standen nach unseren Maßstäben schlecht. Aber es ist bemerkenswert, dass selbst die Bundeskanzlerin so wenig Wert auf unsere Maßstäbe legt.

Der Tod Osama bin Ladens ist, wie die Angriffe auf New York und Washington annähernd zehn Jahre zuvor, eine Wegmarke entlang der schwierigen Entwicklung, die das Verhältnis zwischen

Unter der Überschrift »Das falsche Mitgefühl des Jakob Augstein« erregte sich die WELT darüber, dass hier die Terrorangriffe auf die USA mit der Tötung bin Ladens und den westlichen Kriegsverbrechen gleichsam aufgerechnet würden – und legte nahe, dass man auf diese Weise auch die Bomben auf Dresden mit den KZs vergleichen könne. Das war in meiner Erfahrung das erste Beispiel für ein absichtsvolles, böswilliges und maßloses Missverstehen, das seither den gesamten (Netz-)Diskurs prägt.

der westlichen Welt und dem Islam genommen hat, die seit langem währt und die nun nicht an ihr Ende kommen wird. Der »Orient« dient uns seit langer Zeit als sehnsüchtig gefürchtetes Spiegelbild. Und umgekehrt: Der Westen, der mit seiner eigentümlichen Mischung aus Pornos und Pressefreiheit, aus Coca-Cola und Cruise Missiles daherkommt, mit seinem Übermaß an Arroganz und seinem Mangel an Respekt, ist ein passendes Feindbild für die Mühsamen und Beladenen, von denen es in den muslimischen Ländern mehr als genug gibt.

Dafür ist nun allerdings der Westen nicht allein verantwortlich. Zu viele Menschen in der muslimischen Welt werden unterdrückt. Die prowestlichen Regime unterdrücken sie und die antiwestlichen auch. Ob die Geheimpolizei im Dienst des Korans foltert oder im Dienst der CIA, spielt für das Opfer eine nachrangige Rolle. Auf diesem Boden der Wut konnte die böse Saat Osama bin Ladens aufgehen. So erfolgreich er als Terrorist war, so sehr ist er aber als Revolutionär gescheitert. Wie es häufig ist, wenn der Intellektuelle als Revolutionär auftritt: Er versteht es eine Weile lang, die Massen in seinen Bann zu ziehen. Aber es fehlt ihm am Ende das Verständnis für deren Bedürfnisse.

Es ist bin Laden nicht gelungen, die arabische Revolution auszulösen, von der er wohl geträumt hat. Die ist in Nordafrika vor kurzem von ganz allein ausgebrochen, ohne Terrorismus. Und was die Leute da verlangen, ist das Gleiche wie auf der ganzen Welt: Freiheit. 5.5.2011

Was für eine katastrophale Fehleinschätzung! Der Westen hatte sich so viel vom demokratischen Aufbruch des arabischen Frühling versprochen! Aber der Bürgerkrieg in Syrien dauert nach Hunderttausenden von Toten immer noch an, Ägypten ist wieder eine Militärdiktatur, Libyen ist zerfallen, und die arabische Halbinsel ist immer noch in den Händen von perversen, fundamentalistischen Gewaltherrschern – die allerdings die besten Verbündeten der USA und inzwischen auch Israels sind.

Zehn Jahre 9/11: Der Kampf der Bösen

Was bleibt, zehn Jahre danach? Zwei Bilder, in denen die ganze Geschichte erzählt ist: Hier die brennenden Türme. Dort der Gefolterte von Abu Ghraib. Das ist die Ikonographie des menschlichen Irrsinns. Das schreckliche Verbrechen von New York und das schreckliche Verbrechen des Krieges gegen den Terror. Gewalt wurde mit Gewalt bekämpft und hat nur noch mehr Gewalt gezeugt. Wer geglaubt haben sollte, dass die Menschen aus den Kriegen des 20. Jahrhunderts etwas gelernt hätten, der wurde gleich zu Beginn des neuen Jahrtausends eines Besseren belehrt. Nein, wir haben nichts gelernt. Wir sind immer noch allzeit bereit, uns gegenseitig auszulöschen, notfalls mit den bloßen Händen. Und wir haben dafür immer einen guten Grund. Wir sind immer im Recht.

Was bleibt, zehn Jahre danach? Die Erkenntnis, dass sich selbst verurteilt, wer dem Gesetz der Rache folgt. Und dass eine Bilanz des Schreckens am Ende niemals aufgehen kann. Die Politik der USA nach dem 11. September war nicht nur unmoralisch. Sie war selbstbeschädigend. Den 3000 Toten des 11. Septembers folgten 6000 getötete US-Soldaten in Afghanistan und im Irak, 137 000 Opfer in der Zivilbevölkerung, 7,8 Millionen Flüchtlinge und Kosten, die zur Zeit auf 4 Billionen Dollar geschätzt werden.

Was der Westen hätte tun sollen, nach den Angriffen auf Amerika? Mit der Vertreibung Al-Qaidas aus Afghanistan hätte der »Krieg gegen den Terror« beendet werden müssen. Stattdessen haben die USA daraus einen ideologischen Weltkrieg werden lassen. Aber sie haben sich in diesem Kampf so über jedes vernünftige Maß hinaus erschöpft, dass es zu Verschiebungen in der globalen Macht-Tektonik gekommen ist. Der Aufstieg Chinas, vielleicht ohnehin unaufhaltbar, wurde beschleunigt. Und die USA haben sich überschätzt, die Allmachtsphantasien der Necons sind gescheitert. Demokratie, wenn es darum jemals ging, lässt sich nicht von außen herbeibomben. Sie muss von innen wachsen.

Was bleibt, zehn Jahre danach? Es bleibt, dass Muslime und Westler sich gegenseitig für fanatisch und gefährlich halten (die Muslime halten die Westler überdies noch für korrupt und gierig). Es bleibt eine zugleich lebensgefährliche und unsinnige Spaltung der Welt in Muslime und Westler, die tiefer geht und irreparabler erscheint, als man sich das vor der Erfindung des Begriffs vom *Clash of Civilisations* vorstellen konnte. Eine Spaltung, die Staaten und Kontinente trennt, die aber auch die westlichen Gesellschaften im Inneren zerreißt: Die pathologische Islamophobie, die sich in weiten Teilen Europas ausbreitet und die rechtspopulistischen Parteien und Bewegungen Zulauf verschafft, ist ohne 9/11 nicht denkbar. Der Terror des Massenmörders Anders Behring Breivik ist ohne 9/11 nicht denkbar.

Wenn man sich ansieht, was bleibt, zehn Jahre danach, dann spielt es schon keine Rolle mehr, dass Osama bin Laden, dieser Revolutionär des Bösen, sein eigentliches Ziel nicht erreicht hat: Das große, alle Muslime einigende Kalifat ist nicht errichtet worden. Im Gegenteil: Den einzigen Staat, in dem seine Heilsideen bereits weitgehend verwirklicht waren – vom Tonbandverbot über die Säureattacken bis zum Bildersturm –, stürzte bin Laden durch seinen Angriff auf die Amerikaner ins Verderben: Afghanistan. Als Revolutionär ist bin Laden gescheitert. Als Terrorist war er über jedes Maß hinaus erfolgreich.

Zehn Jahre danach also nur Grund zur Verzweiflung? Nein. Es ist richtig, dass nicht einmal die Sintflut das Böse von der Erde waschen konnte. Gott hat am Ende resigniert: »Ich will hinfort nicht mehr die Erde verfluchen um der Menschen willen; denn das Dichten und Trachten des menschlichen Herzens ist böse von Jugend auf«, heißt es im Bereschit. Aber das, was Franz Kafka im »Prozess« als das vollkommen Entsetzliche beschreibt: »Die Lüge wird zur Weltordnung gemacht«, setzt sich auf Dauer nicht durch. Osama bin Laden liegt tot auf dem Meeresgrund, George Bush sitzt als Rentner auf irgendeiner Farm in Texas, und in Nordafrika hat der arabische Frühling begonnen. Ein Aufbruch. 8.9.2011

Vergesst den Islam

Die NATO hat sich zu Wort gemeldet. »Die NATO-Verbündeten halten im Kampf gegen Terrorismus zusammen«, erklärte NATO-Generalsekretär Jens Stoltenberg in Brüssel. »Wir stehen in voller Solidarität bei unserem Verbündeten Frankreich.« Was soll das? Kampfflugzeuge gegen Kapuzenmänner? Panzereinsätze in muslimischen Vorstädten? Terrorismus ist alles Mögliche – ein kulturelles Problem, ein religiöses, ein soziales, ein kriminologisches, ein geheimdienstliches, aber sicher kein militärisches. Aus den Worten des NATO-Chefs tönt unsere Hilflosigkeit. Es gibt nur eine Antwort auf den Terror: Man bleibt, wer man sein will. Und man kämpft mit der einzigen Waffe, die die Herzen der Menschen erreicht: mit dem Wort. Zwölf Menschen sind tot. Das Leben ihrer Familien vernichtet. Die Attentäter sind auf der Flucht. Sie werden dabei umkommen oder den Rest ihres Lebens im Gefängnis verbringen. Milde wird es nicht geben. Frankreich empfindet den Anschlag in der Pariser Rue Nicolas-Appert als Angriff auf die ganze Nation. Was wird aus so viel Leid?

Wenn wir erlauben, dass das Grauen von uns Besitz ergreift, dann ist das der wahre Triumph des Terrorismus. Nach den Anschlägen vom 11. September 2001 waren die USA dieser Herausforderung nicht gewachsen. Sie waren zu schwach. Im Kampf mit Osama bin Laden haben die USA die schwerste Niederlage ihrer Geschichte erlitten: Sie haben gegen sich selbst verloren. Abu Ghraib, die Folterkeller der CIA, die Bespitzelung der Welt durch die NSA – Amerika hat sich verändert. Wenn das noch der Westen ist, wer will dann Westen sein? Wir Europäer müssen beweisen, dass wir anders sind.

Leicht wird auch uns das nicht fallen. Aus Frankreich werden die ersten Angriffe auf muslimische Einrichtungen gemeldet. Und eine Ber-

Das ganze Ausmaß, in dem Frankreich im Jahr 2015 zum Ziel des Terrors wurde, ist bei uns schon beinahe vergessen. Zur Erinnerung: Am 7. Januar 2015 überfielen bewaffnete Islamisten die Redaktion des Satire-Magazins Charlie Hebdo, einen Tag darauf einen jüdischen Supermarkt. Am 13. November kam es an acht Orten zu Anschlägen, bei denen insgesamt 130 Menschen getötet und 683 verletzt wurden. Frankreich verhängte daraufhin den Ausnahmezustand, der bis Ende 2017 anhielt und durch eine neue Gesetzgebung zum Dauerzustand wurde. Wenn ein Polizeistaat sich dadurch auszeichnet, dass die Polizei keine richterlichen Beschlüsse braucht, um tief in die persönlichen Rechte und Freiheiten von Verdächtigen einzugreifen, ist Frankreich seither ein Polizeistaat.

telsmann-Studie sagt: Beinahe 60 Prozent der Deutschen fühlten sich schon vor dem Pariser Anschlag vom Islam bedroht. Jeder Vierte findet gar, die Einwanderung von Muslimen nach Deutschland sollte verboten werden.

Aber was machen wir mit denen, die schon bei uns sind? Wenn es stimmt, was die Versprengten von Pegida sagen, was jetzt täglich in Springers WELT steht, was die Schriftstellerin Monika Maron schreibt – dass der Islam eine Gefahr darstellt –, was folgt denn daraus? Was machen wir mit all den deutschen, den europäischen Muslimen? Internierung? Es sind ein bisschen viele dafür. Die USA hatten es im Zweiten Weltkrieg nur mit annähernd 120 000 Japanern und US-Bürgern mit japanischen Wurzeln zu tun, die sie in Lager im Mittleren Westen einsperrten. Nur wegen ihrer Abstammung. Der reine Rassismus. Ein abwegiger Vergleich? Mitnichten. Uns ist alles zuzutrauen.

Wenn man das Problem weltweit betrachtet, wird es noch schwieriger. Es gibt 1,6 Milliarden Muslime auf der Welt. Wenn die alle Anhänger einer faschistischen Ideologie sind, wie Hamed Abdel-Samad findet, oder, etwas gemäßigter, einer »Religion, der die Aufklärung noch bevorsteht« (Monika Maron) – was fängt man mit denen an, bis sie endlich so geworden sind wie wir?

Wir sollten uns die wirre Weltsicht der Islamkritiker ebenso wenig aufdrängen lassen wie die der Islamisten. Jan Fleischhauer hat hier gerade zu Recht geschrieben: Uns beunruhigt am Islam nicht nur seine extremistische Seite, sondern überhaupt seine religiöse.

Wenn der Westen die Auseinandersetzung mit dem Islam sucht, weil er ein Feindbild braucht, dann kann er sich jetzt in einen neuen Kampf gegen den Terror stürzen. Dann aber hat der Terror bereits gewonnen. Ansonsten muss die Losung lauten: Vergesst den Islam. Er ist nicht unser Problem.

Marine Le Pen, die Chefin des rechten Front National, hat nach den Toten von Paris gefragt: »Welchen Weg haben die Attentäter genommen? Was sind die Verbindungen des radikalen Islam in unser Land? Woher stammt das Geld? Welche Länder unterstützen ihn?« Die Rechtsradikale will Staatspräsidentin werden, man sieht, wie sie sich auf das höchste Amt vorbereitet: abgewogene Worte. Aber sie hält diesen Terror für etwas Fremdes, etwas Anderes, er kommt von außen. Das ist entweder ein Irrtum oder Propaganda.

Die Brüder Zarnajew, die den Bombenanschlag in Boston verübten, waren in den USA aufgewachsen. Anders Breivik, der Attentäter von Utoya, stammte aus Oslo. Die Brüder Kouachi, die der Taten von Paris verdächtigt werden, wurden in Frankreich geboren. Der Terror ist ein Teil von uns. 8.1.2015

Wir sind der Gegner

Nur wenige Stunden nach dem Anschlag wandte sich der Staatschef an sein Volk und sagte: »Unsere Antwort auf Gewalt ist noch mehr Demokratie, noch mehr Humanität, aber niemals

Naivität.« Nicht Rache, Rückschlag und Vergeltung. Noch mehr Demokratie. Noch mehr Humanität. Und das nach einem Angriff auf Demokratie und Humanität. So eine Antwort hatte man vorher nicht gehört – und seitdem nicht wieder. Die Worte des Norwegers Jens Stoltenberg, die er im Juli 2011 nach dem Attentat des Islam-Hassers Breivik sagte, blieben im Gedächtnis – aber ohne Wirkung. François Hollande zog es am Wochenende vor, von gnadenloser Vergeltung und von Krieg zu sprechen. Der französische Präsident besiegelte damit den Erfolg der Attentäter von Paris.

Seit Jahren kommt der Westen im Kampf gegen den islamistischen Terrorismus nicht voran. Kein Wunder: Man kann einen Feind nicht bekämpfen, indem man ihm ähnlich wird. Das ist das Problem mit dem »Krieg gegen den Terror«: Wer ihn führt, hat ihn bereits verloren. Die einzige Waffe gegen den Hass ist die Versöhnung. Wohlgemerkt: Mit Naivität, das hat der Norweger Stoltenberg richtig bemerkt, hat das nichts zu tun. Im Gegenteil.

Welche Schlüsse ziehen wir aus Paris? Wieder die falschen. Präsident Hollande verhängte nach den Angriffen den Ausnahmezustand. Er soll nun auf drei Monate verlängert werden. Und noch am Wochenende warfen französische Kampfflugzeuge 20 Bomben über Stellungen des IS in Syrien ab. Mehr Waffen, mehr Soldaten, mehr Überwachung, mehr Einschnitte in bürgerliche Freiheiten. Wieder setzen wir auf Rezepte, die erstens unseren eigenen Werten widersprechen und zweitens schon in der Vergangenheit nicht funktioniert haben.

Unsere Werte? Von denen ist allenthalben die Rede. Es komme jetzt darauf an, dass der Westen »seinen Willen und seine Fähigkeit demonstriert, seine Werte zu schützen«, schreibt Berthold Kohler in der FAZ. Und setzt sicherheitshalber hinzu: »Das wird angesichts des Ausmaßes der Bedrohung und der Asymmetrien des Konflikts nicht gänzlich ohne Einschränkungen der Freiheiten möglich sein, die es zu verteidigen gilt.« Wir müssen unsere Werte verletzen, um sie zu schützen? Wenn schon immer vom Abendland die Rede ist, dann lohnt der Blick ins römische Recht. Da heißt es: »Protestatio facto contraria non valet« – ein Protest, der im Widerspruch zum eigenen Handeln steht, gilt nicht.

Mathias Döpfner, Chef des mächtigen Springer-Konzerns setzte am Wochenende in der WELT die Verbrechen von Paris in den Zusammenhang eines »Kulturkampfes, der seit Langem schwelt«. Es gibt diesen Kulturkampf tatsächlich. Aber er wird nicht zwischen Islam und Christentum geführt. Er findet statt zwischen denen, die auf den Konflikt setzen, und jenen, die an Versöhnung glauben. Döpfner sieht den Westen vor der »schicksalhaften Frage: Wie wollen wir unsere vielbeschworene Freiheit verteidigen?« Und mit wohligem Schauder eröffnet er – »noch archaischer« – die Alternative: »Unterwerfung oder Kampf? Und wenn Kampf: wie?«

Die Worte verraten das Denken. Dem Kampfe huldigen, die Welt in Freund und Feind einteilen, das Ende des Konfliktes nur in der Vernichtung erkennen, in der eigenen oder der des Gegners – wer

172

so redet, der singt das Lied des Krieges und steht im Kulturkampf auf derselben Seite wie die Islamisten. Die abendländischen Werte, wenn man sie denn ernst nähme, sehen anders aus. »Selig sind die Barmherzigen, denn sie werden Barmherzigkeit erlangen«, heißt es im Matthäus-Evangelium. Davon weiß ein Kulturkämpfer wie Döpfner nichts, und ein Wort sucht man bei ihm darum auch vergebens: Liebe.

Die abendländischen Werte sind anstrengend und anspruchsvoll. Das macht sie so kostbar. Krieg führen kann jeder. Der Theologe Karl Barth hat einmal gesagt: »Wirklich vergeben können nur die, die eigentlich nichts zu vergeben haben, weil sie selbst genug auf dem Kerbholz haben.«

Als Deutschland und Schweden im Sommer damit begannen, große Zahlen muslimischer Flüchtlinge aufzunehmen, hatte das historische Bedeutung: Es war ein Werk der tätigen Versöhnung zwischen Orient und Okzident. Nie hat der Westen dem Islamismus eine größere Niederlage beigebracht als in dem Moment, da er den unter Krieg und Terror leidenden Muslimen Schutz gewährte.

Man kann sich vorstellen, dass die Schergen des IS von diesem entwaffnenden Akt der Selbstlosigkeit schockiert waren. Nichts ist für sie gefährlicher als der Verlust des Feindes. Leider muss man sagen: Das gilt auch für die Döpfners, Kohlers und für Markus Söder gilt es sowieso, der jetzt beinahe erleichtert feststellt: »Paris ändert alles.« Söder spricht von einer »neuen Ära«. Aber das stimmt nicht. Eine neue Ära wäre es gewesen, wenn der Westen der islamischen Welt beweisen würde, dass die wahre Stärke in Vergebung und Friedfertigkeit liegt.

»Europa ist geschwächt. Schlimmer: Europa ist schwach«, hat Döpfner geschrieben. Er hat Recht: Europa ist zu schwach für die eigenen Werte. 16.11.2015

Keine Panik? Und ob!

Ist Terror Wahnsinn? Nach dem 11. September 2001 spielte diese Frage keine wichtige Rolle. Es leuchtete uns offenbar ein, dass jemand ein Flugzeug in einen Wolkenkratzer flog. Aber nach Nizza und nach Würzburg stellen wir plötzlich die alte Frage nach Tat und Schuld. Sonst ist das eine Sache für den Strafprozess. Für Richter, Staatsanwälte, Gutachter. Plötzlich bekommt die Frage eine politische Dimension. Von ihrer Antwort hängt mehr ab, als uns lieb sein kann: unsere Sicherheit, unsere Demokratie.

Wann nennen wir eine Gewalttat Terror, wann nennen wir sie Amok? Terror ist ein politischer Begriff. Amok ist ein psychiatrischer. Die Gewalttat von Nizza wurde bereitwillig zum politischen Akt erklärt: Der französische Premierminister, die deutsche Bundeskanzlerin, die amerikanische Präsidentschaftskandidatin – alle waren sich einig darin, dass es sich hier um Terror gehandelt hat. Warum? Weil der Täter einen tunesischen Namen trug? Weil er, nach unbestätigten Aussagen, »Allahu akbar« gerufen haben soll?

Aber nicht jeder, der das obligatorische »Gott ist

groß« ruft, das in westlichen Ohren längst Inbegriff des Terror-Vokabulars wurde, ist darum schon islamistischer Terrorist. »Der IS und der Dschihad sind eine Zuflucht für instabile Menschen geworden, die am Ende sind und ihre gescheiterten Leben noch aufwerten wollen«, hat ein ehemaliger Terror-Spezialist des US-Außenministeriums gesagt. Als jetzt in Würzburg ein minderjähriger Flüchtling aus Afghanistan mit Axt und Messer in einem Zug wehrlose Reisende angriff, war der deutsche Innenminister vorsichtiger. Er sagte, die Tat bewege sich »im Grenzgebiet zwischen Amoklauf und Terror«. Recht hat er. Die Grenze ist fließend. Aber der Unterschied ist erheblich.

Es geht nicht um den Schutz der Täter – obwohl auch der dem Rechtsstaat nicht gleichgültig sein darf. Es geht um unseren Schutz. Denn die Maßnahmen, die der Westen im Antiterror-Kampf anwendet, sind in ihrer Wirkung gegen die Terroristen zwiespältig – in ihrer Wirkung auf die westlichen Gesellschaften verheerend. Und im Kampf gegen Amokläufer sind sie vollkommen sinnlos.

Alle Welt sorgt sich nach Putsch und Gegenputsch um die Demokratie in der Türkei, in einem Land, das nicht einmal Mitglied der Europäischen Union ist. Gleichzeitig nehmen wir es voller Verständnis hin, dass Frankreich zum Polizeistaat wird. Der Ausnahmezustand, der seit vergangenem Herbst gilt, wurde gerade erneut verlängert. Jenseits der Pariser Boulevards und der Strände der Côte d'Azur verwandelt sich das Land: Seit der Verhängung des Ausnahmezustands gab es dort mehrere Tausend Haudurchsuchungen, einige Hundert

Verdächtige wurden vorläufig festgenommen, in Polizeigewahrsam gehalten oder unter Hausarrest gestellt – alles ohne Gerichtsbeschluss.

Im Inneren unterwirft sich hier die Politik der Logik der Polizei, im Äußeren jener des Militärs. Nach dem Attentat von Nizza hat Frankreich angekündigt, sein militärisches Engagement im Nahen Osten zu verstärken. Aber wie soll ein Luftangriff über Syrien einen Attentäter in Nizza von seinem furchtbaren Vorhaben abhalten? Und was vermögen die Befugnisse des Ausnahmezustands gegen einen bislang unauffälligen Täter, der seinen persönlichen Wahn mit einer frei verfügbaren, wirren islamistischen Ideologie verknüpft und dann mit Alltagsmitteln eine furchtbare Gewalttat verübt? Solche Strategien dämmen die Gewalt nicht ein. Sie fördern sie. Und sie untergraben unsere Demokratie.

Nicht nur in Frankreich, auch bei uns wird der Firnis der Demokratie dünner. In Würzburg hat die Polizei den Tatverdächtigen getötet. Die Grünen-Politikerin Renate Künast fragte noch in derselben Nacht: »Wieso konnte der Angreifer nicht angriffsunfähig geschossen werden????« Enorme Empörung folgte. Weil Künast es gewagt hatte, das Vorgehen der Polizei in Frage zu stellen. Ist das schon ein Sakrileg? Für das Verhältnis der amerikanischen Öffentlichkeit zu ihrer Polizei hat der Journalist Bernd Ulrich gerade von einer »schier undurchdringlichen Hülle aus Hypermoral« gesprochen. Zivile Gesellschaften kennen solche der Kritik verbotenen, undurchdringlichen Hüllen nicht. Aber wie zivil sind wir noch?

Der Vorsitzende der Deutschen Polizeigewerkschaft Rainer Wendt kommentierte Künasts Frage: »Da brauchen wir die parlamentarischen Klugscheißer überhaupt nicht.« Diesen schneidenden Ton kennen wir. Diese demonstrative Verachtung für die parlamentarische Demokratie und ihre gewählten Repräsentanten. Sind wir so weit, dass man sich so wieder hören lassen kann? Oder redet sich Wendt darauf heraus, die Worte seien im Eifer des Gefechts gefallen – wie vielleicht jene fatalen Schüsse in Würzburg?

Während des sogenannten »Malaiischen Notfalls«, das war ein Südostasien-Konflikt der 50er Jahre, sagte ein britischer General, der Sieg werde nicht dadurch errungen, dass man mehr und mehr Soldaten in den Dschungel schicke, sondern indem man die Herzen und die Köpfe der Menschen erobere – *hearts and minds*, das wurde zum stehenden Begriff.

Der Westen hat diese Lehre im »Krieg gegen den Terror« in den Wind geschlagen. Wir haben immer mehr Soldaten geschickt – zunächst in die Wüste, nicht in den Dschungel, dann in unsere Städte. Aber wir haben keinen Sieg im Kampf gegen den Terrorismus erlebt, sondern eine Ausweitung der Kampfzone. Es ist Zeit zu erkennen, dass wir den Kampf gegen den Terror verlieren. Es ist Zeit, stattdessen endlich mit dem Kampf um die *hearts and minds* der Muslime zu beginnen. Dieser Kampf wird nicht mit Waffen geführt.

Aber sind wir stark genug, die Waffen niederzulegen? 21.7.2016

Die Antwort ist: nein. Das hängt vermutlich damit zusammen, dass die Anwendung martialischer Mittel – Bomben in Nahost, schwere Waffen für die Polizei, Soldaten in den Städten – einen besonderen Lustgewinn verspricht, der ganz unabhängig von den Ergebnissen ist. Die letzten Reste von »Augusterlebnis« empfinden die oberflächlich zivilisierten Gesellschaften des Westens im Kampf gegen den islamistischen Terrorismus. Es liegt eine Befriedigung darin, sich der eigenen Gewaltgrenzen zu entledigen – die »Handschuhe auszuziehen«.

Der Terrorstaat

Zwölf Menschen starben bei dem schrecklichen Anschlag in Berlin. Der Attentäter wurde in Mailand getötet. 13 Menschenleben. Wird Deutschland darüber seine demokratische Identität verlieren? Nein. Aber wie viel braucht es, damit ein Land kippt? Wird Deutschland zum Terrorstaat? Der Streit um den Einsatz der Kölner Polizei in der Silvesternacht und die Debatte um die maßlosen Sicherheitspläne des Innenministers de Maizière sind Vorboten. Wir haben Grund zur Furcht. Aber nicht vor den Terroristen. Es sind nicht die Terroristen, von denen die größte Gefahr für die Demokratie ausgeht – es sind die Demokraten selber.

Was wäre der Terrorstaat? Es wäre der Staat, den die Terroristen besiegt haben. Es wäre der Staat, der aus Furcht vor dem Notstand denselben zum Normalzustand macht. Es wäre der Staat, der »die Handschuhe auszieht«, wie es der frühere amerikanische Verteidigungsminister Donald Rumsfeld nach den terroristischen Angriffen in New York und Washington vom 11. September 2001 formuliert hat.

Der deutsche Innenminister Thomas de Maizière hat Vorschläge zum Umbau der deutschen Sicherheitsarchitektur gemacht, die das Land dem Terrorstaat ein gutes Stück ähnlicher machen würden: Er träumt von einer starken zentralen Bundespolizei. Er möchte die Bundeswehr im Inneren einsetzen. Er will die Verfassungsschutzbehörden der Länder auflösen. Er will mehr Ausländer in Abschiebehaft nehmen und sie länger einsitzen lassen. Und er will, natürlich, noch mehr Daten sammeln lassen. Alles zusammen ähnelt einem zentral geführten Polizeistaat.

Der Minister will einen Notstand bekämpfen, den es nicht gibt, mit Mitteln, die er nicht haben wird. Die Länder – auch die unionsregierten – lassen eine solche Zentralisierung gar nicht zu. Aber es handelt sich gar nicht um politische Vorschläge, sondern um populistische. Darum hat der Minister sie auch nicht im Kabinett vorgestellt oder im Innenausschuss. Sondern in der Zeitung. Er will gegenüber AfD und CSU sicherheitspolitische Handlungsfähigkeit beweisen. De Maizière erweckt den Eindruck, unser demokratischer Rechtsstaat sei unzureichend, schwach und veränderungsbedürftig. Er erweckt den Eindruck, als sei es gerade das Demokratische, Dezentrale, Föderale, das ihn schwach mache. Sein Wesen also.

Das ist das Denken des Terrorstaats. Das Denken, dem der Zweck die Mittel heiligt und dem darum nichts mehr heilig ist. Zum Beispiel das Grundgesetz, Artikel 3. Da steht: »Alle Menschen sind vor dem Gesetz gleich.« Und: »Niemand darf wegen seines Geschlechtes, seiner Abstammung, seiner Rasse, seiner Sprache, seiner Heimat und Herkunft, seines Glaubens, seiner religiösen oder politischen Anschauungen benachteiligt oder bevorzugt werden.«

In der Silvesternacht galt das nicht mehr. Mehrere Hundert Männer wurden von der Kölner Polizei zum Gegenstand polizeilicher Maßnahmen gemacht – viele von ihnen hatten dazu keinen anderen Anlass gegeben als ihr Aussehen. Die

Polizei bildete einen Kessel: Blonde, mitteleuropäisch aussehende Passanten durften gehen, die »Nafris« – so heißen Nordafrikaner im Polizeijargon – mussten bleiben. Deutsche Polizisten betreiben Selektion zu Silvester.

Im vergangenen Jahr war die Kölner Innenstadt ein rechtsfreier Raum, in diesem Jahr war sie ein grundrechtsfreier Raum.

Denn natürlich ist *racial profiling* illegal. Im Rechtsstaat kann Verhalten verdächtig machen. Nicht Aussehen. Auf dem Weg in den Terrorstaat war Köln ein großer Schritt. Der alltägliche Rassismus, über den Menschen anderer Hautfarbe ohnehin klagen, wird zur anerkannten Staatspraxis. Kritik daran wird nicht geduldet. Die grüne Parteichefin Simone Peter hat das gerade erfahren. Als sie zu bedenken gab, es sei nicht verhältnismäßig, »wenn insgesamt knapp 1000 Personen alleine aufgrund ihres Aussehens überprüft und teilweise festgesetzt werden«, da ejakulierte die BILD-Zeitung: »DUMM, DÜMMER GRÜFRI**Grün-Fundamentalistisch-Realitätsfremde Intensivschwätzerin«.

Und Bernd Ulrich, aus der Chefredaktion der ZEIT, schrieb bei Twitter: »Für die Kollateral-Diskriminierung sind letztjährige Täter verantwortlich.«

So geht es hin, das Grundgesetz.

Der Sieg des Terrors erfolgt nicht in einem Moment des Triumphs. Er kommt schleichend. Die Sicherheitsdebatte und die Reaktionen auf die Kölner Polizei-Übergriffe sind Symptome. Es geht um die Frage, ob Deutschland auf dem Weg zum

Terrorstaat ist. Wenn Politiker und Publizisten das Gesetz nur für ein Accessoire halten, wenn die Gewaltenteilung als jederzeit widerrufbares Zugeständnis behandelt wird, wenn rechtsstaatliche Verfahren als nur geliehen betrachtet werden – dann lautet die Antwort: ja. Wenn die Demokratie ihre Prinzipien so ablegt wie einen Handschuh.

Nachdem Donald Rumsfeld seinen Leuten den Befehl gegeben hatte, »die Handschuhe auszuziehen«, begannen sie, Gefangene zu foltern.   5.1.2017

Panik oder Prävention?

»Ich bin genervt von Aussagen, dass man gegen Terroranschläge sowieso nichts tun kann, nur weil die Sicherheitsbehörden nicht alles erkennen. Das ist eine Missachtung der zivilgesellschaftlichen Macht.« Ein Sozialarbeiter hat das im Sommer 2016 im Gespräch mit dem SPIEGEL gesagt. Das Stichwort lautet also: Prävention.

Die Politiker wollen etwas für unsere Sicherheit tun? Dann sollen sie den bewaffneten Kräften ruhig Helme aus Titan kaufen und Munition mit höheren Durchschusskraft. Das macht Eindruck. Man sollte sich davon nur nicht zu viel versprechen. Wenn schon junge Männer für unsere Sicherheit sorgen sollen, dann nicht die Durchtrainierten im Tarnfleck mit den schussbereiten Gewehren vor der Brust, sondern die mit den Fusselbärtchen, die sich mit Sozialtherapie auskennen oder mit Soziologie.

Prävention bedeutet weder Stuhlkreis noch

Ringelpiez mit Anfassen. Es geht nicht darum, Terroristen mit Wattebäuschchen zu bewerfen. Im Gegenteil. Es ist ein anspruchsvolles Geschäft, Präventionsstrategien gegen den islamistischen Terror zu entwickeln. Schulen, Ordnungsämter, psychiatrischer Dienst, Sozialämter, Polizei und Geheimdienste – diese Behörden und Institutionen haben verschiedene Aufgaben, Methoden und Traditionen – aber in der Terrorismusprävention sind sie alle gemeinsam gefragt.

Aber es macht sich ein anderer Geist breit. In der BILD-Zeitung kann man lesen: »Wenn ich durch London laufe, kontrolliert ein Polizist auf der Straße meinen Rucksack. In Mailand steht ein Panzerwagen vor dem Dom. Aber hier in Berlin? Besucher aus anderen europäischen Städten fragen mich verwundert, warum man am Brandenburger Tor oder auf dem Kudamm so wenig Polizei sieht.«

Und auf Spiegel Online stellt der Kolumnist Sascha Lobo fest, dass die meisten der europäischen Attentäter der vergangenen Jahre gleiche Merkmale aufweisen, und wundert sich, dass die Polizei sie nicht vor den Taten aus dem Verkehr gezogen hat: »Wie viele Warnzeichen braucht es, bis Behörden tätig werden?«

Vielleicht liegt es wirklich daran, dass die Logik der Repression den anthropologischen Konstanten von Rache und Gewalt eher folgt als der komplizierte Gedanke der Vorbeugung. Es ist ein Akt der Zivilisation, auf einen Schlag nicht mit einem Gegenschlag zu reagieren, sondern mit einem Gedanken.

Lobo fand, dass die Vorratsdatenspeicherung der Telefonate mit seiner Frau nicht der Terrorabwehr diene und dass man stattdessen die bekannten Gefährder – ja was eigentlich? Noch vor der Tat einsperren solle? Das bleibt unklar. Was hier untergeht, ist das fundamentale rechtsstaatliche Prinzip, dass Grundrechte für alle Menschen gelten.

Der erste Schritt einer neuen Präventionsstrategie wäre, dass sich die europäische Öffentlichkeit von der irrigen Idee verabschiedet, Terror habe etwas mit Religion zu tun. Der französische Terror-Experte Olivier Roy hat gesagt, das Problem sei die Islamisierung der Radikalen, nicht die Radikalisierung des Islams. Denn in Europa sind die jungen Männer, die den Weg des Terrors gehen, schon radikal, bevor sie sich für den Islam entscheiden.

Roy rechnet vor: 60 Prozent der gewalttätigen Dschihadisten in Europa seien Muslime der zweiten Generation, die sich weder in ihrem Herkunftsland heimisch fühlen noch in den westlichen Gesellschaften, in denen sie leben. Der Anteil der dritten Generation liege mit 15 Prozent viel niedriger. Und 25 Prozent seien Konvertiten, die für ihren Extremismus ein Vehikel suchen.

Das sind also gefährdete und gefährliche junge Männer, um die sich die Gesellschaft kümmern muss. Wenn schon nicht aus Fürsorge, dann eben im eigenen Interesse.

Der deutsche Psychiater Norbert Nedopil hat in einem Interview gesagt: »Man muss ihre Bedürfnisse erst mal akzeptieren und dann in andere Bahnen lenken.«

Diese Bedürfnisse haben mit Religion nichts zu tun. Es geht um den Reiz der gefahrvollen Hinwendung zu etwas Besonderem. Wenn man dem Fanatiker den Gegenstand seiner Begeisterung nimmt, hinterlässt man eine Leere. Diese Leere müsse man anders füllen, sagt Nedopil: »Beispielsweise erfüllt Freeclimbing das Kick-Bedürfnis.«

Abenteuerurlaub für Extremisten? Man kann sich vorstellen, was die AfD zu solchen Vorschlägen sagen würde und was in der FAZ oder im Cicero dazu stünde. Und weil die bürgerlichen Parteien sich von den Rechten jagen lassen, verschärft die CSU gerade das bayerische Polizeigesetz. Künftig sollen Menschen einfacher in Polizeigewahrsam genommen werden können. Und in Baden-Württemberg sind auch die Grünen dafür, sogenannte »Gefährder« mit elektronischen Fußfesseln zu überwachen.

Unser Verständnis von Recht und Freiheit ändert sich. Wir gewöhnen uns an den Ausnahmezustand.

In Frankreich herrscht er nicht nur metaphorisch, sondern rechtlich. Amnesty International hat jetzt festgestellt: »Die Anwendung des Ausnahmezustandes dient nicht dem Zweck, für den er eingerichtet wurde, also Attentate zu verhindern, sondern in einem weiteren Sinne der Aufrechterhaltung der öffentlichen Ordnung.« Bis zum Mai 2017 wurden 639 einzelne Teilnahmeverbote an Demonstrationen erlassen und 155 Demonstrationsverbote.

»Die Demokratie stirbt im Dunklen«, heißt in der Trump-Ära das neue Motto der Washington Post. Aber das stimmt gar nicht. Sie stirbt im Hellen. Und jeder guckt zu. 8.6.2017

8 Europa

Aufräumarbeiten im Finanz-Fukushima

Berlin ist Entenhausen. Seit Mittwoch ist das amtlich. Schon die 440 Milliarden des ersten sogenannten Rettungsschirms, der Griechenland, Europa und den Euro auffangen soll, waren eine schwer vorstellbare Summe. Durch einen Trick der Finanz-Alchemie wurde daraus nun 1 Billion. Onkel Dagobert lässt grüßen. Der Unterschied ist nur: Der reichste Mann der Welt weiß, was er tut. Wissen das die Parlamentarier auch? Weiß es die Bundesregierung?

Die Trümmer der europäischen Wirtschafts-Architektur bergen vernichtende Gefahr für den ganzen Kontinent. Ein Finanz-Fukushima, dessen die Politik nicht Herr wird. Die entfesselten Märkte sind in den vergangenen drei Jahren nicht unter Kontrolle gebracht worden, die Kettenreaktion aus Schulden und Zinsen war bislang nicht zu stoppen. Woher soll das Vertrauen kommen, dass die lange Brüsseler Nacht nun die Wende bringen wird? Überforderung und Erschöpfung sind die Kennzeichen dieser Krise.

Kein Experte könne ihr sagen, welcher Schritt der richtige sei, hat Angela Merkel gesagt. Umso schlimmer. Aber das ist nichts, was der Kanzlerin ohne ihr Zutun widerfährt. Sie ist verantwortlich.

Es lohnt sich, sich diese Zahlen noch einmal vor Augen zu führen – und den ganzen Starrsinn, mit dem sich Deutschland einer grundlegenden Reform des Euros bis heute widersetzt. Übrigens: Die Deutschen haben gut an den Griechenlandkrediten verdient: Von 2010 bis 2018 flossen rund drei Milliarden Euro an Zinsen nach Deutschland zurück.

Seit Beginn der Krise im Jahr 2008 tut Angela Merkel ihr Bestes, den maroden Reaktor des Finanz-Kapitalismus wieder in Gang zu setzen, während doch die einzige Lehre aus dem Desaster lauten muss: Abschalten!

Die Staaten müssen endlich vom instabilen Gefüge der Finanzmärkte ferngehalten werden, ihre Finanzierung muss über eine öffentliche Bank erfolgen, deren Zinspolitik dem öffentlichen Interesse folgt. Das war die französische Position – und die der Linkspartei. Aber der Mut, den Merkel gegen die alternde Atom-Lobby noch aufbringen konnte, der verlässt sie, wenn sie Josef Ackermann gegenübersteht.

Der Begriff der Schuldenkrise hat sich durchgesetzt. Das ist ein Zeichen für den fortgeschrittenen Grad an Manipulation, dem die Öffentlichkeit ausgesetzt ist. Wenn einer Schulden hat, so klingt das, dann hat er zu viel Geld ausgegeben und muss sparen. Andersherum wird ein Schuh draus: Wir haben ein Einnahmeproblem, kein Ausgabenproblem. Deutschland gibt nicht zu viel Geld aus. Es nimmt zu wenig Geld ein. Die Arbeiter und Angestellten, deren Einkommen seit Jahren stagnieren, haben keineswegs über ihre Verhältnisse gelebt. Es sind die anderen, die ihre Verhältnisse beständig verbessert haben. In den vergangenen 20 Jahren sind die Geldvermögen von 1,8 Billionen auf 4 Billionen gestiegen und die Staatsschulden von 600 Milliarden Euro auf 2 Billionen. Die Schulden des Staates sind die Vermögen der Reichen. Die Steuerpolitik ist ein Skandal: Die Vermögensteuer wurde abgeschafft und die Unternehmens- und

Stattdessen lautete die deutsche Antwort: schwarze Null. Die Selbstverpflichtung auf einen ausgeglichenen Haushalt wurde zum Credo der deutschen Finanzpolitik. 2014 schaffte der damalige Finanzminister Schäuble einen Haushalt ohne Neuverschuldung – zum ersten Mal seit 1969. Und sein SPD- Nachfolger blieb dabei. Währenddessen verfallen Brücken, Schulen und Krankenhäuser im Land. Der Investitionsstau ist riesig. Auch das sind übrigens Schulden: bei der Zukunft.

Erbschaftssteuern wurden gesenkt, und der Spitzensteuersatz war niemals niedriger als heute.

Es ist nicht verwunderlich, dass Angela Merkel Politik für Reiche macht. Sie hat für ihre Klientelpolitik die beste Tarnung gefunden, die sich denken lässt: Pragmatismus. Wenn man den Menschen oft genug sagt, das eigene Handeln sei ohne Alternative, dann vergessen die Menschen, dass sich dahinter vor allem Interessen verbergen.

Diese Entschuldigung hat die SPD nicht. Die SPD fühlt sich immer am wohlsten, wenn sie Gelegenheit zum Beweis hat, dass man auf sie zählen kann. Sie hat 1914 die Kriegskredite mitgetragen und trägt jetzt den Euro-Rettungsschirm mit. Nie wieder soll man Sozis als vaterlandslose Gesellen beschimpfen! Das Dumme ist nur: Wofür braucht man die SPD, wenn ihr zu so zentralen Fragen wie der Zukunft der Wirtschaftsverfassung, der Zukunft des Euro, der Zukunft Europas offenbar auch nichts anderes einfällt als der CDU?

Frank Schirrmacher hat gesagt: »Ein Jahrzehnt enthemmter Finanzmarktökonomie entpuppt sich als das erfolgreichste Resozialisierungsprogramm linker Gesellschaftskritik.« Aber Schirrmacher ist Ästhet, kein Politiker, und seine Aussage trifft sicher nicht für die SPD zu. Im Gegenteil. Wenn Peer Steinbrück über die Krise redet und darüber, wie man den Märkten engere Grenzen setzen kann, dann tut er das ohne Selbstbewusstsein und beruft sich gleich auf den gesunden Menschenverstand oder die soziale Marktwirtschaft.

Der Mann will Kanzler der Sozialdemokraten werden. Er könnte sagen, dass der Kapitalismus in die Irre gelaufen ist, dass er inzwischen nicht nur die Menschen und die Umwelt zerstört, sondern auch die Demokratie. Er könnte sagen, dass wir versäumt haben, aus der Krise von 2008 zu lernen, dass wir aber aus der gegenwärtigen lernen werden. Er könnte sagen, dass seine Kanzlerschaft eine der Erneuerung würde, eine des Umsteuerns und der Hoffnung. Er könnte etwas tun, was Angela Merkel nicht vermag: Vertrauen schaffen. Aber er verzichtet darauf. 27.10.2011

Wir hässlichen Deutschen

»Europas Geist erlosch, in Deutschland fließt der Quell der neuen Zeit.« Das klingt ein bisschen so, als sei Angela Merkel gerade aus Brüssel heimgekommen und habe sich nach ein paar Gläsern uckermärkischen Kartoffelschnapses ihren Reim auf die aktuelle europapolitische Lage gemacht. In Wahrheit stammt das Zitat von Friedrich Schlegel. Der war nicht nur ein begnadeter Übersetzer, sondern auch ein schlimmer Übertreiber des Deutschnationalismus. Aber die Verwechslungsgefahr ist beunruhigend. Vor zweihundert Jahren wurde der deutsche Nationalismus gezeugt, dieses gefährliche Biest, das Leid und Schrecken mit sich brachte. Wir dachten, es sei erledigt. Aber in der großen europäischen Krise erhebt sich plötzlich sein Schatten.

Ist es Zufall, dass ein CDU-Politiker schwadroniert: »Jetzt wird in Europa Deutsch gesprochen«? Dass die Zeitungen der Nachbarn unsere

Kanzlerin wahlweise mit Hitler-Bart oder Pickel-
haube zeichnen? Dass ein französischer Sozialist
den Vergleich zieht, Sarkozy reiste zu Merkel nach
Straßburg wie einst sein Vorgänger Daladier zu
Hitler nach München? Damals ging es darum, die
Tschechoslowakei dem deutschen Vormachtstre-
ben zu opfern. Heute geht es um ganz Europa.

Wir sollten nicht empfindlich sein. Ein bisschen
Germanophobie müssen wir aushalten. Aber das
hier ist mehr. Es hat nach der Wiedervereinigung
ganze 20 Jahre gedauert, und Europa ist wieder in
den Stereotypen der Nachkriegszeit gelandet. Das
aus deutscher Sicht schlimmste denkbare Ergebnis
ist eingetreten: Der hässliche Deutsche ist zurück.

Dieses Schreckgespenst nährt sich von den
historischen Reflexen diesseits und jenseits der
Grenze: von den Nazi-Zuschreibungen aus dem
Ausland und von den Es-muss-mal-Schluss-mit-
Auschwitz-sein-Aufwallungen aus dem Inland.
Was für ein irrer Vergleich, den Jan Fleischhauer
hier angestellt hat, als er die deutschen Nettozah-
lungen an Europa ins Verhältnis setzte zu den
Reparationszahlungen nach dem Ersten Weltkrieg. Da bricht bei diesem deutschen Journalisten die entzündete Pathologie des Unverarbeite-
ten ebenso auf wie bei den wirren Vorwürfen der
französischen Sozialisten. Die haben allerdings
die Entschuldigung, dass sie sich im Wahlkampf
befinden.

»Deutschland lernt Führung«, hat Nikolaus
Blome in der BILD-Zeitung geschrieben und hin-
zugesetzt: »Wird auch Zeit.« Darum geht es: Da ist
eine große Ungeduld, endlich die Fesseln der

Nachkriegszeit abzuwerfen. Die Rhetorik hat sich nicht ohne Grund geändert. Sie folgt der Politik. Die Deutschen beharren darauf: In der Euro-Krise soll der Kontinent dem deutschen Leitbild folgen. So ist Deutschland nach dem Krieg bislang nicht aufgetreten. Die Deutschen haben gut zugehört und mit leiser Stimme gesprochen. Das ist ihnen gut bekommen. Angela Merkel, die keine konservative Politikerin ist, sondern eine radikale, kümmert sich – auch – um diese Tradition nicht. Sie ist eine gefährliche Kanzlerin. Ihre schroffe Politik des Rigorismus gefährdet die Leistung aller deutschen Vorgängerregierungen seit dem Zweiten Weltkrieg. Und der eigentümlich kalte neue deutsche Realismus, der sich in manchen Medien breitmacht, unterstützt sie auf diesem riskanten Kurs.

Es wäre vielleicht besser, wenn die Leute aufhören würden, sich moralische, pseudo-moralische, antimoralische und auch amoralische Argumente in der öffentlichen Debatte um die Ohren zu hauen – und stattdessen mehr auf die tatsächlichen Umstände und Interessen gucken würden.

Dabei kann sich eine deutsche Kanzlerin die eiserne Haltung Margaret Thatchers nicht leisten. »I want my money back«, funktioniert auf Deutsch nicht. Das hängt nicht mit zwei Weltkriegen zusammen. Das liegt an der Lage und der Größe Deutschlands. Es gibt buchstäblich kein zweites Land, das ein solches Interesse an einer freundschaftlich funktionierenden Europäischen Union hat. Noch einmal: Es geht nicht um historische Schuld. Es geht um unser heutiges Interesse.

De Gaulles Diktum, Nationen haben keine Freunde, nur Interessen, galt für die Welt des 19. Jahrhunderts. Im geeinten Europa floss dieser Gegensatz zu einer neuen politischen Wahrheit zusammen: Gegenseitige Freundschaft ist im Interesse der europäischen Staaten. Es geht um

Loyalität, Verantwortung, Gemeinsamkeit. Die Pressefreiheit in Ungarn geht uns etwas an, die griechischen Staatsschulden gehen uns etwas an, die italienischen Clownerien gehen uns etwas an. Und umgekehrt geht es die europäischen Partner etwas an, wenn Deutschland an der inneren Einheit scheitert, wenn wir ganze Landstriche im Osten dem antidemokratischen, braunen Ressentiment überlassen, wenn wir zusehen, wie die Gesellschaft in immer tiefere soziale Ungleichheit stürzt. Merkel muss in Europa jetzt endlich nachgeben. Sie ist Physikerin. Diese Gleichung der Vernunft sollte ihr zugänglich sein: Erstens kennen wir den besten Weg aus der Eurokrise nicht. Manches spricht dafür, dass der von Merkel so verabscheute Einsatz der Europäischen Zentralbank dieser Weg ist. Aber Gewissheit gibt es nicht. Und zweitens kann es für Deutschland besser sein, gemeinsam mit den Partnern das Falsche zu tun, als allein auf dem Richtigen zu beharren. Wie es mit dem Euro weitergeht, wissen wir nicht. Aber eins ist sicher: Wenn Merkel so weitermacht, ist Deutschland bald nicht mehr von Freunden umgeben. 8.12.2011

Die Spielerin

Den »Choral von Leuthen« wird die Pastorentochter Angela Merkel kennen. »Nun danket alle Gott«, haben die Preußen 1757 gesungen, nachdem sie die Österreicher geschlagen hatten. Ein geglücktes Vabanque-Spiel des Preußenkönigs, den wir immer noch den Großen nennen. Die deutsche Politik sollte für solche Spiele berüchtigt werden, von Friedrich über Bismarck zu Wilhelm und Hitler: Vabanque, es gilt die Bank, alles oder nichts. Merkel ist auch so eine Spielerin. Sie riskiert keinen Krieg, und es wird auch keine Provinz verloren gehen. Aber Merkels Einsatz ist dennoch kein Pappenstiel: In der Eurokrise geht es um nicht weniger als das Kapital, das alle Kanzler vor ihr in langen Jahren der Nachkriegszeit mühsam angesammelt haben: Es geht um die deutsch-französische Freundschaft, und es geht darum, dass Deutschland nur noch von Freunden umgeben ist. Das ist mehr wert, als den Deutschen jetzt bewusst ist.

Bei ihrem TV-Auftritt im Elysée hätte Merkel auch den Choral von Leuthen singen und Gott danken können, dass sie im französischen Präsidenten einen Kameraden gefunden hat, der sie in ihrem Sparkurs stützt – obwohl die Folgen furchtbar sind. Da kann Griechenland unter den sogenannten Reformen stöhnen und zerbrechen und die Krise von schlimm zu schlimmer werden. Und da kann kommen, wer will, von der klugen IWF-Chefin Lagarde bis zum über jeden Zweifel erhabenen Italiener Monti, und versuchen, der deutschen Zuchtmeisterin zu erklären, dass die Haushalte von Staaten zwar so heißen, mit den Rechenkünsten von Hausfrauen aber nicht zu sanieren sind.

Die Pastorentochter Merkel bleibt unbeirrt in ihrem Glauben: Schulden kommen von Schuld und verlangen nach Opfern. Dass solcher Schulden-Kapitalismus mehr mit Religion zu tun hat als mit Ökonomie, kommt im englischen Wort »redeem« noch besser zu Geltung: ablösen und erlösen. Merkel zeigt, dass auch Pragmatiker Fundamentalisten sein können und dass es ein gefährliches Eiferertum der Vernunft gibt.

Ausgerechnet der katholische Jude Sarkozy ermöglicht den protestantischen Rigorismus der Pastorentochter aus der brandenburgischen Steppe. Ausgerechnet Sarkozy, über den sich die deutschen Zeitungen nicht genug in Spott ergehen konnten und dem gegenüber das diplomatische Berlin beinahe alle Zurückhaltung fahren ließ. Sarkozy, das war mal die Botschaft vom Werderschen Markt, sei eine Art Hans Rosenthal der französischen Politik und ungefähr genauso ernst zu nehmen. Und jetzt plötzlich Merkels Kehrtwende. Wieder eine. Bei ihrem Fernsehauftritt mit dem französischen Präsidenten war die Kanzlerin ehrlich genug zu sagen: »Es war uns nicht in die Wiege gelegt, dass wir uns gut verstehen.« Sie schwankte bei der Begründung für die glückliche deutsch-französische Paarbeziehung kurz zwischen »historischer Verantwortung« und »persönlicher Zuneigung«, entschied sich dann aber lieber doch für das Erstere.

Sie will so weit gehen, ihn im Wahlkampf zu unterstützen. Das ist neu. Aus Europapolitik wird europäische Innenpolitik. »Wir gehören zu einer Parteienfamilie«, hat Merkel im Elysée gesagt. Das kann man wohl sagen: Eine saubere Familie ist das, die Konservativen, die sich im Straßburger Parlament zur Fraktion der Europäischen Volkspartei zusammengetan haben. Das sind die Parlamentarier, die sich aus machtpolitischem Kalkül seinerzeit weder von Berlusconis Forza Italia distanzieren wollten noch gegenwärtig von Orbáns Fidesz-Partei.

»Die deutsch-französische Achse sollte auch dann noch funktionieren, wenn ab Mai nicht mehr Nicolas Sarkozy im Elysée-Palast regiert«, sagt der Grüne Trittin. Recht hat er. Aber so denken Spieler nicht. Ohne Frankreich wäre Deutschland in Europa im Handumdrehen isoliert. Der Sozialist Hollande hat bereits angekündigt, dass mit ihm der deutsche Sparwahnsinn ein Ende haben wird. Seine Aussichten, die französischen Wahlen im April zu gewinnen, sind nicht schlecht. Besser als die Sarkozys. Ob ausgerechnet Wahlkampfauftritte der deutschen Kanzlerin dessen Chancen verbessern werden, ist mehr als fraglich. Als begnadete Rednerin ist Merkel nicht bekannt, nicht mal in Deutschland.

Im Moment steht nur Merkels Freund im Elysée-Palast zwischen uns und dem, was Nietzsche so beschrieben hat: »Das tiefe, eisige Misstrauen, das der Deutsche erregt, sobald er zur Macht kommt.« Die Deutschen haben das vergessen. Wenn Merkels Spiel nicht aufgeht, werden sie sich daran erinnern, und sie werden es spüren. Man muss befürchten, dass es dazu kommt: Die deutschen Vabanque-Spiele sind am Ende immer verloren gegangen. Leuthen heißt heute Lutynia und liegt in Polen. 9.2.2012

Last Exit

Wir erleben große Zeiten. »Man kann es spüren. Etwas Altes endet, etwas Neues beginnt.« Donald Tusk, Präsident des Europäischen Rats, hat das neulich gesagt. Ein historischer Moment. Das kommt nicht oft vor. Immer bemühen wir uns, die Welle zu erkennen, auf der wir treiben – aber dann sind wir die Welle selbst. Nur in Momenten der großen Krisen können wir die Bewegung erkennen, die uns nach vorne bringt – oder zurück. Dieses Referendum war die Pest. Ein Staat wie Großbritannien stimmt über den Ausstieg aus der Europäischen Union ab? Dann liegt das alte Europa im Sterben. Der alte Bund gilt nicht mehr. Es ist Zeit für einen neuen.

Etwas Neues beginnt. Aber was? Ein neues Versprechen tut Not. Europa wurde auf den Trümmern des Faschismus errichtet. Heute muss es auf den Trümmern des Kapitalismus neu errichtet werden. Das Versprechen der europäischen Gründung lautete: Nie wieder Krieg! Heute muss es lauten: Nie wieder Ungerechtigkeit! Damals ging es gegen Gewalt und Hass. Heute muss es gegen Arbeitslosigkeit und Armut gehen. Ein soziales Europa – das ist die moderne Variante des Gründungsversprechens vom friedlichen Europa. Und es ist das einzige Versprechen, mit dem sich die rechte Revolution noch aufhalten ließe.

Die ganze Zeit ging es um mehr als das Schicksal Großbritanniens. Ein Schadensfall ist hier, bei allem Respekt, für uns übrige Länder auszuhalten. Aber Tusk hatte Recht, als er sagte: »Der Brexit

Der Kapitalismus lag 2016 nicht wirklich in Trümmern und heute immer noch nicht. Das ist eben das große Risiko des Kolumnisten: sich vom eigenen Pathos hinwegtragen zu lassen.

könnte der Beginn der Zerstörung nicht nur der EU, sondern der gesamten politischen Zivilisation des Westens sein.« Was dem Sozialismus nie gelungen ist –, den Westen in die Enge zu treiben –, dafür hat der Kapitalismus nur wenige Jahre gebraucht.

Es ist kein Wunder, dass sogenannte bürgerliche Parteien und Zeitungen der rechten Revolution so hilflos gegenüberstehen. Sie haben sie verursacht. Jetzt ist sie ihnen peinlich. Sie haben einem ökonomischen System Vorschub geleistet, das nicht nur Ungleichheit und Ungerechtigkeit produziert – sondern auch den Zynismus der Massen. Es ist der Zynismus, den die Eliten selber vorleben und den sie jetzt dem Wähler vorwerfen. Der Erfolg der Rechten ist das Fieber Europas. Die Rechten sind nicht die Krankheit. Sie sind das Symptom. Man kann den Menschen vorwerfen, dass sie in die falsche Richtung laufen. Man kann ihnen nicht vorwerfen, dass sie nicht bleiben wollen, wo sie sind. Sie wurden betrogen.

Die AfD ist kein Unfall des Systems – sondern seine notwendige Konsequenz. Wer die AfD stoppen will, muss das System reformieren, in dem sie entstand. Die Linke Sahra Wagenknecht weiß schon, warum sie immerzu Ludwig Erhard zitiert: die soziale Marktwirtschaft für Europa? Das wäre eine Revolution. Die Rechten und ihr Nationalismus zwingen zum Umdenken: Der von der Leine gelassene Kapitalismus zersetzt die liberale Demokratie. Der Prozess hat ganz Europa erfasst. Und er ist auch nur in ganz Europa zu stoppen. Heute ist die »soziale Marktwirtschaft in einem Land« genauso undenkbar, wie es einst der »Sozialismus in einem Land« war.

Das Ziel ist klar. Es müssen gar nicht die »Vereinigten Staaten von Europa« sein. Eine Föderation der Nationalstaaten genügt. Die ersten Schritte sind die gemeinsame Haushaltspolitik, die koordinierte Steuerpolitik, die Stärkung des Europäischen Parlaments und der Kommission. Später eine Brüsseler Regierung, deren Kopf vom Parlament gewählt wird; eine zweite Kammer daneben, als Vertretung der Staaten. Es ist das deutsche föderale Modell.

In der Bankenkrise gab es die »Chance für den großen Sprung«. Der Europapolitiker Javier Solana hat das 2011 so formuliert. Angela Merkel hat sie nicht genutzt. Es war das große, historische Versagen der Kanzlerin. Sie hat im Moment der Krise nicht wie Adenauer (Römische Verträge), Schmidt (Europäisches Währungssystem) und Kohl (Vertrag von Maastricht) den europäischen Weg gesucht – sondern den nationalen. Kann sie diesen Fehler wiedergutmachen?

Wer Merkel schon länger beobachtet, weiß: Einmal in ihrem politischen Leben war sie wirklich gerührt. Das war, als Barack Obama ihr die Presidential Medal of Freedom verliehen hat. Aber diese Lorbeeren waren nur ein Vorschuss. Es gibt jetzt einen unlösbaren Zusammenhang: Europa muss sowohl stärker als auch sozialer werden. 23.6.2016

Merkels Europa-Blindheit wird ihr bleibendes Versagen sein. Die ostdeutsche Pastorentochter wollte nichts davon wissen, dass Souveränität gegenüber den Märkten, den Konzernen und gegenüber den Großmächten USA und China für die europäischen Mittelmächte nur noch gemeinsam erreicht werden kann. Im besten Fall fehlte es ihr an politischer Phantasie. Im schlechtesten hoffte sie darauf, dass Deutschland stark genug sein könne, die eigenen Interessen allein wahrzunehmen.

Thank You!

Tiefer als in Merkels Hand kann Europa nicht mehr fallen. Das ist keine beruhigende Aussicht. Jetzt hängt das Schicksal des Kontinents von der Kanzlerin ab. Ausgerechnet. Denn Angela Merkel ist die Meisterin des Wartens. Sie wartet. Und wartet. Und wartet. Bis es zu spät ist. Schon die Finanzkrise hat Angela Merkel nicht genutzt, um Europa neu zu gründen. Sonst stünde uns der »Brexshit« nicht bis zum Hals. Wenn Merkel auch jetzt die Hände zur Raute in den Schoß legt, dann ist Europa erledigt.

Der Brexit hat als Schauspiel des Schreckens den Kontinent danach jahrelang in Atem gehalten. Die Regierung Theresa Mays stürzte über das Irrsinnsprojekt. Die Briten wussten die ganze Zeit leider nur, was sie nicht wollen – aber nicht, was sie wollen,

Die Briten haben Recht. Das undemokratische Europa *stinks*. Aber wenn einem das Essen nicht geschmeckt hat, sollte man nicht das Restaurant anzünden und dann draußen Selbstmord begehen. Ja, das Referendum vom 23. Juni war ein vorbildloser Akt der Selbstvernichtung. Großbritannien könnte nach den Osterinseln als erste Selbstmordnation in die Geschichte eingehen.

Das Land hat offensichtlich keinen Plan. Weder B noch C, und einen Plan A sowieso nicht. Die Brexiteers sind von ihrem eigenen Projekt überrascht. Es sind eben oft die lächerlichen Figuren, die sich als gefährlich erweisen: David Cameron, der Hazardeur als Premier, der das Schicksal seines Landes für seine politische Zukunft aufs Spiel gesetzt hat und beides verlor. Boris Johnson, der Geltungssüchtige, der auf eine Bewegung aufsprang, die ihm dann entglitt. Und Nigel Farrage, der schlicht ein Lügner ist. So schnell, wie sie jetzt alle zurückrudern, geht es sonst nur auf der

Themse zu, wenn Oxford gegen Cambridge antritt. Allein, es ist zu spät. Wir anderen müssen jetzt die Lehren aus dem Brexit ziehen. Gebe Gott, dass es nicht die falschen sind. Wolfgang Schäuble hatte schon vor der Abstimmung gesagt: »Wir könnten als Antwort auf einen Brexit nicht einfach mehr Integration fordern. Das wäre plump, viele würden zu Recht fragen, ob wir Politiker noch immer nicht verstanden haben.« Und der greise Helmut Kohl hat jetzt geflüstert: »Europa braucht eine Atempause.«

Aber das ist nichts als Brexit light. Europa pausiert schon viel zu lange. Es braucht endlich wieder Bewegung. Seit der Ost-Erweiterung vor zwölf Jahren, die zweifellos ein Fehler war, ist das europäische Projekt erstarrt. Nun droht es zu stürzen. Schäubles Sorge um das Verständnis zwischen Bürgern und Politik setzt voraus, dass die Bürger etwas gegen Europa haben. Das ist falsch. Sie haben etwas gegen das demokratisch nicht belangbare Europa.

Aber vergesst die Referenden! Horst Seehofer sagt, Referenden sind »der Kern moderner Politik«. Wenn er Recht hat, dann bedeutet das das Ende der Demokratie, wie wir sie kennen. Es herrschen Missverständnisse über das Wesen der Demokratie, über die dringend gesprochen werden muss. Nicht jede Entscheidung des Souveräns ist eine souveräne Entscheidung. Das Maß an Demokratie steigt nicht automatisch mit der Zahl der zur Abstimmung vorgelegten Fragen.

Europa hat sich nach dem Zweiten Weltkrieg mit gutem Grund nicht für die direkte Demokratie entschieden, sondern für die repräsentative. Die Antwort auf den Zweiten Weltkrieg, auf die Erfahrung des Totalitarismus, lautete keineswegs einfach mehr Beteiligung der Bürger. Im Gegenteil. Die Demokratie wurde an die Leine gelegt: Sie wurde institutionell eingehegt. Jene Institutionen, die in der Bundesrepublik nach dem Krieg über das größte Vertrauen verfügten, waren ausdrücklich nicht demokratisch legitimiert: die Bundesbank und das Verfassungsgericht. Das Volk beschwert sich immer mal wieder darüber, dass es so selten zu Wort kommt. Das Volk hat Recht. Aber das ist Absicht.

Referenden müssen der Ausnahmefall der Demokratie sein. Als Alexis Tsipras vor einem Jahr sein Volk über das Euro-Rettungspaket abstimmen ließ, befand sich Griechenland in einer politischen und wirtschaftlichen Notlage. Das Referendum hat in einer buchstäblich überlebenswichtigen Frage die Regierung mit neuer Legitimation versorgt. Aber das war nicht die Lage am 23. Juni.

Die Demokratie, die Europa braucht, ist eine andere. Wir kennen sie. Wir wissen, dass sie funktioniert: Es ist die repräsentative Demokratie der westlichen Staaten. One man, one vote. Das unmittelbar vom europäischen Volk gewählte Parlament setzt eine europäische Regierung ein. Die Staaten entsenden ihre Vertreter in eine zweite Kammer. Eine europäische Föderation. Die muss sich beileibe nicht um alles kümmern – Stichwort Subsidiarität. Aber wenn sie sich kümmert, muss das Prinzip der demokratischen Verantwortlichkeit gewährleistet sein. Wir wollen weder das Europa der Konzerne noch das Europa der Populisten. Sondern einfach ein demokratisches Europa.

Die Sozialdemokraten Sigmar Gabriel und Martin Schulz haben am Tag nach dem Referendum ein Papier aus der Tasche gezogen, in dem es heißt, »ein phantasieloses ›Weiter so‹, technokratische Reformansätze oder ein Durchwursteln« reichten jetzt nicht mehr aus: »Wir brauchen jetzt den Mut, etwas Größeres zu wagen.« Wer erklärt das der Bundeskanzlerin? 30.6.2016

Deutsches Versagen

Zu wenig, zu spät. Angela Merkel hat am Wochenende erklärt, wie sie sich die Zukunft der Europäischen Union vorstellt. Das war nicht mal ein Visiönchen. Damit wird sie Europa nicht retten. In den Büchern wird einmal stehen: Angela Merkel hat zugesehen, wie Europa zerfiel, und sie ist nicht eingeschritten. Dabei wäre sie buchstäblich die Einzige, die es könnte. Warum ist die mächtigste Frau der Welt nur so verzagt?

Auf eine traurige Weise passt es, dass zur gleichen Zeit der Oppositionsführer im Deutschen Bundestag die Jahre des sogenannten Dritten Reichs als »Fliegenschiss« bezeichnet hat. Ein Satz, der noch vor kurzem unvorstellbar gewesen wäre. Was kommt morgen? Das verbindende Element ist: Verantwortung. Angela Merkel übernimmt keine Verantwortung für die Zukunft, Alexander

Da liegt natürlich die entscheidende Frage dieser ganzen Epoche, um die es hier geht: Waren Politiker wie Angela Merkel gegenüber der Auflösung der Strukturen, an denen die Nachkriegsgeneration gebaut hatte, tatsächlich machtlos? Oder waren sie unfähig? Wenn sie machtlos waren, ist das die Bankrotterklärung der Demokratie. Wenn sie unfähig waren, die der Politiker – dann auch Merkels.

Gauland will keine Verantwortung für die Vergangenheit übernehmen.

In den vergangenen Jahren wurde in der deutschen Politik sehr viel von Verantwortung geredet. Für Männer wie Joachim Gauck und Frank-Walter Steinmeier war Verantwortung das Schlüsselwort ihrer Politik. Sie sprachen davon, dass Deutschland mehr Verantwortung übernehmen soll. Und Deutschland hat Verantwortung übernommen, in Afghanistan, in Mali, am Horn von Afrika. Am anderen Ende der Welt hat Deutschland Verantwortung übernommen. Überall. Nur nicht da, wo es gezählt hätte: in Europa.

In Europa hat Angela Merkel sich verhalten wie ein deutscher Autofahrer: Sie beharrt auf ihrem Recht. Und steuert dadurch Land und Kontinent sehenden Auges in den größten anzunehmenden Unfall: das Ende der Union. Es ist die deutsche Rechthaberei, die uns allen zum Verhängnis wird: Und wenn wir draufgehen, wir waren im Recht. Schreib es auf deinen Grabstein, Angela: »Ich hatte Vorfahrt.«

Dabei wäre das nicht mal die Wahrheit: Denn die Deutschen haben sich die Regeln, auf deren Einhaltung sie pochen, zum eigenen Nutzen zurechtgebogen.

Jan Fleischhauer hat die Italiener als Schnorrer beschimpft. Rechthaberei der schlimmsten Sorte: Denn Fleischhauer irrt. Eine neue italienische Regierung mag noch so populistisch sein – wenn sie unter den gegenwärtigen Umständen Schulden machen will, ist das die reine Vernunft. Sparen, um aus der Krise zu kommen – das geht nicht.

Wer in der Krise spart, macht der Wirtschaft ganz den Garaus. Wer eine am Boden liegende Wirtschaft wiederbeleben will, darf nicht sparen – er muss Geld ausgeben. Geld, das er nicht hat.

Die Deutschen verlassen sich übrigens jeden Tag darauf, dass andere Schulden machen – und zwar um die deutschen Überschüsse zu finanzieren. Unser Geld kommt ja nicht vom Mars, sondern aus dem Ausland. Wenn es den Deutschen wirklich darum ginge, dass alle die Regeln einhalten, dann könnten sie den Anfang machen und ihren übermäßigen Außenhandelsbilanzüberschuss verkleinern. Das gesamtwirtschaftliche Gleichgewicht wird nämlich nicht nur durch Schulden gestört, sondern auch durch Überschüsse. Aber das würde ja bedeuten, Verantwortung zu übernehmen.

Zentrifugalkräfte wirken an den Rändern immer am stärksten. Es ist kein Wunder, dass Europa von der Peripherie her zerfällt, im Süden und im Osten. Wie lange dauert es noch, bis der Prozess im Herzen des Kontinents angekommen ist? Und dann?

Als die Griechen Merkel mit Hitlerbart gezeichnet haben, war die Aufregung in Deutschland so groß wie das Unverständnis. »Wir« sind doch längst ganz anders! Die Deutschen haben nicht umsonst die »Vergangenheitsbewältigung« erfunden und sind stolz darauf, darin von niemandem übertroffen zu werden. Aber indem sie sich selber Absolution erteilt haben, haben sie in Wahrheit einen kuriosen Weg gefunden, sich am Ende doch noch aus der Verantwortung zu stehlen. Dahinter steht die Vorstellung, die Last der Geschichte lasse sich abstreifen – abwischen, wie der »Vogelschiss«, von dem Alexander Gauland sprach.

Mit all ihrer wiedergefundenen Macht wissen die Deutschen in Wahrheit immer noch nichts anzufangen. Deutschland im Jahr 2018 – was für ein Trauerspiel.   4.6.2018

9 Alles über Russland

Der Held Asiens

Die Kanzlerin droht mit mehr Sanktionen. Die Verteidigungsministerin legt noch drauf und will gleich die Panzerketten ölen lassen: Die NATO solle an ihren »Außengrenzen« mehr »Präsenz« zeigen, sagte Ursula von der Leyen dem SPIEGEL. Im Wettrüsten der Worte hält der Westen also gut mit. Staunend lernt die Öffentlichkeit, dass offenbar beide Seiten in diesem neuen Ost-West-Konflikt, der um das Schicksal der Ukraine ausgebrochen ist, kein Interesse an Entspannung haben. Merkels Politik schadet den deutschen Interessen. Aus historischen und wirtschaftlichen Gründen – Deutschland kann sich einen Konflikt mit Russland nicht leisten. Für Putin dagegen lohnt der Kurs der Konfrontation: Machtdemonstrationen statt Modernisierungs-Mühen. Das ist der leichtere Weg. In Russland war der Herr des Kremls nie beliebter als heute. Aber nicht nur dort. Der Kampf mit EU und USA könnte Wladimir Putin zum neuen Helden Asiens machen.

Denn was in der Ukraine geschieht, das kann man noch ganz anders sehen, als uns lieb ist: »Russlands Widerstand gegenüber dem Westen hat globale Bedeutung.« In der chinesischen Parteizeitung Global Times war dieser Satz zu lesen.

Mark Siemons, China-Korrespondent der FAZ, hat darüber berichtet. Von China aus betrachtet – und nicht nur von dort – zeigt sich die neue Krim-Krise als ein weiteres Kapitel des langen Abwehrkampfes, den Asien seit mehr als hundert Jahren gegen den Westen führt. Seit der Seeschlacht bei Tsushima: Im Mai 1905 versenkte die japanische Flotte damals 21 russische Kriegsschiffe – und mit ihnen den Mythos von der Unbesiegbarkeit des Weißen Mannes. Man sieht: Russland zählte in jenen Tagen zum Westen. Heute nicht mehr.

»Zum ersten Mal seit dem Mittelalter hatte ein außereuropäisches Land eine europäische Macht in einem größeren Krieg besiegt, und die Nachricht eilte um die Welt, die von westlichen Imperialisten zu einem engen Netz verbunden worden war«, schreibt Pankaj Mishra in seinem eindrucksvollen Buch über den westlich-asiatischen Konflikt. »Der Widerhall dieses Sieges rast wie ein Donnerschlag durch die flüsternden Galerien des Ostens«, sagte Lord Curzon damals. Und heute, nachdem Russland die Krim übernommen hat, schreibt die chinesische Nachrichtenagentur Xinhua: »Der Westen glaubte schon an einen großen Sieg im geopolitischen Kampf. Aber die Dinge entwickelten sich anders.«

Die Krim-Krise zeigt: Putin wendet sich vom Westen ab. »Die Russen hatten lange eine Engelsgeduld«, sagte schon vor zwei Jahren ein SPD-Abgeordneter des Europaparlaments. Aber nicht mal die Visa-Freiheit wollte die EU den Russen gewähren, von Putins großen Plänen einer atlantisch-pazifischen Freihandelszone ganz zu schweigen.

Medien und Politik wollen ein altes Feindbild wieder zum Leben erwecken: der böse Russe. Wenn es um Russland geht, ist der Westen in den zynischen Tagen Caspar Weinbergers stehen geblieben, der öffentlich seiner Hoffnung Ausdruck verlieh, die östliche Weltmacht möge »with a whimper, not with a bang« krepieren. Hillary Clinton verglich gerade noch Putin mit Hitler. Mit solchem Unsinn empfiehlt man sich in den USA als mögliche Präsidentschaftskandidatin der Demokraten. Und bei uns betreiben die beiden Ostdeutschen Merkel und Gauck ihre Russlandpolitik mit solchem Widerwillen, als nutzten sie das Amt zur privaten Traumatherapie.

Die Umfragen zeigen immerhin, dass unsere Öffentlichkeit das nicht so ohne Weiteres mitmacht. Mehr als die Hälfte der Deutschen hat Verständnis für Putins Politik. Die Leute haben schon ein gutes Gespür dafür: Putin ist eben nicht Hitler. Mit der Krim kann Russland sich »saturiert« fühlen, wie Bismarck nach der Reichseinigung sagte: »Deutschland füllt jetzt seine Grenzen aus, wir sind zufrieden und ich werde mich ruhig in meinem nunmehr fertigen Vaterland schlafen legen.« Nach ihm sah man das bekanntlich anders. Aber solch ruhigen Schlaf kann man, nach allem, was man weiß, auch Putin zutrauen.

Das Grenzüberschreitende, das Entgrenzte, ist dagegen eine Eigenschaft des Westens: Er »periklitiert«, um noch einen Ausdruck Bismarcks zu verwenden, immerzu außerhalb seiner Interessensphäre. Oder vielmehr: Er beansprucht die ganze Welt als Interessensphäre. Das ist das Problem.

Vielleicht hätte der Kolumnist noch so ehrlich sein sollen, die Quelle dieses schönen Zitats hinzuzufügen. Es stammt vom weiter oben erwähnten Pankaj Mishra und findet sich in dessen Buch »Aus den Ruinen des Empires«. Wir sollten uns häufiger eine nicht-westliche Sicht auf uns selbst zumuten.

Der Westen ist nie saturiert und darum unersätt-
lich. Der ägyptische Gelehrte Muhammad Abduh
sagte 1895: »Eure liberale Haltung gilt ganz offensichtlich nur euch selbst, und eure Sympathie für
uns gleicht der des Wolfes für das Lamm, das er
fressen möchte.«

In Asien hat man daraus gelernt: Es muss das
Lamm selbst zum Wolf werden.   24.3.2014

Das gute Gewissen

Die Welt, wie der Westen sie sieht – Joachim Gauck
hat sie uns gezeigt, als er von der Westerplatte aus
nach Osten blickte: »Wie irrig der Glaube, die Wah-
rung von Stabilität und Frieden habe endgültig
Vorrang gewonnen gegenüber Machtstreben.« Der
Westen will nichts als Stabilität und Frieden, und jedes Machtstreben ist ihm fremd? Na, dann Amen.
So sieht es aus, unser blitzblankes Gewissen. Aber
die Lügen, die man sich selber erzählt, sind die ge-
fährlichsten – besonders im Umgang mit Russland.

Wir fragen: Was will Putin? Wir sollten uns lieber fragen: Was wollen wir? Der Warschauer Pakt
wurde aufgelöst. Die NATO nicht. Stattdessen
rückte die in zwei Wellen 1999 und 2004 dichter
an Russland heran. George Kennan nannte die Er-
weiterung schon 1998 einen »tragischen Fehler. ...
Von niemandem ging irgendeine Bedrohung aus.«
Kennan prophezeite die russische Antwort – und
dass der Westen sich bestätigt fühlen werde: »So
sind sie, die Russen.« Die ZEIT schreibt jetzt, Putin leide unter »Einkreisungsphantasien«.

Der amerikanische Politikwissenschaftler John Mearsheimer sieht klarer: »Stellen wir uns die Aufregung in Washington vor, wenn China eine militärische Allianz mit Kanada und Mexiko schlösse.«

2008 wollte die NATO auch Georgien und die Ukraine noch aufnehmen. Frankreich und Deutschland verhinderten das. Aber es wurde beschlossen: »Diese Länder werden der NATO beitreten.« Der Westen wusste, dass die Ukraine die rote Linie darstellt, deren Übertreten Russland nicht dulden würde. Der Geostratege Zbigniew Brzezinski nannte die Ukraine »das Zentrum des eurasischen Schachbretts«. Kein Wunder, dass die USA seit 1991 mehr als 5 Milliarden Dollar investiert haben, damit das Land »die Zukunft erhalte, die es verdient.« Victoria Nuland hat die Zahl genannt, die US-Außenpolitikerin, die abgehört wurde, als sie am Telefon den Rat gab: »Fuck the EU!«

In jenem Gespräch im Februar plauderte sie auch über eine künftige ukrainische Regierung. Dann kam der Umsturz, und ihr Kandidat Arsenij Jazenjuk wurde Premier. Man kann sich vorstellen, dass Wladimir Putin keine Lust auf amerikanisches *social engineering* vor seiner Tür hat – und nicht eines Tages so enden mag wie der glücklose Janukowytsch, der bei Nacht die Flucht ergriff.

Noch mal: Wir fragen, was Putin will. Aber wir wissen, was die USA wollen. Sie produzieren schon heute mehr Gas als Russland, und in ein paar Jahren werden sie mehr Öl fördern als Russen und Saudis. Die frühere US-Außenministerin Condoleezza Rice riet Europa neulich: »Auf Dauer

Es lohnt sich, daran zu erinnern, dass Nulands abfällige Äußerung in eine Zeit fiel, als die Deutschen gerade erstaunt festgestellt hatten, dass der amerikanische Geheimdienst sie alle andauernd überwacht – das Telefon der Bundeskanzlerin eingeschlossen, und das, obwohl Merkel sich in Barack Obama geradezu schockverliebt hatte.

sollte man die Struktur der Energie-Abhängigkeit ändern. Man sollte sich lieber auf nordamerikanische Energielieferungen stützen.« Vom neuen Kalten Krieg werden die USA profitieren. Wir nicht.

Das Projekt einer Verwestlichung der Ukraine muss beendet werden. Das Selbstbestimmungsrecht des ukrainischen Volkes impliziert kein Recht auf Mitgliedschaft in NATO oder EU. John Mearsheimer empfiehlt einen Status ähnlich dem Österreichs nach dem Krieg. Für einen solchen Kurswechsel müssten wir anerkennen, dass der Westen bislang auf dem falschen Weg war. Aber dafür haben wir ein zu gutes Gewissen. 8.9.2014

Alien vs Predator

Matthias Platzeck, gegen den noch niemand etwas Böses gesagt hat, hatte eine Idee: »Die Annexion der Krim muss nachträglich völkerrechtlich geregelt werden, so dass sie für alle hinnehmbar ist.« Immerhin: Niemand kann sich vorstellen, dass Russland die Krim wieder hergibt. Und die Bevölkerung will das gar nicht. Platzeck hat Recht. Und liegt doch meilenweit daneben. Gerade darum muss man dem Krim-Tataren der SPD dankbar sein: Er entlarvt die Selbsttäuschungen der westlichen Russland-Politik.

Der Schlachtenlärm wird lauter. Beim Gipfel der G20 in Brisbane stießen Angela Merkel und Wladimir Putin erneut aufeinander, die beiden *political animals*, die derzeit das europäische Theater beherrschen. Den einen sollen wir uns als Raubtier auf Beutesuche vorstellen. So will es unsere Berichterstattung. Die andere ist auch nach all den Jahren noch die große Unbekannte, vorsichtig, abwartend, darum nicht minder gefährlich. Eine neue Folge des geostrategischen Mehrteilers Alien vs Predator.

Putin schickt seine Flugzeuge und Schiffe um den Globus. Und auch Merkel legt alle Zurückhaltung ab. Sie schürt den Konflikt durch das Gerede von der gefährdeten europäischen Friedensordnung, sie warnt den russischen Präsidenten, die EU werde nicht zurückweichen: »So war es ja 40 Jahre lang, und da wollte ich eigentlich nicht wieder hin zurück.« Da kann Steinmeier noch so eindringlich bitten, »dass wir auch in der Benutzung unserer öffentlichen Sprache uns nicht die Möglichkeit verbauen, zur Entspannung und Entschärfung des Konflikts beizutragen«.

Entspannung und Entschärfung – das wollen weder Russland noch der Westen.

Putin lässt uns nicht los. Nun wirft man ihm auch noch vor, seine Interessen nicht nur in der Ukraine, sondern auch auf dem Balkan und in den östlichen Staaten der EU zu verfolgen. Und zwar – besonders perfide – mit wirtschaftlichen Mitteln. Ein EU-Papier beklagt, dass Moskau in der Bevölkerung hohes Ansehen genieße, auch wegen seiner Haltung zum Kosovo.

Russen können beliebt sein? Das passt nun gar nicht zur westlichen Sicht der Dinge. Volker Rühe hat unlängst gesagt: »Ich kenne niemanden auf der Welt, der das russische System übernehmen möchte.«

Da spricht der westliche Hochmut, dem Google und Amazon die Konsum-Kategorien vorgeben. Je arroganter sich der Westen zeigt, je selbstgewisser, fordernder, desinteressierter, desto attraktiver kann aber das belächelte »russische System« für die Randeuropäer sein. Bei uns kommen die Bulgaren nur als Hartz-IV-Schwindler vor.

Und jetzt Platzeck mit seinem erfrischenden Rat für die Weltpolitiker in Washington, Brüssel und Berlin: »Der Klügere gibt auch mal nach.« Tatsächlich. Aber das wäre das erste Mal. »Appeasement«, schimpft die FAZ, »München 2.0!« Dabei hat Platzeck nur die Tatsachen ausgesprochen: Die Krim wird russisch bleiben. Der Vergleich mit dem Baltikum, das 1940 von der Sowjetunion annektiert wurde, geht fehl: niemand zweifelt, dass die Mehrheit der Krim-Bevölkerung sich Russland zugehörig fühlt.

Mit dem Wort Annexion sollte sorgsamer verfahren werden. Noch mal für die Geschichtsbücher: Es gab auf der Krim keine Annexion, sondern eine Sezession. Keine räuberische Landnahme, sondern eine Abspaltung. Die eine wäre ein schwerer Bruch des Völkerrechts gewesen und mithin ein Kriegsgrund. Die andere verstieß nur gegen ukrainisches Recht. Das allein aber »macht den Annehmenden nicht zum Wegnehmer«, wie der Rechtsphilosoph Reinhard Merkel geschrieben hat.

Platzeck ist jetzt der neue Putinversteher. Das war ja das Unwort des vergehenden Jahres. Jeder, der nicht bei drei den russischen Präsidenten einen Weltverbrecher nennt, gerät in Mithaftung für Krim-Anschluss und Schwulengesetze. Eine neue Form öffentlicher Gesinnungsprüfung.

Politisch viel bedeutsamer – weil wirkmächtiger – sind jedoch die Putin-Nichtversteher. Also die Leute, die immer noch fragen: »Was will Putin?« Der russische Präsident ist zum Gottseibeiuns der Geopolitik geworden. Die Gründe dafür wird man in Washington am besten kennen. Die Motive der russischen Politik in der Ukraine, auf dem Balkan und im restlichen Ost-Europa sind eindeutig: Russland will sich einer zunehmend als aggressiv empfundenen Ausdehnung des westlichen Wirkungskreises erwehren. Wer so tut, als tappe er hier im Dunkeln, stellt sich dumm und betreibt damit Politik.

Tatsächlich kann der Westen aber auf seine gespielte Ahnungslosigkeit gar nicht verzichten: Sie ist die Bedingung für die Fiktion, man sei aus grundsätzlich anderem Holz geschnitzt als der Russe. Nur so können wir weiterhin von Moral reden, während wir Machtpolitik betreiben. 20.11.2014

Putin Mania

Wenn man den Rechner anmacht: Putin. Wenn man die Zeitung aufschlägt: Putin. Wenn man den Fernseher einschaltet: Putin. Wenn man irgendwo in Europa einen Stein umdreht – wahrscheinlich stößt man auf Putin. Vom Ukrainekonflikt über die Flüchtlingskrise bis hin zu Pegida – der russische Präsident wird für alles verantwortlich gemacht, was auf dem Kontinent schiefläuft. Demnächst noch für Merkels Frisur. Putin ist wie ein Geist. Aber wie für alle Geister gilt auch für diesen: Den Putin, den wir überall sehen, den erfinden wir uns selbst.

Putinversteher, das Wort brachte es für eine kurze Zeit zu zweifelhafter Berühmtheit. Während der Ukraine-Krise nannte man jene so, die entgegen dem westlichen Codex dem russischen Präsidenten zugutehielten, auch er verhalte sich mehr oder weniger so rational wie unsere eigenen Leute. Damals galt Putin dem Westen schlicht als der Mad Man der internationalen Politik. Angela Merkel sagte, er lebe in seiner »eigenen Welt«. Das ist vorbei. Heute ist Putin einfach der Teufel.

Die Stimmung ist ja bekanntlich schlecht. Ulrich Wickert weiß auch, warum: Die Russen sind schuld. »Ich persönlich halte es nicht für ausgeschlossen, dass der russische Geheimdienst den Begriff ›Lügenpresse‹ in Deutschland verbreitet hat«, sagte der alte TV-Haudegen Wickert in einem Interview. Der verdutzte Reporter verwies auf Pegida als wahrscheinlichere Quelle des schlimmen Wortes. Wickert entgegnete: »Ja, aber wie kam die Idee dort auf?« Ob er nahelegen wolle, dass der russische Geheimdienst Pegida unterstütze, und ob er dafür Belege habe, wurde Wickert gefragt: »Nein. Keinesfalls. Ich sage nicht, dass es so ist. Aber wir müssen darüber nachdenken!«

So ist vieles, was heute mit den Russen zu tun hat: Man sagt nicht, dass es so ist – aber auch nicht, dass es nicht so ist.

Die US-Demokraten verbrauchten in den Jahren 2017 und 2018 viel politisches Kapital bei dem Versuch, Donald Trump als von Putin gesteuerte Marionette darzustellen. Aber für unsere Sauereien brauchen wir Putin gar nicht. Der größte Erfolg der russischen Desinformationskampagnen bestand darin, dass in den USA und Europa so viele Leute bereit waren, an einen solchen Erfolg zu glauben.

Eine unheimliche Atmosphäre der Verunsi-
cherung macht sich breit, ein Fin-de-siècle-Ge-
fühl. Wir sehen uns umgeben von Spionen und
Agenten. Überall Anarchisten, Agitatoren, Terroristen – und Russen. Wir lesen unsere Gegenwart
wie einen Roman aus dem viktorianischen Zeitalter: hier das helle Europa, das vernünftig regiert
wird – dort das dunkle Russland, das der Gewalt,
der Willkür und den Leidenschaften ausgeliefert
ist und das nach unserem Verderben trachtet.

Tatsächlich ist es irre, wenn der Außenminister des russischen Großreichs, das von Moskau
bis Magadan nicht weniger als elf Zeitzonen um-
fasst sich persönlich in den »Fall« eines 13-jähri-
gen Mädchens – einer Deutschrussin – aus Mar-
zahn einmischt, die Stress mit ihren Eltern hatte
und darum nachts nicht nach Hause kam. Auf die
Idee muss man erst mal kommen.

Andererseits muss man – wie die Englän-
der – auch erst mal auf die Idee kommen, einen
328 Seiten starken Bericht zu veröffentlichen, in
dem es heißt, Putin habe »wahrscheinlich« die Er-
mordung des früheren russischen Agenten Litwi-
nenko gebilligt. Es finden sich keine Beweise dafür – stattdessen die Vermutung, Putin hatte Sex
mit kleinen Jungen.

Von einem neuen Kalten Krieg sprach der russische Premier Medwedew in München. Wer hat
daran ein Interesse?

Im September sind die Russen in den Sy-
rien-Konflikt eingetreten. Der französische Präsident Hollande hatte sie nach dem Attentat von
Paris ausdrücklich darum gebeten. Nicht einmal

sechs Monate später haben die russischen Angriffe das Blatt gewendet. Die russischen Flugzeuge haben Assads Truppen ohne Rücksicht auf zivile Verluste den Weg freigebombt. Einfach. Funktioniert aber. Wie weiland die Raumstation MIR.

Die FAS schreibt: »Das Eingreifen Russlands bedeutet eine Trendwende zugunsten des Regimes in Damaskus, die unumkehrbar ist.« Dabei hatte man uns vorher immer erklärt, es gebe hier keine militärische Lösung. Vielleicht nur keine, die dem Westen genehm gewesen wäre?

US-Senator Dan Coats, früher Botschafter in Berlin, wirft Russland vor, »Migration als Waffe« einzusetzen. Verteidigungsministerin Ursula von der Leyen zürnt, Putin betreibe in Syrien »doppeltes Spiel«. Es möge ihnen allen die Zunge verdorren, die sich jetzt über die Opfer der Angriffe erregen. Fünf Jahre Bürgerkrieg, 300 000 Tote, 200 000 Verwundete, elf Millionen, die ihre Heimat verloren haben – der Westen hat es nicht verhindert. Mit einer Mischung aus Desinteresse, Kalkül und Unfähigkeit haben wir zugesehen, wie Syrien zum Schlachthaus wurde. Das Recht zum Moralisieren haben wir verwirkt.

In Wahrheit dient diese Rhetorik dem Westen dazu, die eigene Aufrüstung in Osteuropa zu rechtfertigen. Denn dieser neue Kalte Krieg, er kommt uns selbst ganz gut zupass. Als Geist, der stets verneint, so brauchen wir unseren Putin! Alles, was man Sünde, Zerstörung, kurz das Böse nennt, ist sein eigentliches Element? Nicht nur seins. 15.2.2016

10 Wir und die USA

Das Ende des Westens

Das Wort Westen hatte mal eine Bedeutung. Es beschrieb gemeinsame Ziele und Werte, die Würde von Demokratie und Gerechtigkeit gegenüber Tyrannei und Willkür. Aber das ist Vergangenheit. Es gibt den Westen nicht mehr. Wer Europa und die USA in einem Atemzug nennen will, dem sollte der Atem stocken. Nach allem, was wir unter dem Begriff verstehen, ist Amerika kein westliches Land mehr.

Ein Regierungssystem, das sich fest im Griff der Eliten befindet, ein ausufernd aggressiver Militarismus, der in den vergangenen zehn Jahren zwei kostspielige Kriege vom Zaun gebrochen hat, und eine sozial und politisch tief gespaltene Gesellschaft, die sich in ihrer ideologischen Verblendung immer weiter vom Kern der Demokratie entfernt – dem Kompromiss. Amerika hat sich verändert. Es hat sich vom Westen entfernt.

Der soziale Zerfall dieses reichen Landes ist atemraubend. Der Wirtschaftsnobelpreisträger Joseph Stiglitz hat ihn jüngst beschrieben: Das reichste Prozent der Amerikaner reklamiert gut ein Viertel des Gesamteinkommens – vor 25 Jahren waren es zwölf Prozent. Es besitzt 40 Prozent des Gesamtvermögens – vor 25 Jahren waren es 33

Prozent. Stiglitz sagt, dass sich in vielen Ländern der sogenannten Dritten Welt die Einkommensunterschiede zwischen Arm und Reich reduziert hätten. In den USA sind sie gewachsen.

Amerikas Weg führe zum »Status einer Bananenrepublik«, hat der Ökonom Paul Krugman geschrieben, ebenfalls Nobelpreisträger.

Sozialer Zynismus und eine gesellschaftliche Gleichgültigkeit, die man sonst nur aus der Dritten Welt kennt, sind zum Kennzeichen Amerikas geworden. Das beschleunigt den Zerfall der Gesellschaft. Denn je mehr die Ungleichheit wächst, desto weniger wollen die Reichen sich am Gemeinwohl beteiligen. Wenn eine Firma wie Apple mit 76 Milliarden Dollar über mehr Reserven verfügt als die Regierung in Washington, dann registriert man als Europäer den Widerstand der Republikaner gegen Steuererhöhungen mit Kopfschütteln als etwas Selbstzerstörerisches.

Das Gleiche gilt für die zerrüttete politische Kultur Amerikas, das den Namen Vereinigte Staaten mit immer weniger Recht trägt. In der amerikanischen politischen Debatte ist etwas zum Alltag geworden, das man in Deutschland seit der Debatte um Brandts Ostpolitik nicht mehr kennt: Hass. Gleichzeitig setzt sich Verblendung an die Stelle von Vernunft. Steuersenkung wird zum Kult und Staatsferne zur Ideologie. In diesem neuen amerikanischen Bürgerkrieg ist längst auch der Respekt vor dem höchsten Amt geopfert worden. Dass Barack Obama der erste schwarze Präsident des Landes ist, wird dabei eine Rolle gespielt haben.

Der Abstieg der USA als westliche Führungsmacht war tatsächlich bereits Anfang des Jahrzehnts absehbar, schon unter Obama, dem man hierzulande zu Unrecht einen Heiligenschein verliehen hat. Aber die Deutschen – und mit ihnen der Rest Europas – erwiesen sich als unfähig, sich rechtzeitig auf das Ende des amerikanischen Imperiums vorzubereiten, das unter Trump dann offensichtlich wurde.

218

Rettung ist nicht in Sicht. Auf die Politik kann man in Amerika nicht mehr setzen. Die Abhängigkeit der Abgeordneten und Senatoren von den Spenden der Reichen ist zu groß. Auch einen revolutionären Sturm auf irgendeine Bastille wird es nicht geben. Die Wut im Volk ist groß, aber es ist den Eliten längst gelungen, diese zu kontrollieren und zu kanalisieren. Bei der Gründung der Tea-Party-Bewegung standen die Brüder David und Charles Koch Pate, milliardenschwere Industrielle, und ihr Sprachrohr ist Rupert Murdochs Hetz-Sender Fox News.

Aus europäischer Sicht mutet all das sehr fremdartig an: eine andere politische Kultur. Nicht unsere. Andere Regeln, andere Maßstäbe. Wir beobachten Amerika mehr und mehr mit dem gleichen Blick, den wir auf den Iran werfen, auf China, auf Indien. Mit dem deutlichen Gefühl: Wir sind anders.

Das amerikanische Schicksal ist eine Warnung: Wir müssen unsere politische Kultur schützen, unsere Institutionen, unseren Staat. Thilo Sarrazins Erfolg hat gezeigt, dass auch Deutschland gegen die kulturelle Kälte, in der am Ende die lebenswichtigen Funktionen des Systems erstarren, nicht gefeit ist. Und auch unsere Gesellschaft ist auf dem Weg der fortschreitenden Ungleichheit und der Entdemokratisierung schon ein schlechtes Stück vorangekommen.

Das amerikanische Schicksal ist aber auch eine Chance: In dem Maße, in dem sich Amerika uns entfremdet, werden wir lernen (müssen), als Europäer zu denken. Der Westen, das sind wir. 4.8.2011

Das System schlägt zurück

Julian Assange ist ein Flüchtling. Aber er flieht nicht vor dem Gesetz. Sondern vor dem Unrecht. Er weiß, was ihm blüht.

Assange hat Amerika gedemütigt. Es wird keine Gnade kennen, wenn es seiner habhaft wird. Und die Auslieferung nach Schweden, vor der sich der Wikileaks-Gründer jetzt schützen will, wäre der erste Schritt auf einer langen Reise, die mit einer Verurteilung zu ein paar hundert Jahren in irgendeinem fensterlosen Loch eines amerikanischen Hochsicherheitsgefängnisses enden würde.

Die Anschuldigungen, die in Schweden gegen Assange vorliegen, sind bizarr. Er habe in kurzem Abstand mit zwei Frauen geschlafen, die Kondome seien gerissen, die Frauen hätten den Verdacht gefasst, es habe sich nicht um einen Zufall gehandelt. Seit dem Jahr 2005 kann in Schweden auch dann auf Vergewaltigung erkannt werden, wenn jemand eine andere Person beim Sex »auf unpassende Weise ausnutzt«.

Die taz empfiehlt Assange, die Botschaft zu verlassen und sich nach Schweden ausliefern zu lassen, und weiß ganz genau: »Wenn sich die Vorwürfe als haltlos erweisen, ist er ein freier Mann.« Man kann die Kollegen an der Rudi-Dutschke-Straße dazu beglückwünschen, dass sie noch solches Vertrauen in den Rechtsstaat haben.

Es gibt gute Gründe, an dieser Vorstellung vom Rechtsstaat zu zweifeln. Wer ihm in die Quere kommt, kann sich auf einiges gefasst machen: Der Gefreite Bradley Manning, der wohl die wichtigste

Quelle für Wikileaks war, verbrachte neun Monate in Isolationshaft. Kissen und Laken waren ihm verwehrt. Er musste nachts seine Kleider abgeben und morgens nackt vor seiner Zelle antreten. Körperliche Übungen in der Zelle waren ihm verboten. Das Licht brannte unablässig.

Wir beobachten eine schwere Legitimationskrise des Westens. Assange, Anonymous, Occupy – das sind die Symptome dafür. Was Gesetz ist und was als Recht empfunden wird, geht immer weiter auseinander. Das Gesetz ist klar: Es ist verboten, Dokumente der nationalen Sicherheit zu veröffentlichen. Es ist verboten, in die Datenbanken von Kreditkartenunternehmen einzubrechen. Es ist verboten, öffentliches Straßenland zu besetzen. Und weil all das verboten ist, ist die Sache mit Assange, Anonymous und Occupy ganz einfach: anzeigen, anklagen, aburteilen.

Und übrigens: Es ist tatsächlich auch verboten, in einer russisch-orthodoxen Kirche Punk-Gebete zu singen.

Das Gesetz schützt eben nicht immer das Recht: Wir sehen zu, wie sich die Amerikaner in ihren Kriegen weder um ihr eigenes noch um sonst ein Recht kümmern. Wir sehen zu, wie unsere Gesellschaft zur Geisel der Gier der kriminellen Akteure an den Finanzplätzen geworden ist. Wir dulden, dass die Institutionen, die das Wohl der Vielen vor dem Zugriff durch die Interessen der Wenigen schützen sollen, umgangen oder ignoriert werden. Und wir dulden, dass diejenigen, die dagegen aufbegehren, von den Sicherheitsbehörden verfolgt und kriminalisiert werden.

Es ist in unserem System nicht vorgesehen, dass die Leute ihre Angelegenheiten selbst in die Hand nehmen: »Dafür haben wir Parlamente und Gerichte, also den Rechtsstaat«, schrieb ZEIT-Herausgeber Josef Joffe damals, als Wikileaks die State-Departement-Files veröffentlicht hatte. Aber Folter in Abu Ghraib, das Waterboarding in den CIA-Gefängnissen, das Niedermähen unbewaffneter Zivilisten in Afghanistan – all das, was die USA in den vergangenen Jahren in gefährliche Nähe zu den Unrechtsregimen im Nahen Osten, zu China und zur untergegangenen Sowjetunion gebracht hat, kam nur an den Tag, weil sich Leute wie Julian Assange nicht auf »Parlamente und Gerichte« verlassen haben.

In unserem System sollen die Leute alle paar Jahre ihre Stimme abgeben und dann schweigen.

Das System – das ist keine linke Folklorefloskel aus einem Siebziger-Jahre-Suhrkamp-Sammelband, sondern kühle Wirklichkeit. Nach den Wikileaks-Veröffentlichungen haben Mastercard und Visa die Spendenabwicklung für die Organisation verweigert, und Amazon hat die für die Spiegelung der Daten notwendigen Server zurückgezogen. Einfach so. Das System wird durch sein Geflecht aus Herrschaft und Interessen bestimmt, und gehalten wird es durch die Überzeugung der stillschweigenden Mehrheit, dass alles seine Ordnung hat. Aber die Ordnung ist zerbrochen. Das Vertrauen ist zerbrochen. 20.8.2012

Im April 2019 widerrief Ecuadors neuer Präsident das Asyl für Julian Assange – der zwischendurch sogar die ecuadorianische Staatsbürgerschaft erhalten hatte – und lieferte den Dissidenten an die Londoner Polizei aus. Damit endete eine beinahe sieben Jahre währende Gefangenschaft – Assanges Zukunft ist zum Zeitpunkt der Drucklegung dieses Buches offen. In den USA wurde gegen ihn Anklage erhoben. Es drohen ihm 175 Jahre Haft.

Die weiße Wahl

Romney als Kandidat der Reichen und Obama als Kandidat des Volkes – die Deutschen neigen dazu, die Wahl in den USA als eine zwischen Gut und Böse zu sehen. Das ist ein Irrtum. Egal wer Präsident ist, in Amerika herrscht der totale Kapitalismus. Er hat die Macht, das Land zu zerstören.

Die amerikanische Armee entwickelt eine Waffe, mit der innerhalb einer Stunde jeder Punkt der Welt erreicht – und zerstört – werden kann. Gleichzeitig hängen in Brooklyn, Queens und New Jersey die Kabel an Holzpfeilern über der Straße. Der Sturm hat sie fortgerissen, wie in vielen Orten an der Ostküste, und Millionen Menschen sind ohne Strom. Das ist Amerika: High Tech für die Eliten. Entwicklungsland für den Rest. Kein Land hat mehr Nobelpreisträger hervorgebracht als die USA. Aber in New York mussten Krankenhäuser evakuiert werden, weil die Notstromaggregate nicht ansprangen.

Wer das für einen Widerspruch hält, hat nicht begriffen, dass Amerika das Land des totalen Kapitalismus ist. Für dessen Funktionieren sind öffentliche Krankenhäuser nicht notwendig und die Energieversorgung privater Haushalte auch nicht. Die Eliten verfügen über ihre eigene Infrastruktur. Der totale Kapitalismus hat die amerikanische Gesellschaft zerfallen lassen und die Regierung gelähmt. Das Schicksal Amerikas ist kein Betriebsunfall des Systems. Es ist seine Konsequenz.

Obama konnte daran nichts ändern. Romney würde daran nichts ändern. Europa irrt, wenn es

Im Februar 2019 sagte der afroamerikanische Philosoph Cornel West zum Unterschied zwischen Trump und Obama: »Während Obama das schwarze, lächelnde Gesicht des US-Imperiums war, ist Trump das weiße, grausame Gesicht des amerikanischen Imperiums. Es bleibt also alles innerhalb der imperialistischen Zone. Die schmerzhafte Wahrheit ist, dass es einen US-Präsidenten Donald Trump ohne einen US-Präsidenten Barack Obama nicht gäbe. Es gäbe kein neofaschistisches Aufbegehren ohne eine neoliberale Politik.«

die Wahl zwischen den beiden als eine Wahl zwischen Gut und Böse betrachtet. Und eine »Richtungswahl«, wie in manchen Zeitungen zu lesen, ist dies gewiss nicht.

Romney, der schwerreiche Investmentbanker, und Obama, der kultivierte Menschenrechtsanwalt, sind zwei Gesichter eines politischen Systems, das mit Demokratie, so wie wir sie verstehen, nicht mehr viel zu tun hat. Zur Demokratie gehört die Wahl. Aber eine Wahl haben die Amerikaner gar nicht.

Obama lieferte den Beweis. Als er vor vier Jahren sein Amt antrat, schien das wie ein amerikanischer Neuanfang. Aber das war ein Missverständnis. Obama hat das Lager in Guantanamo nicht geschlossen, er hat die Immunität der mutmaßlichen Kriegsverbrecher aus der Bush-Administration nicht aufgehoben, er hat die Finanzmärkte nicht reguliert, und vom Klima war im Wahlkampf nicht einmal mehr die Rede. Das Militär, der Apparat, die Banken, die Industrie – gegen ihre Macht ist alle Macht des Volkes nichts, und gegen sie ist auch der Präsident ohnmächtig.

Nicht einmal die berüchtigten Credit Default Swaps, die das Investmenthaus Lehman Brothers in den Abgrund gerissen und die westliche Wirtschaft an den Rand desselben geführt haben, nicht einmal die wurden verboten oder auch nur besser reguliert.

Vermutlich ist es so, dass Obama mehr wollte, aber nicht mehr konnte. Aber welche Rolle spielt das?

Wir wollen glauben, dass Obama an den Rechten im eigenen Land gescheitert ist. Und tatsäch-

Es ist immer noch erstaunlich, dass Obama in Europa ein so gutes Image behalten konnte und dass sich eine junge Heroine des zivilgesellschaftlichen Widerstand wie die schwedische Klimaaktivistin Greta Thunberg gerne mit ihm fotografieren ließ.

lich: die Fanatiker, von denen Mitt Romney sich abhängig gemacht hat, haben alles über Bord geworfen, was den Westen ausgezeichnet hat: Wissenschaft und Logik, Vernunft und Mäßigung oder einfach Anstand. Sie hassen die Schwulen, die Schwachen und den Staat, sie unterdrücken die Frauen und verfolgen die Einwanderer, und ihr Abtreibungs-Moralismus macht auch vor den Opfern von Vergewaltigung nicht halt. Sie sind die Taliban des Westens.

Aber sie sind das Symptom des amerikanischen Scheiterns. Nicht seine Ursache. In Wahrheit haben in den USA weder die Idealisten der Demokraten noch die nützlichen Idioten der Tea Party Macht über die Verhältnisse.

Aus europäischer Sicht ist es gleichgültig, wer diese Wahl gewinnt. Für uns zählt die amerikanische Außenpolitik. Und da ist Obama keine Taube und Romney kein Falke. Der amtierende Präsident führt seine Kriege zwar lieber mit Drohnen als mit Truppen. Aber den Opfern dürfte es egal sein, ob sie von Menschen oder Maschinen getötet werden. Der Herausforderer seinerseits wird trotz allen Geredes nicht an der Seite Israels in einen Krieg gegen den Iran ziehen, den sich die USA nun wirklich nicht mehr leisten können.

Ohnehin ist es falsch, die Republikaner als Partei des Krieges zu bezeichnen und die Demokraten als Partei des Friedens – oder gar als »linke« Partei, wie die Süddeutsche Zeitung es tut. Es waren die Demokraten Truman, Kennedy und Johnson, die in Korea und Indochina Kriege begonnen haben. Und es waren die Republikaner Eisen-

Ob es diesen Krieg geben wird, der alles, was wir an Leid und Chaos im Nahen Osten erlebt haben, in den Schatten stellen würde, ist offen. Nach allem, was man lesen kann, war es das US-Militär, das im Frühjahr 2019 dem israelischen Druck widerstand und Donald Trump davon abbrachte, militärisch gegen den Iran vorzugehen.

hower und Nixon, die diese Kriege beendeten. Und Ronald Reagan, der aus der Sicht europäischer Linker gleichzeitig für das Böse und das Lächerliche der amerikanischen Politik steht, war nach den Maßstäben, an die wir uns inzwischen gewöhnt haben, ein friedlicher Mann. Er hat nur Grenada erobert.

Die Wahrheit ist, dass wir Amerika nicht mehr verstehen. Wenn wir von Deutschland aus dorthin blicken, von Europa aus, blicken wir auf eine fremde Kultur. Das politische System ist in der Hand des Kapitals und seiner Lobbyisten. Die Checks and Balances haben versagt. Und eine perverse Mischung aus Verantwortungslosigkeit, Profitgier und religiösem Eiferertum beherrscht die öffentliche Meinung.

Der Untergang des amerikanischen Imperiums hat begonnen. Es kann sein, dass die Amerikaner ihn trotz aller Mühe nicht aufhalten können. Aber sie versuchen es nicht einmal.   5.11.2012

Das Wohl des deutschen Volkes

»Ich schwöre, dass ich meine Kraft dem Wohle des deutschen Volkes widmen, seinen Nutzen mehren, Schaden von ihm wenden, das Grundgesetz und die Gesetze des Bundes wahren und verteidigen, meine Pflichten gewissenhaft erfüllen und Gerechtigkeit gegen jedermann üben werde. So wahr mir Gott helfe.« Der Amtseid ist kein Spaß. Er steht im Grundgesetz, Artikel 56. Auch Merkel hat ihn geschworen. Peer Steinbrück hat am Wochenende gesagt: »Schaden vom Volke abzuwenden – das stelle ich mir anders vor.« Der Kanzlerkandidat der SPD hat Recht.

Die Reflexe des politischen Diskurses trüben den Blick. Die Gesetze des medialen Wettbewerbs vernebeln die Sicht. Wenn man alles Gerede beiseite lässt – worum geht es? Die USA verletzen massenhaft und systematisch die Grundrechte von Menschen, die keine Möglichkeit haben, über diese Praxis in Wahlen abzustimmen. Denn es sind ja nicht unsere Gesetze, nach denen die NSA arbeitet und all die anderen Organisationen, die im Namen der Sicherheit der freien Welt unterwegs sind.

Es geht nicht darum, wie wir zu Amerika stehen. Oder zum internationalen Terrorismus. Oder zur Rolle der Geheimdienste. Da hat jeder seine Meinung. Es geht darum, dass man unsere Rechte verletzt, ohne dass wir Einspruch erheben können. Wir hören auf, Bürger zu sein, und werden zu Untertanen.

Das ist eine fundamentale Erfahrung der deutschen Geschichte, die wir nie wieder machen wollten. An wen wenden wir uns jetzt? Von wem kommt Hilfe?

Auf die Bundesregierung können wir offenbar nicht zählen. Angela Merkel hat zum größten Spionageskandal aller Zeiten erst wochenlang geschwiegen – und dann nichts gesagt. Das Interview, das sie der ZEIT gegeben hat, war desinteressiert, gleichgültig, belanglos, beinahe surreal. Edward Snowden hat bekannt gemacht, dass unsere »Verbündeten« jeden Monat 500 Millionen Datenverbindungen in Deutschland abhören und dabei einen ganzen Kranz von deutschen Gesetzen brechen – vom Vertrauen unter politischen Freunden ganz abgesehen –, und die Kanzlerin redet in gelangweilten Stanzen, als ginge sie das alles nichts an. »Freiheit und Sicherheit müssen immer in der Balance gehalten werden«, sagte Merkel: »Deshalb muss alles dem Grundsatz der Verhältnismäßigkeit gehorchen.« Ja, will der Leser da rufen, völlig richtig, aber der ganz und gar unverhältnismäßige Bruch dieses Grundsatzes ist doch genau das Problem! Aber dazu schweigt die Kanzlerin.

Klaus Brinkbäumer beschreibt die USA im neuen SPIEGEL als kranken, verwundeten und verstörten Staat: »Seit 2005 sind durch Terrorismus pro Jahr im Schnitt 23 Amerikaner ums Leben gekommen, die meisten im Ausland. ›Mehr Amerikaner sterben durch herabfallende Fernseher‹, schreibt Nicholas Kristof in der New York Times, ›und 15-mal so viele sterben, weil sie von der Leiter stürzen.‹ Seit 2001 haben die USA acht Billionen Dollar für Militär und Heimatschutz ausgegeben.«

Es ist gutwillig von Brinkbäumer, den amerikanischen Daten-Totalitarismus als Symptom einer paranoiden Wahnvorstellung zu diagnostizieren. Machthunger wäre eine andere Erklärung. In jedem Fall wäre es die Pflicht der Kanzlerin und ihrer Minister, uns vor den Folgen zu schützen. Aber sie kommen dieser Pflicht nicht nach. Die Kanzlerin nicht, die lieber an die Verdienste der USA um die deutsche Einheit erinnert. Und ihr Innenminister auch nicht, der sich in Washington wie ein Schuljunge vorführen lässt. Er war jetzt ja da. Er hatte gesagt, er wolle mit den Amerikanern »Klartext« reden. Aber noch bevor Hans-Peter Friedrich überhaupt ins Flugzeug gestiegen war, hatte man ihm bedeutet, dass er mit Details über die Abhörprogramme der NSA nicht rechnen könne. Das sei alles unter »top secret« und »NO-FORN« klassifiziert – streng geheim und nicht für Ausländer.

Da überkommt einen jenes unheimliche Gefühl der Ohnmacht, das man aus surrealen Träumen kennt: der deutsche Innenminister reist nach Washington, um sich über die Bespitzelung der Deutschen durch US-Dienste zu beschweren, und man erklärt ihm, über die Tätigkeit der US-Geheimdienste könne nicht gesprochen werden, da sie geheim sei.

Aber Hans-Peter Friedrich fühlte sich in Washington nicht gedemütigt. Er war froh, dass man ihn überhaupt empfangen hatte. Und ein paar Zahlen hat er ja doch mitbekommen: Wieder daheim in Deutschland verkündete Friedrich, es seien weltweit 45 Anschläge durch Informationen des US-Geheimdienstes verhindert worden, 25 davon in Europa und fünf in Deutschland. Da blieb eigentlich nur die Frage offen, was die größere Beleidigung für die deutsche Öffentlichkeit war: die Tatsache, dass die Amerikaner es nicht einmal für nötig hielten, ihre Bespitzelung der Deutschen zu rechtfertigen? Oder die Micky-Maus-Zahlen des Innenministers, für die es keine Belege gibt und die vielleicht zutreffen oder eben auch nicht?

Warum tut Merkel das? Europa und Deutschland sind gegen die amerikanischen Übergriffe nicht machtlos. Die Europäische Richtlinie zum Datenschutz kann US-Firmen zwingen, sich an unsere Regeln zu halten. Und am Freihandelsabkommen haben die USA ein ebensolches Interesse wie Europa. Merkel ist nicht ohnmächtig. Sie ist gleichgültig. Sie arbeitet seit jeher ohne nennenswerte Überzeugungen. Und wo keine Überzeugungen sind, entsteht auch keine Empörung.

Im italienischen Grosseto wird gerade der Prozess gegen Francesco Schettino geführt. Er hatte als Kapitän die Costa Concordia vor der Insel Giglio auf Grund gesetzt. Und dann hatte er Schiff und Passagiere im Stich gelassen. Im Spionage-Skandal ist Angela Merkel unser Capitano Schettino. Sie lässt die Deutschen im Stich. 15.7.2013

Washingtons Hausmeisterin?

»Wegen der ganzen internationalen Lage ist eine Souveränität der Bundesrepublik zur Zeit politisch nicht möglich, noch vor der Wiedervereinigung mit der Sowjetzone wünschbar.« Gerhard Lütkens hat das gesagt, der erste außenpolitische Experte der Nachkriegs-SPD. Das war 1951 im damals noch Bonner Parlament, und man hätte nicht gedacht, dass man darauf noch mal zurückkommen würde. Das Problem sollte sich doch erledigt haben: Keine Sowjetzone weit und breit und das vereinte Deutschland ein souveräner Staat. Aber das war ein Irrtum. Wir sind keineswegs souverän. Ein souveräner Staat ließe sich die Überwachung aller Bürger durch eine fremde Macht nicht gefallen – schon gar nicht die der Bundeskanzlerin. Aber Deutschland lässt es sich gefallen. Und das liegt nicht, wie weiland Lütkens sagte, an der »ganzen internationalen Lage«. Es liegt an der Kanzlerin. Unter ihr ist Berlin wieder das, was Bonn notgedrungen war: ein Vorort von Washington.

Die vergangene Woche war bitter für Angela Merkel. Sie mag ja sonst ohne Rührung sein, aber wenn es um Amerika geht, traut man ihr die Kälte nicht zu, mit der Bismarck einst formulierte: »Sympathien und Antipathien in Betreff auswärtiger Mächte und Personen vermag ich vor meinem Pflichtgefühl im auswärtigen Dienste meines Landes nicht zu rechtfertigen, weder an mir noch an Andern.« Noch vor zwei Jahren war die Frau aus dem Osten so stolz, dass der US-Präsident ihr seine Freiheitsmedaille umgehängt hatte, und nun muss sie erfahren, dass derselbe Mann sie abgehört und angelogen hat. Merkel bleibt betrogen und gedemütigt zurück wie einst Vera Lengsfeld, als man ihr sagte, dass ihr Mann Knud Wollenberger ein Stasi-Spitzel war.

Überhaupt ist da jetzt viel enttäuschte Liebe auf deutscher Seite. Hielten wir uns nicht für Freunde der Amerikaner? Sind wir nicht mit ihnen nach Afghanistan in den Krieg gezogen? Sind wir nicht dort auch mit ihnen gestorben? Und sie trampeln doch auf uns herum?

Es ist Zeit, die Nostalgie der Nachkriegsjahre hinter sich zu lassen. Unsere Sehnsucht nach Westen endet am Kap Finisterre. Deutschland hat Europa – und sonst nichts. Wir sind ja gerne Ver-

Tatsächlich wüsste man gerne, ob Merkel die Analogie aufgefallen ist: dass ihre amerikanischen Freunde sie ebenso bespitzelt haben, wie die Stasi es seinerzeit getan haben mag.

bündete der USA. Aber – um noch mal Bismarck anzuführen – auch dieses Bündnis steht unter dem Vorbehalt der *clausula rebus sic stantibus*. Wenn sich die Umstände ändern, werden die Karten neu gemischt. Weder Frankreich noch Deutschland haben den Amerikanern die Gefolgschaft gekündigt. Die USA haben der Vernunft gekündigt. Die bittere Wahrheit ist: Die digitale Allmacht hat den Amerikanern den Kopf verdreht. Ist das Land in seinem jetzigen Zustand überhaupt bündnisfähig? Die New York Times schreibt: »Das Wort ›Verbündeter‹ klingt langsam wie ein Begriff aus dem 20. Jahrhundert, der seinen Sinn verloren hat.«

Die USA haben sich selbst und der Welt den dauernden Notstand auferlegt. Sie sind inzwischen ein totalitärer Staat in dem Sinne, dass ihr Anspruch auf Sicherheit absolut und allumfassend ist – und dabei etwas Selbstzerstörerisches bekommt. Kein denkbarer Nutzen kann den Schaden aufwiegen, den diese Spitzelei jetzt schon angerichtet hat. Es ist ganz einfach: Die Amerikaner brauchen von den Deutschen wahrhaftig keine Lektion in Demokratie – aber die Deutschen müssen sich von den Amerikanern nicht bespitzeln lassen. Die deutsch-amerikanischen Beziehungen werden dieses Desaster überstehen – die deutsch-amerikanische Freundschaft nicht.

Merkel, man glaubt es gerne, ist wütend. Aber die richtige politische Antwort steht noch aus. Jetzt wird erst mal das unsinnige Ritual der Verharmlosung, das wir im Sommer erlebt haben, durch das ebenso unsinnige Ritual der leeren Drohungen ersetzt: Rührend ist es, wenn unser Innenminister Friedrich wie der Volljurist redet, der er ist: »Abhören ist eine Straftat und die Verantwortlichen müssen zur Rechenschaft gezogen werden.« Und lächerlich ist es, wenn Thomas Oppermann jetzt einen Untersuchungsausschuss des Bundestages fordert. Der Mann würde einem wahrscheinlich auch einen aus Seife geschnitzten Revolver für einen Ausbruch aus dem Gefängnis empfehlen.

Übrigens wird dieser Skandal gleich zur ersten Sünde der Großen Koalition: Wäre die SPD noch in der Opposition, dann müssten sich Innenminister Friedrich und Kanzleramtschef Pofalla, diese sommerlichen Meister der Verharmlosung, warm anziehen.

Und nun? Die Idee, ein »No-Spy-Abkommen« zu schließen, ist unsinnig. Die USA sind nicht in der Lage, ein Abkommen zu schließen, das von ihnen Selbstbeschränkung verlangt. Kein Vertrag dieser Welt kann die US-Dienste binden, so viel wissen wir jetzt. Aber es wäre genauso falsch, das Freihandelsabkommen zu stoppen. Warum sollte Deutschland seinen Wirtschaftsinteressen schaden, um seine Rechtsinteressen zu verteidigen?

Angela Merkel muss jetzt etwas tun, was ihr nicht liegt: absichtsvoll gestalten. Sie ist nicht als Hausmeisterin Washingtons gewählt. Die Allianz mit Amerika ist keine Gemeinschaft der Werte, sondern der Interessen. Also sollten Europa und Deutschland ihre Interessen besser wahrnehmen. In Südamerika denkt man darüber nach, ein eigenes Netz zu knüpfen. Das ist der richtige Weg auch für die Europäische Union: ein gewaltiges Projekt digitaler, kontinentaler Infrastruktur – allerdings ohne Großbritannien, das kein zuverlässiger Partner sein kann.

Und dann sollte Merkel an Helmut Schmidt denken und an den NATO-Doppelbeschluss. Denn es gibt einen neuen Kalten Krieg. Aber diesmal ist der Gegner nicht klar auszumachen. Es kann sogar unser bester Freund sein. Dagegen sollte Deutschland sich wappnen: Die Nachrichtendienste und die digitale Gefahrenabwehr müssen gestärkt werden. So unwahrscheinlich es klingt: Angela Merkel muss aufrüsten.   23.10.2013

Das war drei Jahre vor dem Brexit-Votum weitsichtig. Andererseits aber auch egal, weil von einer europäischen Initiative zur digitalen Selbstständigkeit weit und breit nichts zu sehen ist.

Der deutsche Dackel

Oops!
... I did it again.
I played with your heart.
Got lost in the game.
Oh, baby, baby.
Oops!
... You think I'm in love. That I'm sent from
*   above ...*
I'm not that innocent.

Britney Spears hat das früher gesungen. Obama könnte den Song jetzt in einem aufmunternden Care-Paket nach Berlin schicken, ins Kanzleramt, in den Bundestag, in die außenpolitischen Redaktionen der großen Zeitungen. Denn die Amerikaner haben uns schon wieder ausspioniert. Oops! Und sie haben uns schon wieder gedemütigt. Oh, baby, baby! Sie haben mit unserem Herzen gespielt.

Wir hielten es für Liebe. Aber das war ein Fehler. Die bittere Wahrheit ist: Zwischen den Amerikanern und uns besteht ein Herr-Hund-Verhältnis. Und leider liebt Herrchen aus Amerika den deutschen Dackel nicht. Herrchen braucht ihn nur hin und wieder zum Apportieren.

Der Dackel hat jetzt zwei Möglichkeiten: Er akzeptiert seine Existenz als Hund. Immerhin ist da – nachrichtendienstlich gesehen – immer der Napf voll. Oder wir nehmen unser Glück – und unsere Sicherheit – selbst in die Hand. Frei nach den Gebrüdern Grimm: Etwas Besseres als die CIA finden wir überall. Harte Entscheidungen stehen an. Aber wir können sicher sein, dass unsere Kanzlerin ihnen ausweichen wird.

Denn Stolz und Ehre sind in der deutschen Politik keine Kategorien mehr. Einerseits ist das gut so. Die »Thymotisierung«, von der Peter Sloterdijk träumt, die große Aufwallung, die den »Regungsherd des stolzen Selbst« befeuern soll, würde zwar dem Neo-Nietzscheaner aus Karlsruhe Spaß machen – sie wäre aber ein Rückschritt in der Zivilisation. Gesellschaften, die dem Prinzip der Vergeltung folgen statt dem der Versöhnung, sind keine sehr friedlichen Gesellschaften – siehe USA oder Israel. Die Rache-Kultur setzt auf Abgrenzung, Wettbewerb und Gegenschlag statt auf Vertrauen, Kooperation und Versöhnung.

Solche Gesellschaften folgen einer Ideologie, nicht der Vernunft. Denn seit George Bush den Irak überfallen hat – ohne Grund, nur aus der Ambition der Vergeltung heraus –, ist die Welt ja kein sicherer Ort geworden. »Souverän ist, wer über den Ausnahmezustand entscheidet«, hat der weitsichtige Carl Schmitt geschrieben. Die Drohnen-Morde, die CIA-Foltergefängnisse, das Lager in Guantanamo, die Bespitzelung von Parlamenten, Politikern und Bürgern belegen seit langem, dass die USA den weltweiten, andauernden Ausnahmezustand ausgerufen haben. Und wir haben uns dem gebeugt.

Dabei ist Amerikas Sicherheitslogik weder logisch, noch bringt sie Sicherheit. Der britisch-amerikanische Moderator John Oliver hat gesagt: »Ein gescheiterter Anschlag mit einer Schuh-Bombe – und wir ziehen alle am Flughafen unsere Schuhe aus. 31 Amokläufe an Schulen seit dem Massaker von Columbine – und es gibt keine Änderungen der Waffengesetze.«

Wer um alles auf der Welt ist auf die Idee gekommen, wir könnten von den Amerikanern in Sachen Sicherheit etwas lernen?

SPON-Kolumnist Jan Fleischhauer hat geschrieben: »Wer bezweifelt, dass es zur Terrorabwehr überhaupt der elektronischen Überwachung bedarf, macht eine gefährliche Wette auf. Beim nächsten Anschlag wissen wir, ob sie aufgegangen ist. Wenn die Bombe in Berlin oder Hamburg explodiert, lagen wir falsch.« Ach, lieber Kollege, ist es also so, dass wir umso sicherer sind, je besser wir überwacht werden? Je kürzer unsere Leine, desto besser für uns? Das ist ein Stück Ideologie. Die USA waren trotz ihrer flächendeckenden Überwachung nicht in der Lage, die Bombe von Boston zu verhindern – und die kam nicht mal aus dem Ausland.

Unsere Politiker reden wieder allenthalben von der Verantwortung, die Deutschland übernehmen muss. Vor allem Joachim Gauck wird bei dem Thema nicht müde. Deutschland müsse sich »früher, entschiedener und substantieller« einbringen, hat der Präsident gesagt. Er, Frank-Walter Steinmeier und Ursula von der Leyen denken dabei vor allem an weit entfernte Weltgegenden. Aber bevor man andere beglücken will, sollte man erst einmal Verantwortung für sich selber übernehmen. Wie sollen die Russen und die Chinesen uns ernst nehmen, wenn wir es selbst nicht tun?

Ganz ohne Selbstachtung geht es in der Politik eben doch nicht. Und es wäre ein Irrtum zu glauben, dass man sich für Ehre nichts kaufen kann.

Da haben die deutschen politischen Eliten noch einen weiten Weg vor sich: So viele Cocktails auf den Empfängen des American Council on Germany oder der Atlantik-Brücke – und doch haben sie sich in den USA getäuscht.

Auch ein Dackel entdeckt irgendwann seinen Stolz. 10.7.2014

Der Westen, verweht

Die USA sind ein Folterstaat. Wir wussten das. Jetzt können wir es nachlesen. Schwarz auf weiß. In einem Bericht des amerikanischen Senats. Man sieht an den Reaktionen weltweit: Es macht einen Unterschied, ob die Dinge bekannt sind oder bewiesen. Für den Westen geht es jetzt um alles: seine Werte, sein Wesen, seine Identität. Die Veröffentlichung der Verbrechen der CIA war ein politischer Akt. Und ein Zeichen der Stärke des amerikanischen Systems. Aber das Zeichen der Stärke kann immer noch zum Zeichen der Schwäche werden. Wenn diese Veröffentlichung ohne juristische Folgen bleibt, wenn die Täter nicht vor Gericht kommen, dann bleibt vom Westen nur noch die Erinnerung.

Waterboarding, Kälteschocks, Vergewaltigung, Todesdrohungen, Prügel, Würgen, Aufhängen in der Zelle – die Liste der Foltermethoden der CIA ist lang. In den USA wurde Unrecht zum System und das System dadurch zum Unrechtsstaat. Die Verbrechen der CIA, die unter der Regentschaft von George Bush dem Jüngeren begangen wurden, haben das Antlitz Amerikas besudelt, das Antlitz des Westens. Das wird lange nicht mehr weggehen. Wer auch immer reflexartig auf noch brutalere Foltermethoden in anderen Unrechtsstaaten wie China oder dem Iran verweist, sollte es sich zweimal überlegen: Ist der Maßstab unseres Handelns inzwischen so niedrig?

George Bush Jr, der sicher eine der größten Katastrophen ist, die den USA und dem Westen in den vergangenen Jahrzehnten widerfahren sind, schrieb im Jahr 2010 in seinen Memoiren, er habe die Wahl gehabt »zwischen Sicherheit oder Werten«.

Das ist Dummheit oder Hybris. Es gibt das eine nicht ohne das andere: Sicherheit und Werte hängen zusammen. Das ist das Wesen der Demokratie, das ist die Stärke des Rechtsstaats.

Bush hat keine moralische Politik gemacht,

sondern einen politischen Moralismus benutzt, der sich seine Regeln jeweils so schmiedet, wie sie gerade dem eigenen Vorteil gereichen. Immanuel Kant, von dem die Idee stammt, dass nur der Staat, der sich dem Recht unterwirft, der rechtmäßige Staat ist, meinte Leute wie Bush, als er von den »Schlangenwendungen einer unmoralischen Klugheitslehre« sprach, die jede Moral der Staatsraison oder dem eigenen Machtstreben unterordnen.

Es sind Un-Demokraten wie die französische Rechtspolitikerin Marine Le Pen, die an die Folter glauben. Ihr Vater hatte in Algerien Übung darin gewonnen. »Es kann Fälle geben, wenn eine Bombe – tick tack tick tack tick tack – in einer oder zwei Stunden explodieren soll und dabei 200 oder 300 zivile Opfer fordern würde«, sagte Le Pen nach den CIA-Enthüllungen: »Da ist es nützlich, die Person zum Sprechen zu bringen.«

So geht dieses ewig gleiche, zynische Argument. Aber das Senatskomitee fand keinen Beleg dafür, dass die unter Folter gewonnenen Aussagen auch nur einen Anschlag vereitelt haben, dass durch sie auch nur ein Leben gerettet werden konnte. Wenn man einen Menschen tagelang in eine Kiste sperrt und ihm droht, ihn lebendig zu begraben, wenn man ihn an den Händen in seiner Zelle aufhängt, wenn man ihn 180 Stunden lang am Schlafen hindert – dann wird er alles verraten, die Wahrheit, die Lüge, was macht das für einen Unterschied?

Die Geschichte der Folter lehrt: Wem der Zweck alle Mittel heiligt, dem ist am Ende nichts mehr heilig und der wird am Ende auch noch seinen

Zweck verfehlen. Der beeindruckende Dokumentarfilm »The Gatekeepers«, der vom israelischen Inlandsgeheimdienst Shin Bet und seinen Verbrechen handelt, zitiert den jüdischen Philosophen Jeschajahu Leibowitz: Ein Staat, der über eine feindliche Bevölkerung von Ausländern herrsche, werde »zwangsläufig zu einem korrupten Kolonialregime«. In ihrem sinnlosen Krieg gegen den Terror haben die USA, die sich wie eine weltweite Besatzungsmacht verhalten, wenn sie ihre Interessen bedroht sehen, nun selber diese israelische Erfahrung gemacht: Die Verbrechen, die man an anderen begeht, begeht man auch an sich selbst.

Was folgt jetzt daraus? Aus dem Leid, der Demütigung, den Schmerzen, der Verzweiflung, die von den CIA-Schergen in unser aller Namen, im Namen des Westens, verbreitet wurden?

Und was folgt aus dem Tod des Häftlings Gul Rahman, der ohnehin nur versehentlich festgenommen worden war, den die Folterknechte der CIA mehrerer eiskalter Duschen unterzogen, ihn dann anketteten und halbnackt in seiner Zelle liegen ließen? Er starb an Unterkühlung.

Wird dieser Mord geahndet werden? Werden diese Verbrechen gesühnt? Ohne Sühne dieser Schandtaten bleibt die Würde des Westens verletzt – und kann auch nicht mehr heilen. Ohne juristische Konsequenzen wird kein westlicher Staat jemals wieder Menschenrechtsverletzungen in den Diktaturen und Despotien dieser Welt anprangern können. Ohne das Urteil eines unabhängigen Gerichts gibt es keine Garantie, dass sich solche Verbrechen niemals wiederholen werden.

Irgendwelche strafrechtlichen Konsequenzen des CIA-Berichts waren auch fünf Jahre nach seiner Veröffentlichung nicht festzustellen.

Die amerikanische Justiz muss sich des CIA-Berichts annehmen. Wenn sie versagt, versagt der Westen. 11.12.2014

Der Traum-Präsident

Am Wochenende war Barack Obama in Deutschland. Abschiedstournee eines Mannes, der einmal der Messias war. So hatten die Deutschen ihn damals begrüßt, an jenem Tag im Juli 2008 an der Berliner Siegessäule. Mehr als 200 000 Menschen waren gekommen. Nie zuvor und nie danach hat Obama vor mehr Menschen gesprochen. Sie haben ihn geliebt, auf ihn gehofft. Aber der Messias ist am glaubwürdigsten, solange man auf ihn wartet. Sobald er sich zeigt, beginnt die Entzauberung. Und die Entzauberung des Barack Obama war gewaltig. Dieser Präsident war eine Enttäuschung.

Obama ist der Mann der weihevollen Worte, denen keine Taten folgten. Daran hat sich nichts geändert. In einem Gespräch mit der BILD-Zeitung lobte er jetzt die Flüchtlingspolitik der deutschen Bundeskanzlerin über den grünen Klee. Die Kanzlerin lasse sich von Interessen und Werten gleichermaßen leiten: »Das konnte die Welt an ihrer mutigen Haltung sehen, als die vielen Migranten nach Europa kamen. ... Wir können nicht einfach unseren Mitmenschen die Tore verschließen, wenn sie in so großer Not sind. Das wäre ein Verrat an unseren Werten.« Es ist dieses Geschwätz, das den Mann seine Glaubwürdigkeit gekostet hat. Die USA haben bis Mitte 2015 ziemlich genau 1500 Flüchtlinge aus Syrien aufgenommen. In diesem Jahr, sagte Obama, sollen es 10 000 sein. Diese Zahl verkündet er voller Stolz in einem Land, das im vergangenen Jahr eine Million Menschen aufgenommen hat und dafür seine politische Stabilität riskiert. Lächerlich. Erbärmlich.

Werte, Werte, Werte? Hamlet würde sagen: »Worte. Worte. Worte.« Wenn Moral ein Kapital ist, über das Staaten verfügen, dann sind die USA bankrott. Es war nicht Obama, der das Land in die Pleite getrieben hat. Das hat sein unseliger Vorgänger George Dabbelju besorgt. Aber um sich einer zeitgemäßen Sprache zu bedienen: Obama war nicht als Konkursverwalter angetreten. Sondern als Sanierer. Dieses Projekt ist gescheitert. Ja, Obama hat auch Siege errungen: Das Nuklear-Abkommen mit dem Iran, der Rückzug aus dem Irak. Das muss die Welt ihm danken. Aber schwer wiegen seine Niederlagen: Guantanamo ist nicht geschlossen. Der Drohnenkrieg tötet Unschuldige. Amerika unterwirft die Welt der totalen Überwachung. Whistleblower werden gnadenlos verfolgt. Obama hat die Welt nicht zu einem besseren Ort gemacht.

Was Amerika aus dem Westen gemacht hat, zeigte sich im Sommer 2013, als so viele europäische Länder dem Flugzeug des bolivianischen Präsident Evo Morales Landung und Überflug verboten, weil sie den digitalen Dissidenten Edward Snowden an Bord vermuteten. Diese Länder fürchteten den Zorn der großen Besatzungsmacht. Ja. Das sind die USA: die Besatzungsmacht des Planeten. Ihre Interessen sind global. Und ihr Anspruch auf Kontrolle ist total.

Aber während Amerika seine Macht nach außen ausdehnt, zerfällt es nach innen. Obama war angetreten, eine gespaltene Nation zu einen. Auch das ist missglückt. Markus-Evangelium 3,25: »Und wenn ein Haus mit sich selbst uneins wird, kann es nicht bestehen.« Das ist ein geläufiges Sprichwort im Amerikanischen, spätestens seit Abraham Lincoln es in seiner berühmten Rede 1858 gebrauchte. Lincoln, der Überwinder der Sklaverei. Auf seine Bibel legte Barack Obama, der erste schwarze Präsident der USA, seinen Amtseid ab. Aber Obama war kein Lincoln.

Selbst die Krankenversicherung, die sein großes nationales Reformwerk werden sollte, ist ihm nur halb gelungen, hat aber dafür zum nationalen Zwist noch beigetragen. Die Gesellschaft bleibt sozial und politisch zerrissen. Die soziale Ungleichheit hat groteske Züge angenommen. Das politische System ist in der Hand des Kapitals und seiner Lobbyisten. Die politische Landschaft wird von ideologischer Verblendung zerrüttet und von Hass beherrscht. Eine perverse Mischung aus Verantwortungslosigkeit, Profitgier und religiösem Eiferertum beherrscht die öffentliche Meinung. Der neue Messias heißt jetzt Donald Trump.

Barack Obama war der letzte Präsident des Westens. Die ihm folgen, werden nur noch die Staatschefs der Vereinigten Staaten von Amerika sein. Und Amerika ist ein fremdes Land geworden.

Tom Hanks hat im Gespräch mit dem SPIEGEL gerade gesagt: »Ein schwarzer Mann im Weißen Haus. Das war groß.« Ja. Das war aber auch alles. 25.4.2016

Die deutsche Begeisterung für Barack Obama war der beste Beleg für dieses west-westliche Missverständnis.

11 Politische Kultur und Unkultur

Der Wulff und die bösen Medien

Eigentlich, dachte ich, sei die Sache klar: Was diesen Präsidenten angeht, müssten kritische Medien und kritische Öffentlichkeit einer Meinung sein. Aber es ist gar nichts klar. In der Affäre Wulff hat eine unerwartete Solidarisierung mit der Politik stattgefunden, und es sind die Medien, die unter Rechtfertigungsdruck geraten. Was die Journalisten angeht, hat es der Bundespräsident dahin gebracht, alle gegen sich aufzubringen: BILD, ZEIT, SPIEGEL, die großen überregionalen Tageszeitungen, die wichtigen Lokalblätter, die Sonntagszeitungen – wann waren wir uns so einig wie im Fall Wulff? Die Umfragen aber sagen, dass die Öffentlichkeit durchaus nicht die Meinung der Presse teilt. Das Volk ist zwar nicht für Wulff – aber eben auch nicht gegen ihn. Eine paradoxe Situation: In unserem Furor schreiben wir an unseren Lesern vorbei.

Eigentlich, also, dachte ich, die Sache sei klar: Wir verlangen doch nicht zu viel, wenn wir gerne einen anständigen Bundespräsidenten hätten. Heribert Prantl hat zwar geschrieben: »Vielleicht wird ja von einem Bundespräsidenten viel zu viel erwartet. Das Amt ist Projektionsfläche für viele Sehnsüchte – nach Lauterkeit, Ehrlichkeit und

Die Affäre Wulff sollte im allgemeinen Gedächtnis bleiben. Denn sie war ein Wendepunkt im Verhältnis von Journalisten und Lesern. Auf einmal wurde das ganze Ausmaß einer tiefen Entfremdung deutlich, die sich offenbar schon seit langem vorbereitet hatte.

Sehr seltener Fall einer Kolumne in der ersten Person. Das rechtfertigt sich hier aber durch das Thema: Es handelt sich ja um eine Reflexion der Medien. Ich bin sonst gegen »Ich«-Geschichten. Sie rufen in mir immer nur eine Reaktion hervor: Was interessiert mich das Ich dieses Autors? Einzige Ausnahme: die Kolumnen von Jan Fleischhauer, der ein literarisches Kunst-Ich erfunden hat – jedenfalls ist das zu hoffen.

Vorbildlichkeit in der Politik. Das ist viel verlangt, vielleicht zu viel.« Nein. Jenseits aller überkomplizierten Meta-Debatten über Gesellschaft und Werte und Politik ist die Sache am Ende nicht so schwierig: Ein Präsident soll sich an das Gesetz halten und ein bisschen Stress abkönnen. Das ist die durchaus überschaubare Mindestanforderung an das Amt. Einer, der das Parlament anschwindelt und Journalisten am Telefon bedroht, erfüllt diese Mindestanforderung nicht. Wie kann es sein, dass wir darüber überhaupt diskutieren müssen?

Müssen wir aber. Weil man uns nicht mehr glaubt. Weil wir in den Glaubwürdigkeitsverluststrudel der Politik hingezogen wurden. Die Presse wird von vielen nicht als Teil der Lösung, sondern als Teil des Problems empfunden. Es sollte uns Journalisten nicht gleichgültig sein, wenn in den Foren des Internets und in den Anrufen bei den Radiosendern die »Jagd auf Wulff« als Kampagne der Medien gegeißelt wird: »Pressefreiheit verkommt zum Spektakel«, sagen die Leute dann. Oder: »Die Kampagne gegen Wulff ist keine Kampagne von unten. Es handelt sich um eine Kampagne von oben, um einen Hickhack zwischen ›denen da oben‹.«

Vor allem die Rolle der BILD-Zeitung stößt den Lesern unangenehm auf. Ihnen entgeht nicht die Bigotterie, die darin liegt, dem Präsidenten die berüchtigte Salamitaktik vorzuwerfen – und sie in der scheibchenweisen Veröffentlichung des vorliegenden Materials selber zu verfolgen. Das Problem ist nur: Der Fall Wulff wurde zum Fall erst durch die Recherchen von BILD. In dem Maße, in dem die anderen Zeitungen sich des Themas angenommen haben – und wie hätten sie das nicht tun können –, mussten sie sich in das Gefolge von BILD begeben. Mit verheerendem Effekt auf die Leser, wie dieses Zitat aus einem Leserbrief zeigt: »Und so nimmt diese ganze ›Berichterstattung‹ die Form einer absurden Hetzkampagne an, und man bekommt selbst das Gefühl, von der Bild-Zeitung vor den Karren gespannt zu werden.«

Plötzlich bekommt die Empörung der Journalisten etwas Schales. Sie selbst ist unter Verdacht geraten: nicht nur als erster Schritt zum bigotten Tugendterror, wie Jan Fleischhauer gewarnt hat, sondern als ein kostenloses Vergnügen von Wichtigtuern, wie der Publizist Wiglaf Droste schrieb.

Der Umgang, den unsere heutigen Politiker mit ihren Skandalen pflegen, bleibt nicht ohne Folgen. Sie sind selber durch die Schule des Zynismus gegangen, sie erziehen ihre Wähler dazu, und als Leser begegnen diese Menschen auch ihren Medien mit dem zynischen Blick: Sie glauben nichts mehr. Das Buch, das Guttenberg mit ZEIT-Chef di Lorenzo gemacht hat, war ein großer Schritt in diese Richtung und Wulffs Interview in ARD und ZDF ein weiterer. All das sind Beschädigungen des gesprochenen Wortes und der Form des journalistischen Gesprächs. In Wahrheit kommt niemand dabei gut weg: weder die Politiker noch die Journalisten, die sie befragen, und auch nicht die Zuschauer, die mit hineingezogen werden.

Männern wie Wulff und Guttenberg ist das gleichgültig. Sie setzen auf den Sympathie-Bonus (Guttenberg) oder den Mitleids-Bonus (Wulff) und machen ihrerseits den Medien Vorhaltungen. Der Präsident des Deutschen Bundestages, Norbert Lammert, bläst ins gleiche Horn, wenn er die Journalisten wegen »ihrer offensichtlich nicht nur an Aufklärung interessierten Berichterstattung« kritisiert. In der Tat: Medien wollen Einfluss, Auflage, Geld, Ehre. Das sind die Triebkräfte. In der offenen Gesellschaft sollten sie zum Guten eingesetzt werden: zur Kontrolle der Macht. Manchmal kann man mit der hehren Gesinnung von Journalisten rechnen, meistens jedoch mit ihrem Jagdeifer. Der Demokratie muss das genügen.

Aber es genügt nicht einem Leser, der einen Kommentar wie diesen schreibt: »Wenn bestimmte Medien eine solche Macht entwickeln können, dass schon von der 2. Macht im Staate die Rede sein kann, dann könnten wir auch mal darüber nachdenken, Medien mit ähnlichen gesetzlichen und verfassungsrechtlichen Auflagen zu belegen wie den Staat.«

Einem solchen Leser dämmert das Gefühl, dass Medien und Politik in Wahrheit eine Einheit bilden, dass Journalisten alles andere als ›Fremde‹ sind, wie es der amerikanische Reporter Gay Talese als sein Ideal beschrieben hat. Mit ihrer Glaubwürdigkeit verlieren die Medien aber die Möglichkeit, ihre Funktion als Kontrolleure der Macht wahrzunehmen. Der lachende Dritte ist dann einer wie Christian Wulff. Der bleibt einfach im Amt. 12.1.2012

Nicht mehr lange: Etwa einen Monat nach diesem Text trat Wulff dann doch zurück.

Die Krise des Mitleids

Das erste Bild, das sich im Gedächtnis festsetzte, war jenes vom toten Körper eines Kindes, das wie schlafend am Ufer lag, noch vom Wasser des Meeres umspielt, in dem es ertrunken war. Das zweite zeigt einen kleinen Jungen in Aleppo, das Gesicht voll Staub, vielleicht auch Blut, auf dem orangefarbenen Sitz eines Krankenwagens, seine Augen schauen mit leerem Blick den Betrachter an. Es kommen immer mehr solcher Bilder. Der Bürgerkrieg in Syrien wird zum Bilderkrieg. Aber wer tote und verwundete Kinder in den Dienst seiner Zwecke stellt, macht sich des Missbrauchs schuldig – ganz gleich, wie gut die Absichten sind. Es geht um den Missbrauch der Kinder und um den Missbrauch unserer Gefühle. Hört auf damit!

Diese Bilder sprengen jedes Maß. Sie sind buchstäblich unerträglich. Wie soll es ein Leben geben, mit diesen Bildern im Kopf? Jedes einzelne zwingt jeden Einzelnen zum sofortigen Handeln. Verhindert! Das! Sterben! Jetzt! Aber was kann der Einzelne jetzt tun, um das Sterben sofort zu verhindern? Nichts. Buchstäblich gar nichts. Diese Bilder erheben einen absoluten Anspruch, der nicht einlösbar ist. Und das ist gefährlich. Wenn die Moral im Angesicht des absoluten Grauens ihre absolute Machtlosigkeit erkennen muss, wird sie vernichtet oder zur Lüge.

Susan Sontag hat in ihrem berühmten letzten Essay »Das Leiden anderer betrachten« dazu aufgefordert, sich vom Schrecken der Bilder heimsuchen zu lassen: »Das Bild sagt: Setz dem ein

Die Gegenposition findet sich in diesen Worten der Laudatio, die der Kriegsfotograf James Nachwey auf Kim Phuc Phan Thi hielt, die als Kind das berühmte »Napalm-Mädchen« war:
»Ohne das Bild wäre Kim Phucs Leidensgeschichte eine von Millionen anderer Vietnamesen geblieben, von denen der Rest der Welt nie erfahren hat. Aber der Umstand, dass dieser eine Moment im Bild festgehalten wurde, hat alles verändert. Schmerz und Leid eines neunjährigen Mädchens waren mächtiger und wahrhaftiger als jede politische Propaganda, mit der die amerikanische Elite einen ungerechten Krieg zu rechtfertigen suchte.«
Die Frage ist nur: Funktioniert dieser Mechanismus ungebrochen? Oder nutzt er sich ab?

Ende, interveniere, handle. Und dies ist die entscheidende, die korrekte Reaktion.« Aber der Gedanke ist reine Fiktion. Intervenieren? Es ist kein Zufall, dass man diese Vokabel für die kriegerischen Einsätze des Westens nutzt, die in der großen Mehrzahl der Fälle die Dinge nicht besser, sondern schlechter gemacht haben. In Afghanistan, im Irak, in Libyen da wäre man froh gewesen, wenn der Westen nicht »interveniert« hätte. Und auch Syrien wäre heute besser dran, wenn weder der Westen noch Russland noch der Iran noch Saudi-Arabien »interveniert« hätten.

Susan Sontag hat moralphilosophisch argumentiert, nicht politisch. Das ist die Schwäche ihres Gedankens. Denn in der Realität der Politik entstehen aus den Interventionen die Bilder, die als Rechtfertigung weiterer Interventionen herhalten. Und das ist die Schwäche der Bilder.

Und damit ist noch nichts gesagt zur Frage der politischen Instrumentalisierung der toten Kinder. Das Objektiv der Kamera heißt zwar so – ist es aber nicht. Jedes Bild ist eine Inszenierung. Und wer ein totes Kind zeigt, zeigt hundert andere nicht und nimmt wohl oder übel an einer Hierarchisierung der Opfer teil.

Dennoch loben wir uns für unser Mitleid. Wir halten es immer noch mit Lessing, der in einem Brief schrieb: »Der mitleidigste Mensch ist der beste Mensch.« Damals brach die Revolution des Mitleids aus, das ja beileibe kein natürliches Gefühl ist, sondern ein kulturelles Phänomen. Früher empfanden die Menschen den Schmerz nicht als etwas Verbindendes. Wenn auf alten Bildern dem Marsyas bei lebendigem Leib die Haut abgezogen wird, dann sollte diese Darstellung kein Mitleid erregen. Es ging um Lust, Angst, Gerechtigkeit, Rührung und Schauder – nicht um Mitleid.

Seit der Revolution des Mitleids hat die Darstellung des Schmerzes eine neue Bedeutung. Sie soll helfen, eine Moral, die in Nahverhältnissen selbstverständlich ist, auf Fernverhältnisse zu übertragen. Aus Nächstenliebe soll Fernstenliebe werden. Schopenhauer war der Philosoph des Mitleids. Er hat seine Gedanken zur Moral mit den Schilderungen der abscheulichsten Grausamkeiten verziert, zu denen die Menschen fähig sind. In der Grausamkeit erkannte er das wahre Böse. Sein Bild dafür: »Mancher Mensch wäre imstande, einen anderen totzuschlagen, bloß um mit dessen Fette sich die Stiefel zu schmieren.« Er nannte das eine »Hyperbel«, eine Übertreibung. Wir Heutigen wissen, dass es keine war.

Aber Mitleid ist eine zwiespältige Sache. Das Grauen und sein Gegenstück, das Mitleid, sind vor allem eine Erregung des Gefühls. Wer Mitleid erregen will, der will vor allem erregen. Wenn eine Zeitung Bilder von nackten Frauen zeigt, erregt sie die sexuelle Lust ihrer Leser. Bilder von toten Kindern erregen die moralische Lust.

Hinter dem Mitleid kann sich also der Egoismus verstecken. Auf die Idee ist schon der dänische Philosoph Sören Kierkegaard gekommen. Der eifrige Zeitungsleser hielt Mitte des 19. Jahrhunderts eine Meldung fest: »Die sozialen Bestrebungen und die diese leitende schöne Sympathie verbreiten sich immer mehr. In Leipzig hat sich ein Komitee gebildet, welches aus Sympathie mit dem traurigen Ende alter Pferde beschlossen hat, diese zu fressen.«

Wenn man mir Bilder von toten Kindern zeigt, mache ich von meinem Recht auf Wegsehen Gebrauch. 29.9.2016

Witz, komm raus!

Manchmal, ganz selten, kann einem die Kanzlerin leidtun. Dann erinnert sie an den Feldherren aus »Asterix und die Goten«: »Sie sind alle so dumm, und ich bin ihr Chef!« Sie hat die Euro-Krise und das Flüchtlingschaos an der Hacke. Im Weißen Haus sitzt vielleicht bald ein Irrer, und aus London droht der Brexit. Als wäre das noch nicht genug, musste Angela Merkel nun noch eine Hauptrolle in Böhmermanns Satire-Saga spielen. Immerhin: Als Einzige hat sie ihre Sache gut gemacht.

Auf einer Pressekonferenz hat die Kanzlerin am Freitag erklärt, dass die Bundesregierung sich einer Eröffnung eines Verfahrens gegen Jan Böhmermann nach § 103 des Strafgesetzbuches – Beleidigung von Organen und Vertretern ausländischer Staaten – nicht in den Weg stellen werde. Außerdem hat sie angekündigt, den Paragraphen danach so schnell wie möglich aufzuheben. Ein Aufheulen ging durch das Land. Die WELT schrieb: »Kotau vor Erdoğan.« Und Sahra Wagenknecht schrieb: »Unerträglicher Kotau: Merkel kuscht vor türkischem Despoten Erdoğan und opfert Pressefreiheit in Deutschland«. Von ganz rechts bis ganz links haben viele Leute offenbar nicht verstanden, was geschehen ist. Merkel hat weder Böhmermann noch die Pressefreiheit »geopfert«. Sie hat die Sache an die Justiz weitergegeben. Dort gehört sie hin.

Was hätte die Kanzlerin sonst machen sollen? Die Ermittlungen nach jenem unsinnigen § 103 erst unterbinden – und den Paragraphen dann schnell abschaffen? Das wäre ein tolles Beispiel für den vielbeschworenen Rechtsstaat gewesen, den wir den Türken doch vorleben wollen.

Auch Jan Böhmermann könnte eigentlich zufrieden sein. Vor Gericht drohen ihm nicht mehr als ein paar Tagessätze – aber zum Ausgleich gibt es ewigen Ruhm: als Heros der Freiheit. Andere Leute müssen dafür bedeutend härtere Herausforderungen bestehen. In der Türkei zum Beispiel. Als Böhmermann seinen Witz gemacht hat, lag sein Risiko bei null. Dafür war sein Entsetzen, als der Sender, die Öffentlichkeit, die Politik reagierten, umso größer. Jetzt ist er total erschöpft. Er hat erst einmal eine Auszeit genommen. Alles setzt ihm sehr zu. Das ZDF hat vollstes Verständnis. Deutschland, deine Helden!

Aber der Öffentlichkeit ist das egal. In den Zeitungen und auf den Netz-Seiten haben sich ganz viele Leute für Böhmermann eingesetzt. Springer-Chef Mathias Döpfner hat ihm einen offenen Brief geschrieben: »Ich finde Ihr Gedicht gelungen. Ich habe laut gelacht.« Und in der ZEIT gab es eine Solidaritäts-Adresse, die von der SPIEGEL-Kolumnistin Sibylle Berg bis zum Links-Griechen Varoufakis unheimlich viele Unterschriften zier-

Böhmermann hat dann tatsächlich noch Unterlassungsklage gegen Merkel eingereicht, sie solle ihre Behauptung, das Gedicht sei »bewusst verletzend« gewesen, nicht wiederholen. Das zuständige Gericht lehnte ab, da eine Wiederholungsgefahr nicht gegeben sei. Manchmal macht die Justiz die beste Satire.

ten und in der es heißt: »Es ist Aufgabe von Kunst und Satire, gesellschaftliche Grenzen immer wieder neu auszuloten und öffentliche Diskurse zu entfachen.«

Nur den Text, um den es geht, den findet man selten. Hin und wieder ein Zitat. ZEIT-Online schreibt etwas verschämt, das Gedicht habe »zahlreiche Formulierungen« enthalten, »die unter die Gürtellinie zielten«. Kommt, Leute. Ihr seid für die Freiheit des Wortes, dann hört euch dieses freie Wort doch noch mal in Ruhe an.

»Jeden Türken hört man flöten,
die dumme Sau hat Schrumpelklöten.
Von Ankara bis Istanbul
weiß jeder, dieser Mann ist schwul.
Pervers, verlaust und zoophil,
Recep Fritzl Priklopil.
Sein Kopf so leer wie seine Eier,
der Star auf jeder Gang-Bang-Feier.
Bis der Schwanz beim Pinkeln brennt,
das ist Recep Erdoğan, der türkische
Präsident.«

Der SPIEGEL hat geschrieben, Böhmermanns Erdoğan-Nummer sei »raffiniert konstruiert«. Der Moderator denkt laut über die Grenzen des in Deutschland Erlaubten nach und bringt sein eigenes Gedicht als Beispiel für einen Rechtsbruch. Raffiniert? Auch die Illustration eines Rechtsbruchs ist ein Rechtsbruch. Wenn man zu Anschauungszwecken an der Straßenecke eine Oma niederschlägt, um das Gewaltverbot zu erläutern, ist das dennoch Körperverletzung.

Aber Böhmermanns Verleger Helge Malchow spricht in der Süddeutschen Zeitung von »Kontext-Kommunikation«, die sei »das Wesen moderner Kunst. In unserer hochkomplexen Gesellschaft gibt es oft kein eigentliches Sprechen mehr. Man muss immer den Kontext mitdenken.«

Aha. Wenn also alles im richtigen Kontext steht, dann sind die Grenzen nach oben und unten hin offen. Oder doch nicht? Vielleicht stört Böhmermanns Erdoğan-Gedicht die Deutschen deshalb so wenig, weil er sich einen muslimischen Staatschef zum Ziel nimmt. Mit dem kann man es ja machen. Wie wäre es denn gewesen, wenn Böhmermann lauter antisemitische Klischees benutzt hätte und nicht anti-muslimische? »Kunst kommt nicht von Kotzen.« Der Satz stand auch in der Süddeutschen Zeitung. Allerdings ist er schon älter, genau 20 Jahre. Damals hatte Schlingensief zur Tötung von Helmut Kohl aufgerufen.

In einem der wenigen nachdenklichen Texte, die über die Causa Böhmermann erschienen sind, hat die Journalistin Caroline Fetscher geschrieben: »Jeder Antisemit und Neonazi dürfte seine hate speech, derart gerahmt, öffentlich zur Satire nobilitieren. ›Was jetzt kommt, liebe Juden, das zu sagen, ist strafrechtlich relevant!‹, oder: ›Asylantenheime anzünden, nein, das ist verboten, man darf also nicht ...‹ Zynisch zwinkernd würde der Neo-Satiriker beteuern: ›Ich wollte doch nur auf lustige Weise Gesetze erläutern.‹«

Artikel 1 des Grundgesetzes handelt von der Würde des Menschen. Sie wiegt schwerer als das Recht auf dumme Witze. Erdoğan kann noch so

Der Comedian Oliver Polak schrieb später in seinem Buch »Gegen Judenhass«, ein bekannter Moderator habe ihn in einer Sendung antisemitisch verunglimpft. Er wollte den Namen nicht nennen – aber es war bald klar, dass es sich um Böhmermann handelte. Das fand die Öffentlichkeit dann tatsächlich nicht so lustig wie das Schmähgedicht gegen Erdoğan.

brutal und gefährlich sein. Der Satire-Begriff ist kein Rechtsschutz für verbale Gewalt. Denn der Spaß, den Böhmermann sich macht, kommt nicht ohne Kosten. 18.4.2016

Dank den Populisten!

Es heißt, 2016 sei das Jahr der Katastrophen gewesen. Das stimmt nicht. 2016 war das Jahr der Wahrheit. Wir haben etwas über unsere Eliten gelernt. Seit Trump, Brexit, AfD und Konsorten fürchten sie um die liberale Gesellschaft. Aber nicht, weil sie liberal sind. Sondern weil sie Angst haben. Das ist ein Unterschied. Auf einmal wird deutlich: Wenn es ihnen um das Recht ging, dann war ihr Recht gemeint. Und wenn sie für Gleichberechtigung gekämpft haben, dann war ihnen die Gerechtigkeit gleichgültig. Es macht keinen Spaß, es zuzugeben: Dass jetzt überhaupt über Gerechtigkeit geredet wird, verdanken wir den Rechten.

Deutschland hat Angst. Nicht vor dem Waldsterben, dem Atomkrieg oder dem Klimawandel. Sondern vor der rechten Gefahr. Jedenfalls der Teil Deutschlands, der etwas zu verlieren hat. Es geht nicht ums Geld. Was das Geld angeht, muss keiner Angst vor den Rechten haben. Denn was das Geld angeht, sind die Rechten genauso neoliberal wie beinahe alle anderen Parteien. Sie finden auch, dass es in den Taschen der Reichen am besten aufgehoben ist.

Es geht ums Wohlfühlen: Die verfeinerten Städter, die gut erzogenen Eliten, die emanzipierten Frauen, die gleichberechtigten Schwulen – sie fürchten um ihre Freiheit. Tatsächlich: die Gesellschaft, die der AfD vorschwebt, ist weder ein Gender-Seminar noch ein Gay-Club, sondern Opis miese Muffbude aus den 50ern, in denen die Polizei den Perversen schon mal die Fresse polierte und es noch nicht »häusliche Gewalt« hieß, wenn ein Mann für Ordnung in seinem Haus sorgte.

Die Rechten verderben den Eliten den ganzen Spaß am Kapitalismus. Und auch wenn jetzt viel über die kulturellen Wurzeln der rechten Revolution gerätselt wird – zu viel political correctness? –, in Wahrheit weiß jeder, dass die Ursachen ökonomische sind. Wie sollte es auch anders sein angesichts solcher Zahlen:

Die deutsche Wirtschaftsleistung stieg zwischen 1991 und 2013 pro Kopf um 29 Prozent – aber das reale Nettoeinkommen für einen mittleren Haushalt nur um acht Prozent. Die unteren 30 Prozent der Haushalte verdienten 2013 netto nicht mehr als 1991.

Peter Bofinger, Ökonomieprofessor und einer der sogenannten Wirtschaftsweisen, sagt, die Anhänger der AfD fühlten sich besonders stark von der allgemeinen Wirtschaftsentwicklung abgekoppelt: »Die wachsende Ungleichheit facht den Populismus an und bedroht die Welt, wie wir sie kennen.«

Auf einmal kann man im Zentralorgan des deutschen Bürgertums, der ZEIT, solche Sätze lesen: »In Umfragen sagen 70 Prozent der Deutschen, dass sie die soziale Ungleichheit als zu hoch empfinden. Immer mehr Menschen fühlen sich abgehängt. Sie haben das Gefühl, dass sie hart arbeiten, aber ihre Arbeit sich immer weniger lohnt, und dass es immer schwieriger wird, ein ordentliches Auskommen zu haben.«

Das ist dieselbe Zeitung, die vor fünf Jahren schrieb, die Lage im Land sei »so gut wie selten seit '49«. Das stimmte auch – aber eben nur für die Leser der ZEIT (oder des SPIEGEL). Damals, als der Advent der Rechten vielleicht noch hätte abgewendet werden können, interessierten sich jedoch viel zu wenige Politiker und Publizisten für die Wirklichkeit des Landes. Erst jetzt, da die »Welt, wie wir sie kennen« bedroht ist, wird es den Eliten mulmig.

Wer wollte, konnte lange wissen, dass der neoliberale Kapitalismus die demokratischen Grundlagen seiner eigenen Existenz zerstört. Wer wollte, konnte den Soziologen Wilhelm Heitmeyer lesen, der zwischen den Jahren 2002 und 2012 in seiner Langzeitstudie »Deutsche Zustände« davor warnte, was aus einer Gesellschaft wird, in der sich die prekäre Teilhabe an den materiellen Gütern der Gesellschaft ausbreitet und der Mangel an politischer Partizipation und moralischer Anerkennung zunimmt.

Aber das ist eben das Problem mit dieser Öffentlichkeit, die sich für demokratisch und liberal hält: Sie ist voller Achtsamkeit für jene, die dazugehören, und verblüffend desinteressiert an allen anderen.

Der Grund für dieses Phänomen stand im neuen Armutsbericht der Bundesregierung, bevor er daraus gelöscht wurde: »Die Wahrscheinlichkeit für eine Politikveränderung ist wesentlich höher, wenn diese Politikveränderung von einer großen Anzahl von Menschen mit höherem Einkommen unterstützt wird.«

Politiker und Publizisten arbeiten auch in der liberalen Gesellschaft nicht für alle Menschen – sondern nur für ihre Klientel. Die Abgehängten gehören nicht dazu. Damit konnte man sich in der sogenannten liberalen Gesellschaft auch ganz gut einrichten, denn, wie es in einer ebenfalls gelöschten Passage des Berichts heißt: »Personen mit geringerem Einkommen verzichten auf politische Partizipation, weil sie Erfahrungen machen, dass sich die Politik in ihren Entscheidungen weniger an ihnen orientiert.«

Allein – diese Annahme stimmt nicht mehr. Auf einmal bringen sich die Abgehängten zu Gehör. Die AfD hat den Abgehängten eine Stimme gegeben. Leider ist es keine Stimme des Fortschritts, sondern eine des Rassismus, der Menschenverachtung, der Unfreiheit.

Sicherheitshalber sei hier noch erwähnt: Inzwischen wissen wir, dass es nicht nur die soziale Deklassierung ist, die der AfD Wähler zutreibt, sondern auch die kulturelle.

Nils Minkmar hat im SPIEGEL geschrieben: »Unsere bis eben wie selbstverständlich genossene, ererbte offene Gesellschaft auf der Basis der universellen Menschen- und Bürgerrechte, mit einem vernünftigen Sozialstaat, in der Medien und der Rechtsstaat mit Bedacht agieren und die europäische Einigung weiterentwickeln – das also, was bis gestern unser Alltag war, ist heute unsere Utopie.«

Nein. Was bis gestern unser Alltag war, ist heute als Illusion entlarvt. 29.12.2016

Der Schlaf der Vernunft

Neulich hat Martin Schulz auf dem SPD-Partei-
tag gesagt, er wolle ein »föderales Europa« bis
2025 – und wer nicht mitmacht, solle dann bitte
gehen. Das hat die Leute schockiert. Weil sie solche Worte von ihren Politikern gar nicht mehr gewohnt sind, wussten sie nicht, wovon der Mann
sprach. Also, zur Erklärung: Was Schulz da vor-
getragen hat, nennt man eine Vision. Das gab es
früher in der Politik häufiger. Spätestens seit Angela Merkel sind Visionen in Deutschland weitgehend unbekannt. Merkel hat auch gleich reagiert
und gesagt, eine solche »Zieldefinition« stehe für
sie nicht im Vordergrund. Da waren die Leute erleichtert und sind beruhigt wieder eingeschlafen.

Die Leute haben eben keine Lust, nach vorne
zu gucken. Und sie wählen Politiker, die ihnen das
erlauben. Das letzte Mal, dass das Kommende einfach ignoriert wurde, hat es die Gesellschaft glatt
zerrissen: Das war nämlich die Migrationskrise.
Die hatte sich zwar jahrelang angekündigt, aber in
der Zeit, in der sie noch hätte agieren können, statt
nur zu reagieren, zog die Kanzlerin es vor, keine
»Zieldefinition« zu entwickeln. Der Rest ist bekannt.

Nun gehören sich Beschimpfungen des Volks
eigentlich nicht – weil wir ja nur das eine haben.
Aber wer bewusst auf die Vernunft verzichtet, den
darf man ruhig dumm nennen. Es gehört zum
westlichen Selbstverständnis, der Born von Aufklärung und Vernunft zu sein. Aber wenn Kants
Satz wirklich der Maßstab wäre – »Die Maxime,

jederzeit selbst zu denken, ist die Aufklärung« –, dann müsste man feststellen: Bei uns gehen langsam die Lichter aus. Wer denkt schon selbst? Wir lassen denken. Schlimmer: Wir holen uns die Genehmigung ab, das Denken einzustellen.

Anders sind die Aberrationen der jüngeren Vergangenheit ja gar nicht zu erklären: Brexit. Front National. AfD. EU-Krise. Internethass. Acht Menschen besitzen so viel wie die Hälfte der Menschheit. Wir stellen uns Demokratie ja gerne als Verwirklichung von Liberalität und Pluralismus vor. Aber in den vergangenen zwei Jahren haben wir im Westen erlebt, wie die Demokratie zur Diktatur der Mehrheit verkommen kann.

Wenn man die Menschen fragt, was das Wesen der Demokratie sei, wird die erste Antwort sein: freie Wahlen. Aber das ist ein Irrtum. Wahlen sind ein primitives Instrument. Sie versagen, wenn es darum geht, das Wesen der Demokratie zu schützen. Und sie versagen, wenn es darum geht, Gerechtigkeit zu etablieren. Auch die Wahlen in den entwickelten Demokratien haben nichts daran geändert, dass der neoliberale Kapitalismus die Welt wieder so ungleich werden ließ, wie sie zuletzt vor hundert Jahren war.

Vermutlich beurteilen wir den Grad der Freiheit einer Gesellschaft nach den falschen Kriterien. Wahlen, Presse, Gerichte – natürlich ist das wichtig. Aber wir stimmen nicht darüber ab, wer was besitzt, oder darüber, wie es in den Betrieben zugeht. Und obwohl Arbeitswirklichkeit und Eigentumsverhältnisse für das Leben der Menschen nicht minder bedeutsam sind als unabhängige

Medien oder ein faires Gerichtsverfahren, entziehen wir sie der Sphäre des Politischen und verschieben sie in die Sphäre des Privaten.

Allen Dingen wohnt die Eigenschaft des Zerfalls inne. Was nicht geordnet wird, gerät in Unordnung. Auch die Gesellschaften. Und da eine selbstauferlegte Regel die Politik in den letzten 30 Jahren dazu bewegt hat, immer weniger für Ordnung zu sorgen, hat die Unordnung tatsächlich zugenommen. Sigmar Gabriel hat dazu gerade einen Essay im SPIEGEL geschrieben. Ein sehr kluger Text über die Versäumnisse der Sozialdemokratie, die sich viel zu leichtfertig einem postmodern-neoliberalen *anything goes* verschrieben hat, anstatt auf die Bedürfnisse ihrer (früheren) Wähler zu achten. Unwillkürlich denkt man: Die SPD bräuchte unbedingt einen Vorsitzenden wie Sigmar Gabriel. Und erinnert sich dann: Er war es ja beinahe acht Jahre lang.

Aber egal – Gabriel hat Recht: es gibt tatsächlich ein Unbehagen in unserer Kultur. Aber nicht, weil sie, wie Freud gesagt hat, unserer Selbstverwirklichung so viele Fesseln anlegt, sondern eher im Gegenteil, weil sie gegen die entfesselten Kräfte des destruktiven Kapitalismus so machtlos ist. Aber wenn dann Martin Schulz vorschlägt, die Gesellschaften in die Lage zu versetzen, sich wirksamer gegen diese Kräfte zu wehren – dann reagieren die Leute darauf wie törichte Kinder.

Es ist die Vernunft, die sich zurückzieht, und es sind die Prediger der Gewalt, die den größten Zulauf haben. Sie achten nicht das Recht – und wenn, dann nur das des Stärkeren. Putin annektiert die

Sigmar Gabriel ist ohnehin ein sehr, sehr kluger Analytiker und Beobachter. Es ist ein Jammer, dass er seine klugen Analysen nicht zur Grundlage seiner Politik gemacht hat – als SPD-Chef, Vizekanzler und Außenminister hatte er dazu ja durchaus Gelegenheit.

Krim, die Chinesen bauen ihre Stellungen im Südchinesischen Meer aus, Trump erkennt Jerusalem als Hauptstadt Israels an – das Völkerrecht gerät zum Trümmerhaufen. Die große Zeit der Zusammenarbeit zwischen den Staaten ist vorüber. Die Europäische Union würde heute nicht mehr gegründet, der Euro nicht geschaffen werden.

Die Symptome der Dezivilisierung unserer Gesellschaft sind nicht zu übersehen. Es liegt so vieles im Argen, und die Leute spüren, dass wir in einer Zeit des Übergangs leben. Wir sind schlecht vorbereitet. Wir ahnen, dass wir handeln müssen – aber wir wissen nicht, wie. Wir erleben, was Antonio Gramsci meinte, als er die Epoche, die nach dem Ersten Weltkrieg begann, so beschrieb: »Die alte Welt liegt im Sterben, die neue ist noch nicht geboren: Es ist die Zeit der Monster.« 18.12.2017

Es ist wohl eine Frage des Charakters, ob man solchen Pessimismus für erträglich hält oder doch besser an die Kräfte der zivilgesellschaftlichen Erneuerung glaubt – wie zum Beispiel der greise Kapitalismuskritiker Jean Ziegler es tut.

12 Widerstand ist nicht zwecklos

Der Counter-Streik

Der Pilotenstreik ist erst mal vorüber. Bei der Lufthansa sind 3800 Flüge ausgefallen, 425 000 Menschen waren betroffen, die Fluggesellschaft schätzt den Schaden auf 35 bis 75 Millionen Euro. Das hat es noch nie gegeben. Nach Ostern könnte es weitergehen. Eine Welle der Solidarität ist den Streikenden nicht entgegengeschlagen. Im Gegenteil. Angesichts eines Jahres-Durchschnittslohns von 181 000 Euro fragte die BILD-Zeitung: »Sind die Lufthansa-Piloten völlig abgehoben?« Und die FAZ wunderte sich: »Darf jede Minderheit die Mehrheit zur Geisel nehmen?« Solche öffentlichen Reaktionen haben aus dem Streik eine gesellschaftspolitische Lehrstunde gemacht. Was tun die Piloten? Sie maximieren ihren Profit. Unternehmer und Manager verhalten sich so. Man erwartet es geradezu von ihnen. Bei allen anderen gilt das als anstößig. Wo kämen wir hin, wenn sich jeder so verhielte wie die Eliten?

In der Union denkt man schon darüber nach, das Streikrecht einzuschränken. Es könne nicht sein, dass eine Gewerkschaft, deren Mitglieder an wichtigen Schaltstellen säßen, ihre Position nutze, um bei der Tarifentwicklung schneller voranzukommen als andere, sagte der Vizechef der Fraktion Arnold Vaatz. Herr Vaatz hat sich diese Gedanken nicht gemacht, als in der Zeit des großen gesellschaftlichen Umbaus, zwischen 1998 und 2006, die Vorstände der 30 größten deutschen Unternehmen ihre Bezüge verdoppelten. Wie kann es sein, dass Angestellte, die ihren Teil wollen, zu Gesellschaftsfeinden gestempelt werden?

Wie sehr uns die Maßstäbe durcheinandergeraten sind, zeigt diese Meldung der Süddeutschen Zeitung, die auch von der Pressestelle der Lufthansa hätte kommen können: »Der Streik trifft das Unternehmen mitten in einem Sanierungsprogramm, durch das der Gewinn bis 2015 um 1,5 Milliarden Euro verbessert werden soll.« Bislang dachte man, Sanierungsprogramme seien notleidenden Unternehmen vorbehalten.

Wir erleben den Prozess der Entsolidarisierung. Er dauert schon lange. Wir wurden daran gewöhnt, dass man sich oben die Taschen füllt. Und wir sind schon so weit, dass wir eifersüchtig die Profite der Reichen beschützen. Wann gab es in Deutschland den letzten großen Protest? Das letzte Raunen, das durch die Menge ging? Die letzte echte Beunruhigung? Das war im Jahr 2003 der Streik der IG Metall in Ostdeutschland und ein Jahr später die Protestwelle gegen die sogenannten Hartz-IV-Reformen. Diese kurzen zwei Jahre, in denen es eine lebendige Opposition gegen den Umbau des westdeutschen Sozialsystems gab, sind längst in Vergessenheit geraten.

Der Streik der IG Metall – es ging um die Arbeitszeitverkürzung in der ostdeutschen Metall-

Das ist ein Umstand, der viel zu wenig Beachtung erfährt: Die Medien haben der verheerenden Entwicklung, die aus Deutschland ein Niedriglohnland macht, mit aller Kraft Vorschub geleistet. So wie die außenpolitischen Redaktionen traditionell mit amerikafreundlichen Atlantikern besetzt sind, finden sich in den Wirtschaftsredaktionen vor allem überzeugte Neoliberale. Eine – unerwartete – Ausnahme bildet die Redaktion der ZEIT.

und Elektroindustrie – war ein Desaster. Es war vielleicht das Ende der herkömmlichen Arbeiterbewegung in Deutschland. Schon damals sprach die Süddeutsche von »Irrsinn«, das Handelsblatt von »Anmaßung« und die ZEIT von »Machtspielen zum falschen Zeitpunkt«. Das Bild der Gewerkschaften in der Öffentlichkeit war gekippt – und die IG Metall hatte es zu spät bemerkt.

In der Öffentlichkeit ist der Klassenkampf seitdem entschieden: Die Zeitungen schreiben, dass Streiks den Unternehmen schaden, und damit der Wirtschaft, und damit dem Land, und damit uns allen. Nicht der Profiteur ist unsolidarisch – sondern der Streikende. Ver.di und IG Metall haben daraus gelernt. Große Arbeitskämpfe wagen sie nicht mehr. Dem deutschen Lohndumping der vergangenen Jahre haben sie tatenlos zugesehen.

Der Kapitalismus hat seinem Gegner, der organisierten Arbeiterklasse, den Garaus gemacht. Privatisierung und Preismechanismus herrschen. Früher war die Infrastruktur öffentlich. Vorbei. Früher galt die Regel: ein Betrieb, ein Tarifvertrag. Vorbei. Das lief alles unter dem Stichwort Deregulierung. Aber es gab eine unerwartete Nebenwirkung: eine neue Form von Arbeitnehmerprotest, den Aufstieg der kleinen Gewerkschaften, die aus gleichem Holz geschnitzt sind wie die Unternehmen.

Lokomotivführer, Fluglotsen, Piloten – das sind jeweils wenige Leute, die aber über einen großen Hebel verfügen. Sie kümmern sich nicht um das Klassenbewusstsein, sondern um ihr Eigeninteresse. Ihre Gewerkschaften verhalten sich wie Firmen: Sie denken an sich selbst zuerst. Sie sorgen dafür, dass Angebot und Nachfrage in ein vernünftiges Gleichgewicht kommen. Die Lufthansa will, dass die Flugzeuge fliegen? Dann soll sie entsprechend bezahlen.

Eine Erinnerung für die großen Gewerkschaften: Wir brauchen nicht nur Piloten und Lokführer. Wir brauchen auch Krankenschwestern, Müllfahrer, Automechaniker, Callcenter-Mitarbeiter, Reinigungspersonal, Volksschullehrer, Zeitungsredakteure, Stahlarbeiter, und und und ... 2.4.2014

Danke, ihr Lokführer!

Claus Weselsky ist zur Zeit wahrscheinlich der unbeliebteste Deutsche. Geltungssucht ist noch der harmloseste Vorwurf, den der Chef der Lokführer-Gewerkschaft sich gefallen lassen muss. Die BILD-Zeitung nennt ihn den »Größen-Bahnsinnigen«, und auf Twitter wird schon gefragt, ob der Mann eigentlich Personenschutz hat. Weselskys Vergehen: Er macht von einem Grundrecht Gebrauch – dem Recht auf Streik. Kleine Erinnerung für die Empörten: Solange Weselskys Leute ihm folgen und kein Arbeitsgericht Einwände hat, kann er zum Streik aufrufen, wann er will. Wem das nicht passt, sollte den Umzug nach China erwägen.

Die deutschen Lokführer sind kein Haufen von Hasardeuren. Ihre Gewerkschaft ist die älteste im Lande. Die Vorstellung, diese buchstäblich geradlinigen Leute trieben aus lauter Lust am Streit das

Land mit einem Streik nach dem anderen vor sich her, ist nicht plausibel. Selbst Weselskys Gegner halten dem Gewerkschaftschef absolute Unkorrumpierbarkeit zugute – die Bahn hatte vergeblich versucht, ihn mit einem gutbezahlten Job zu kaufen.

Was wird dem Mann vorgeworfen? Dass es bei dem neuerlichen Streik nicht ums Gehalt geht, sondern um Einfluss. Die Gewerkschaft der Lokführer will auch für die bei ihr organisierten Rangierführer, Disponenten und anderes Zugpersonal Tarifverträge abschließen. Die Deutsche Bahn will das nicht. Sie arbeitet da lieber mit der deutlich handzahmeren Eisenbahn- und Verkehrsgewerkschaft zusammen, ihrer »angepassten Hausgewerkschaft«, wie Weselsky spottet. Der Konflikt ist real. Der Streit ist legitim. Es geht um die Interessen der Beschäftigten. Was sonst ist die Aufgabe einer Gewerkschaft?

Aber die Kritik an Weselsky und seinen Leuten stellt in Wahrheit die Legitimität dieser Aufgabe in Frage. Dass es einen Interessengegensatz gibt, zwischen denen, die ihre Arbeitskraft hergeben, und denen, die sie nehmen – denn so herum wird ja ein Schuh aus dem Verhältnis von Arbeitgeber und Arbeitnehmer –, das haben wir vergessen. Der Wind der öffentlichen Meinung bläst Weselsky auch deshalb so hart ins Gesicht, weil nicht wenige Leute inzwischen meinen, die Beschäftigten sollen gefälligst nehmen, was der Chef zahlt, und ansonsten das Maul halten.

Wer zum Streik aufruft, macht sich heutzutage verdächtig. Solidarität? Vergesst es! Solidarität

Heute ist vielleicht noch ein Fünftel der Beschäftigten gewerkschaftlich organisiert – in den 80er Jahren war es ein Drittel.

Was hier zu kurz kommt – weil es dem Kolumnisten nicht in sein inhaltliches Konzept passte ... –, ist der Ost-West-Aspekt des Arbeitskampfes von 2003. Vielleicht hatten die Westkollegen einfach damals keine Solidarität mit den Ossis?

muss man üben. Sie verlernt sich sonst. Aber nicht mal in der gleichen Branche üben sich die Kollegen heute noch in Solidarität. Das wissen wir spätestens seit der Katastrophe des Metaller-Streiks von 2003. Weil der Arbeitskampf der Metall- und Elektroindustrie im Osten die eigene Produktion behinderte, kochten die Kollegen im Westen vor Wut. Unvergessen, wie der Chef des Daimler-Betriebsrats den obersten Metaller Peters, der sich hinter die streikenden Ost-Kollegen gestellt hatte, einen »tarifpolitischen Geisterfahrer« nannte.

Aber wo die Beschäftigten die Solidarität miteinander verlernt haben, wird jeder gesellschaftspolitische Konflikt zum individuellen Problem.

Der Philosoph Byung-Chul Han hat geschrieben: »Der Neoliberalismus formt aus dem unterdrückten Arbeiter einen freien Unternehmer, einen Unternehmer seiner selbst. Jeder ist heute ein selbstausbeutender Arbeiter seines eigenen Unternehmers. Jeder ist Herr und Knecht in einer Person. Auch der Klassenkampf verwandelt sich in einen inneren Kampf mit sich selbst. Wer heute scheitert, beschuldigt sich selbst und schämt sich. Man problematisiert sich selbst statt der Gesellschaft.«

Der Klassenkampf findet nicht mehr auf der Straße statt, sondern im Inneren. Margaret Thatcher musste die Gewerkschaften noch mit Polizeigewalt bekämpfen. Das übernehmen heute bei uns die Zeitungen.

Die hasserfüllten Angriffe auf Weselsky sind die Personalisierung eines gesellschaftlichen Problems. Die öffentliche Meinung kann sich den Streik nur noch aus der problematischen Persön-

Übrigens: Weselsky ist selber Ossi.

271

lichkeit des Gewerkschaftschefs heraus erklären, nicht mehr aus der Tarifpolitik der Deutschen Bahn.

Die Bahn ist ein Unternehmen in Staatshand, das aber nach den Prinzipien des privaten Profits betrieben wird – das ist in Wahrheit die vollkommene Perversion des modernen Kapitalismus. Um es klar zu sagen: Wer nicht will, dass Lokführer streiken, der soll sie wieder zu Beamten machen. 6.11.2014

Stark durch Streik

Arbeitskampf – wir haben das Wort lange nicht gehört. Nun ist es in aller Munde. Überall im Land wird gestreikt. Postler wehren sich gegen den Verkauf ihrer Filialen. Die Gewerkschaft der Lokführer kämpft um ihr Streikrecht. Kindergärtner und Lehrer fordern mehr Geld. Höchste Zeit, nach so vielen Jahren des gebückten Ganges. Aber es geht um mehr als die Höhe der Löhne. Der Wert der Arbeit wird neu verhandelt.

Die Büchsenspanner des Kapitals werden unruhig. Die wirtschaftsfreundlichen Blätter WELT und Handelsblatt warnen vor der »Streikrepublik«. Die Arbeitgeber fürchten schon das Schlimmste: 2015 könnte das stärkste Streikjahr seit beinahe zehn Jahren werden. Das Institut der Deutschen Wirtschaft in Köln rechnet damit, dass heuer mehr als 430 000 Arbeitstage ausfallen werden. Schon im vergangenen Jahr hatte der Chefvolkswirt der Allianz gesagt: »Ich fürchte, dass viele Menschen

glauben, dass wir nach Jahren der Lohnzurück-
haltung nun in ein goldenes Jahrzehnt einsteigen.«
Und das wäre – natürlich – »sehr gefährlich«.

Gefährlich? Für wen? Die Frankfurter Allgemeine Zeitung hat gerade noch einmal die impli-
zite Drohung des Kapitals erläutert: »Der Wettstreit um größere Anteile am Wohlstandskuchen
führt leicht dazu, dass der Kuchen insgesamt
nicht mehr wächst, sondern schrumpft.« So ist
das also. Es soll jeder schön an seinem Platz bleiben. Wer mehr will, der bekommt am Ende weniger. Jedenfalls wenn er ein Arbeitnehmer ist. Wo-
bei in Wahrheit ja der Arbeitnehmer seine Arbeit
gibt, und der Arbeitgeber sie nimmt. Das nur am
Rande.

Es ist immer wieder bemerkenswert, dass die
Sorge um den Kuchen nur dann aufkommt, wenn
sich die Arbeitnehmer ein größeres Stück geneh-
migen wollen. Wenn die Unternehmen ihre Ge-
winne steigern, wenn die Aktionäre ihre Cou-
pons zur Bank tragen, wenn für die Leute, die die
Arbeit machen, nur Krümel bleiben, beklagen sich
unsere Zeitungen nicht darüber.

Das ist die Gerechtigkeit der Habenden. Man
kennt das: Da sitzen drei am Tisch, und es werden zwei Stücke vom Kuchen abgeschnitten – und
der Dritte nimmt sich den Rest und sagt mit vol-
lem Mund: Was wollt ihr? Sind doch drei Stücke ...

Es war das Versäumnis der Gewerkschaften,
diesem Treiben viel zu lange tatenlos zugesehen
zu haben. Und die Spaltung der Arbeitnehmer-
schaft in vergleichsweise gut verdienende Indus-
triearbeiter und den immer schlechter gestellten

Rest hinzunehmen. Kein Wunder, dass der Bundespräsident im vergangenen Jahr den scheidenden DGB-Chef Sommer mit diesen warmen Worten verabschiedete: »Danke, lieber Herr Sommer, für Ihre Hingabe und Ihre Hartnäckigkeit, für Ihre Weitsicht und auch für Ihre Kompromissbereitschaft, wenn sie nötig wurde.«

Die Gewerkschaften waren in Deutschland so »kompromissbereit«, dass die Lohnkosten im verarbeitenden Gewerbe von 2003 bis 2013 gegenüber Frankreich, Italien und Spanien um durchschnittlich 15 Prozent fielen. Ökonom Hans-Werner Sinn freut sich: »Das brachte die Wende.«

Jetzt sollen endlich die gröbsten Ungerechtigkeiten beseitigt werden. Es ist richtig, dass sich die Gewerkschafter von ver.di das Recht nehmen, nicht nur die Lohnhöhe zum Kampfthema zu machen – sondern die Lohnstruktur. Warum bezahlen wir die Leute, die sich um unser Geld kümmern, besser als die, die sich um unsere Kinder kümmern?

Wonach bemisst sich der Wert der Arbeit? Die herrschende Wirtschaftslehre will, dass der Lohn sich nach der wirtschaftlichen Entwicklung richtet, nach Profit und Gewinnen an Effizienz. Aber das ist ein unsinniger Maßstab, wenn es um die Betreuung alter Menschen geht oder um die Erziehung junger.

Das Gerechtigkeitsgefühl der Deutschen ist verletzt. Es ist ein Murren im Land, und das wird nun laut im Arbeitskampf. Murren, das ist ein biblisches Motiv. Ernst Bloch hat geschrieben, das Murren der Kinder Israels bedeutet nichts weniger als »das Messen der Taten Jahwes an seiner Verheissung, ... die Messung Gottes an seinem Ideal.« Die Gewerkschaften übernehmen jetzt den Job, die Realität unserer sogenannten sozialen Marktwirtschaft wieder an ihrem Ideal zu messen. Höchste Zeit. Der Links-Politiker Klaus Ernst, selbst lange Jahre IG-Metall-Funktionär hat gesagt, die Aufgabe der Gewerkschaften sei es nicht, »für Ruhe in den Betrieben und im Land zu sorgen und möglichst wenig zu streiken«, sondern die Interessen ihrer Mitglieder möglichst effektiv durchzusetzen, »auch wenn es manchmal weh tut.« 14.5.2015

Inzwischen hat sich da was bewegt. Im Jahr 2019 wurde in Deutschland gestreikt wie seit Jahren nicht mehr. Das lag vor allem am erfolgreichen Arbeitskampf der IG Metall. Aber auch ver.di hat in den vergangenen Jahren wieder stärker auf das einzige Mittel zurückgegriffen, das im Arbeitskampf wirklich zählt: den Streik.

Das Tabu der Gewalt

Gibt es gute Gewalt? Neigt die Linke zur Gewalt? Ist das Gewaltmonopol des Staates sakrosankt – oder gibt es Ausnahmen der Rechtfertigung außerstaatlicher Gewalt? Nach der Randale von Hamburg denkt Deutschland über die Gewalt nach. Und die Antwort ist schnell zur Hand: Gewalt geht gar nicht. Punkt. Aber so einfach ist es leider nicht. Hamburg könnte der Anlass sein, einige Irrtümer über die Gewalt aufzuklären.

Jedes Gespräch über die Gewalt muss mit der Bekräftigung ihrer Ablehnung eingeleitet werden. Wer dieses Ritual verletzt, macht sich verdächtig. Die Gewalt stellt in einer weitgehend tabulosen Gesellschaft eines der letzten Tabus dar. Darum hier die unverzichtbare salvatorische Klausel: Die Beschreibung eines Sachverhalts kommt nicht seiner Rechtfertigung gleich.

Was die Gewalt angeht, belügen wir uns selbst. Erstens loben wir die Gewaltlosigkeit, leben aber in einer auf Gewalt gegründeten Kultur. Und zweitens halten wir das Gewaltmonopol des Staates für sakrosankt, obwohl wir wissen, dass Gewalt ein sehr wirksames Mittel der politischen Auseinandersetzung ist.

Wir sind stolz darauf, in einer immer gewaltloseren Kultur zu leben. Aber unsere Gewaltabstinenz gilt nur im Inneren, nicht nach außen. Die entscheidende Differenz besteht in Wahrheit nicht zwischen Gewalt und Nicht-Gewalt sondern zwischen Innen und Außen. Wir unterdrücken im Inneren die Gewalt, die wir nach außen üben.

In Jan Philipp Reemtsmas großartiger Studie über die Gewalt heißt es: »In der Moderne besteht das Vertrauen ›ins Ganze‹ darin, dass dieses ›Ganze‹ nicht ins Spiel gebracht wird.« Diese Paradoxie können wir uns nur deshalb leisten, weil wir über die Mittel der Gewalt verfügen. Nur mit Gewalt bringen wir die Wirklichkeit in die Form, die wir gerne hätten – oder die wir gerade noch ertragen. Niemand im Westen würde eine wirklichkeitsnahe Dauerrepräsentation der globalisierten Ungerechtigkeit aushalten. Wir würden daran moralisch zerbrechen. Wir leben von der Verdrängung.

Aber so ein Gipfel wie jener in Hamburg und seine Gewalt sorgen dafür, dass die Grenzen, die dieses Innen und Außen strikt voneinander trennen, für kurze Dauer durchlässig werden. An jedem anderen Ort zu jeder anderen Zeit wäre die Inbrandsetzung eines Autos eine bedeutungslose

Tat des Vandalismus gewesen. Im Zusammenhang mit dem Gipfel wird daraus ein politischer Akt einer kleinen Minderheit, von einer großen Mehrheit abgelehnt, aber von allen in den richtigen Zusammenhang gebracht. Jeder »versteht«, warum die Autos beim G20-Gipfel brennen. Niemand würde »verstehen«, wenn sie beim Kirchentag brennen würden. Aber von plündernden Protestanten hat auch noch niemand gehört.

Was ist aber mit dem »Erfolg« der politischen Gewalt? Mal angenommen, die Gewalttäter von Hamburg haben gewonnen. Mal angenommen, dass auf absehbare Zeit kein solcher Gipfel mehr in einer deutschen Großstadt stattfindet. Wäre das dann die Kapitulation des Rechtsstaats? Oder gibt es in der funktionierenden Demokratie einen legitimen Ort für außerstaatliche Gewalt?

Diese Fragen rühren an das Gewaltmonopol des Staates – mithin an den Staat selbst.

Die Friedenspreisträgerin Carolin Emcke twitterte nach Hamburg: »Jede TV-Minute, die der Gewalt der Hooligans gewidmet wurde, war eine Minute, in der nicht die Beschlüsse der #g20 kritisiert werden konnten.« In Wahrheit ist aber nicht vorstellbar, dass friedliche Proteste gegen den Gipfel auch nur annähernd so viel Beachtung gefunden hätten wie die gewalttätigen Auseinandersetzungen. Das gehört zum Wesen des politischen Protests im demokratischen Kapitalismus: Wenn er sich an die Regeln hält, bleibt seine Wirkung schwach. Wenn er die Regeln bricht, gefährdet er seine Akzeptanz.

Nun war der Widerstand in Hamburg stark und

Auf Twitter habe ich damals auch geschrieben: »Der Preis muss so in die Höhe getrieben werden, dass niemand eine solche Konferenz ausrichten will. G20 wie Olympia als Sache von Diktaturen«. Das hat den Medienredakteur Michael Hanfeld von der FAZ echt auf die Palme gebracht, der mich einen »Verleger« in Anführungsstrichen nannte und mich als Biedermann beschimpfte, der geistige Brandstiftung betreibe und zur Gewalt aufrufe. Man muss aber sagen, dass Hanfeld sich eigentlich nur schimpfend mit mir auseinandergesetzt hat.

In der ZEIT zeigte sich ein Autor kurz irritiert, dass es nach der Gewalt von Hamburg überhaupt verständnisvolle Stimmen gab. Er folgte den hier und in der Süddeutschen Zeitung von einer italienischen Soziologin ausgeführten Gedanken, kam dann aber zu dem Schluss, dass Gewalt in demokratischen Verhältnissen nur einen Mangel an Phantasie beweise. Man sieht: Unsere Öffentlichkeit lässt nicht viel Platz für gedankliche Experimente.

der Staat war schwach. 20 000 Polizisten konnten keinen einigermaßen friedlichen Verlauf des Gipfels gewährleisten. Sollen es beim nächsten Mal 40 000 sein? Gewalt schafft Fakten, an denen auch der demokratische Rechtsstaat nicht vorbeikommt. Denn auch der Staat kann sein Recht nicht um jeden Preis durchsetzen. Und zwar, weil zu seinen Prinzipien nicht nur die Rechtsförmigkeit gehört – sondern auch die Verhältnismäßigkeit.

Es gibt Beispiele dafür vom anderen Ende des politischen Spektrums: Wenn in einer ostdeutschen oder bayerischen Gemeinde der Widerstand gegen die Einrichtung einer Flüchtlingsunterkunft zu groß wurde, hatten Verwaltungen oder Betreiber gar keine andere Wahl, als einzulenken.

Ist der Staat also die Geisel linker und rechter Gewalttäter? Die Frage ist falsch gestellt. Gegen vehementen Widerstand lässt sich in der offenen Gesellschaft kein staatliches Handeln durchsetzen – ganz gleich, wie rechtmäßig es ist. Das ist eben der Unterschied zur Diktatur.

Vor zehn Jahren erschien in Frankreich das inzwischen berühmte revolutionäre Manifest »Der kommende Aufstand«. Darin ging es auch um die Frage der Gewalt: »Es gibt keinen friedlichen Aufstand. Waffen sind notwendig: Es geht darum, alles zu tun, um ihren Gebrauch überflüssig zu machen. ... In Wahrheit stellt sich die Frage des Pazifismus ernsthaft nur für denjenigen, der die Feuerkraft besitzt.«

Das ist eine komplizierte Dialektik: Man kann nur auf die Gewalt verzichten, wenn man über sie verfügt. Oder andersherum: Jede politische Bewegung ist gut bedient, sich an ein Sprichwort aus der Geschichte der amerikanischen Außenpolitik zu erinnern: »Speak softly and carry a big stick.« 17.7.2017

Holt euch, was euch zusteht!

Die IG Metall traut sich was. Endlich. Nach vielen Jahren im Krebsgang wagt sich die einstmals stolze Industriegewerkschaft wieder in einen regelrechten Arbeitskampf. Es geht um sechs Prozent mehr Lohn und auf 28 Stunden reduzierte Arbeitszeit für bestimmte Beschäftigte. Aber in Wahrheit steht viel mehr auf dem Spiel: Welche Rolle spielen die Gewerkschaften in Deutschland noch?

Der Begriff vom »Schweinesystem«, der vor 50 Jahren angesagt war, ist ja ein bisschen in Vergessenheit geraten. Zu Unrecht.

Nehmen wir mal Davos, das Klassentreffen der internationalen Kleptokratie, dort hat jetzt der Siemens-Chef Joe Kaeser den amerikanischen Präsidenten Donald Trump für dessen Steuerreform gelobt. Ihr erstaunlicher Effekt besteht bekanntlich darin, die Reichen noch reicher und die Armen noch ärmer zu machen, obwohl man dachte, das sei gar nicht mehr möglich. Kaeser kündigt aber außerdem noch an, in den USA künftig Gasturbinen entwickeln und bauen zu wollen. Also solche Gasturbinen, von denen er selbst gerade erst gesagt hatte, sie seien ein Geschäft von gestern und darum müsse er leider

Mitte der 90er Jahre lag der Anteil der Niedriglöhner bei 16 Prozent - heute ist es beinahe ein Viertel der Beschäftigten. Das ist die Kehrseite des deutschen Jobwunders. Die niedrigen Löhne sind das größte soziale Problem des Landes. Die Niedriglöhne zerstören auf Dauer den Sozialstaat – der muss nämlich mehr und mehr dort einspringen, wo die Firmen sich profitabel sparen.

6900 Arbeitsplätze abbauen, die Hälfte davon in Deutschland.

Oder, anderes Beispiel, die Deutsche Bank. Das Kreditinstitut schreibt zum dritten Mal hintereinander rote Zahlen, Bankfilialen werden geschlossen, Arbeitsplätze gestrichen. Aber für 2017 will die Bank an ihre Manager Boni im Umfang von mehr als einer Milliarde Euro ausschütten.

Inzwischen hat sich die Deutsche Bank selber erledigt. Aber nicht, weil sie so unanständig war – sondern so unfähig.

SPD-Chef Martin Schulz sagt dazu: »Das schadet insgesamt unserer Solidargemeinschaft.« Das ist allerdings derselbe Martin Schulz, der jetzt wieder eine Frau zur Kanzlerin wählen will, die den Zerfall dieser Solidargemeinschaft nach Kräften befördert hat.

Deutschland hat heute – hinter Litauen – den größten Niedriglohnsektor in Europa. Sieben Millionen Menschen verdienen in Deutschland weniger als 9,60 Euro in der Stunde. Und, noch schlimmer: 2016 bekamen etwa 2,7 Millionen Beschäftigte in Deutschland nicht einmal den gesetzlich vorgeschriebenen Mindestlohn von 8,50 in der Stunde. Knapp zehn Prozent der Menschen, für die dieses Gesetz gemacht wurde, werden von ihren Chefs auch heute noch betrogen.

Die Beschäftigten sind von Politik und Medien im Stich gelassen worden. Und von den Gewerkschaften auch. Den letzten großen Kampf hat die IG Metall vor 15 Jahren geführt und verloren. Damals, 2003, ging es um die 35-Stunden-Woche im Osten. Seitdem hat sich die Gewerkschaft nicht mehr viel getraut. Jetzt reicht es den Metallern. IG-Metall-Chef Jörg Hofmann hat am Samstag in Stuttgart Warnstreiks angekündigt: In mehr als

250 großen und kleinen Betrieben soll von Mittwoch bis Freitag für 24 Stunden die Arbeit niedergelegt werden. Vorher waren die Tarifverhandlungen abgebrochen worden, die derzeit im Bezirk Südwest stellvertretend für alle 3,9 Millionen Beschäftigten der Metall- und Elektrobranche geführt werden.

»Das ist absolut maßlos und war für uns nicht akzeptabel«, hatte der Arbeitgebervertreter zu den Forderungen der IG Metall gesagt. »Maßlos«, hat er wirklich gesagt. Und die Frankfurter Allgemeine warnt schon nervös vor der gewerkschaftlichen »Lust am Untergang«.

Dabei ist es höchste Zeit, dass Gewerkschaften sich wieder zu Wort melden. Die Forderung der IG Metall ist spannend: Die Beschäftigten sollen die Möglichkeit bekommen, ihre Arbeitszeit für bis zu zwei Jahre auf 28 Stunden zu reduzieren. Bestimmte besonders belastete Gruppen wie Schichtarbeiter oder Eltern kleiner Kinder sollen den Lohnausfall teilweise ersetzt bekommen.

Vordergründig geht es da um die Lebens- und Arbeitsbedingungen der Beschäftigten in der Metall- und Elektroindustrie. Das ist das Mandat der Gewerkschaft. In Wahrheit traut sich die Gewerkschaft hier an eine Machtfrage: Wer bestimmt über die Zeit der Menschen? Alle reden von Flexibilisierung – Hofmann und seine Leute drehen den Spieß um und fordern Flexibilisierung von den Arbeitgebern. Und sie packen die Industrie bei ihrer Verantwortung für Gemeinwohl und Sozialstaat: Wer sich um Kinder kümmert oder alte Menschen pflegt, braucht die Unterstützung von allen!

Dieser Arbeitskampf der IG Metall ist ein politischer. Das ist gut so – obwohl der politische Streik in Deutschland nicht vorgesehen ist. Es geht dabei auch um die Zukunft der Gewerkschaften. Die Mitgliederzahlen sinken. Von 42 Millionen Beschäftigten sind nur noch 6 Millionen gewerkschaftlich organisiert. Die Gewerkschaften haben sich in der Vergangenheit zu sehr als reine Mitgliederorganisationen gesehen. Dabei sollte das Maß ihrer Legitimation nicht die Zahl ihrer Mitglieder sein – sondern die Dringlichkeit ihrer Aufgabe: für eine gerechte Gesellschaft zu streiten. Die Gewerkschaften müssen die Interessen der Arbeitnehmer wahrnehmen, gerade wenn diese ihre Interessen nicht mehr selber wahrnehmen. 29.1.2018

Private Anmerkung am Rande: Der Autor ist seit 25 Jahren Gewerkschaftsmitglied, erst IG Medien, dann ver.di. Die Ehrennadel wurde neulich zugeschickt. So etwas ist nicht nur ein rührender Anachronismus, sondern ein wichtiges Zeichen: Gewerkschaften werden gebraucht!

Aufstehen? Oder Sitzen machen?

Unter aufstehen.de kann seit einigen Tagen jeder Teil der linken Sammlungsbewegung werden. Die These, dass die Leute in Wahrheit linker sind als die Politik – jetzt kann sie sich bewahrheiten, oder eben nicht. Eine Entschuldigung gibt es dann aber nicht mehr. Wenn die Deutschen jetzt nicht aufstehen, dann weiß man nachher wenigstens: Sie sitzen mit Absicht.

Was in Politik und Medien jetzt geschieht, kennt man schon: Wenn in Deutschland einer für Gerechtigkeit aufsteht, fangen die anderen erst mal an zu murren. In einer Gesellschaft, die sich ans Dösen gewöhnt hat, ist Bewegung verdächtig. Und außerdem lässt sich niemand gern das eigene Versagen vor Augen führen.

Besonders abscheulich war die Einlassung der BILD-Zeitung, die linke Sammlungsbewegung und ihre Gründer glatt in die Nähe der Nationalsozialisten zu bringen. Weil die Nazis ja auch keine Partei sein wollten, sondern Bewegung. Das hat Michael Wolffsohn geschrieben, BILD-Historiker fürs Grobe. Man erinnert sich: Es ist seit jeher eine beliebte Denkfigur der Rechten, Nationalsozialisten zu Sozialisten zu erklären.

Abgesehen davon stellt sich eine Fülle von Fragen. Die wichtigste: Sind Sahra Wagenknecht und Oskar Lafontaine die Richtigen, eine linke Sammlungsbewegung anzuführen – und sei es nur, weil sonst niemand den Job übernimmt? Oder können die Spalter von einst heute keine Kraft der Einigung sein?

Und dann werden die Linken sich über die Schicksalsfrage unserer Zeit einigen müssen, über die Migration. Ist die linke Forderung nach offenen Grenzen wahrer Humanismus – oder führt die Migration im Neoliberalismus zu Lohndrückerei und Auszehrung der Herkunftsländer?

Das muss man alles klären – wenn die Bewegung einmal unterwegs ist. Für diese Reise gibt es keine Landkarte.

Wie geprügelte Hunde jaulen jetzt die sogenannten Sozialdemokraten auf. Sebastian Hartmann, SPD-Politiker aus Nordrhein-Westfalen, textete: »Die linke Sammlungsbewegung in Deutschland ist seit 1863 die SPD. Wer mitmachen möchte, kann eintreten.« Ein hübsches Bonmot,

Und eine »Bewegung« ist die SPD tatsächlich nicht – dafür gibt es zu viel Stillstand in der Partei.

283

aber eine Lüge. Die SPD ist sehr vieles, aber nicht links. Schlimmer: Die SPD ist das größere Hindernis jeder linken Politik.

Die SPD liegt im Weg jeder linken Politik wie ein gesunkenes Schiff. Sie versperrt die Fahrt ins Offene.

Es gibt keinen Aufbruch mit der SPD. Und das liegt nicht am Personal. Wie heißen die Leute an der Spitze? Schahles? Nolz? Das ist ganz gleich. Denn die SPD macht aus anständigen Sozialdemokraten Verlierer und Verräter. Daran lässt sich jetzt nichts mehr ändern. Das sitzt viel zu tief.

Man sieht das an jemandem wie Kevin Kühnert. Der war ein entschiedener Gegner der Großen Koalition, und man konnte ihn für einen Erneuerer in einer Partei halten, die Erneuerung so dringlich braucht. Aber die SPD redet eben nur von Erneuerung, sie sucht sie nicht.

Das war vielleicht ein bisschen unfair vom Kolumnisten. Kühnert hat 2019 immerhin eine große Debatte über die Verantwortung der Reichen und die Idee der Sozialisierung angestoßen. Das kann man von einem Juso-Chef auch erwarten, aber heute freut man sich ja über Weniges. Mal sehen, wie es mit ihm weitergeht …

Am Fall Kühnert kann man lernen, wie die SPD ihren Nachwuchs in den politischen Sandkasten setzt und ihn so lange mit Reförmchen spielen lässt, bis aus einem jungen, enthusiastischen Sozialdemokraten ein trotzigbeharrlicher, bewegungslosstarrer Parteisoldat geworden ist. Dieses Lederne, diese saure Rechthaberei, das lernt sich in langen Jahren.

Die SPD bindet immer noch zu viele Wähler, zu viel politische Energie, zu viel Loyalität, zu viel verzweifelte Hoffnung.

So bitter das ist: Ende und Auflösung der SPD wären eine Befreiung für eine Politik, die eine bessere Gesellschaft will. Die SPD muss weg. Die linke Sammlungsbewegung hat in wenigen Tagen mehr als 60 000 Unterstützer gefunden – obwohl ihr Programm noch gar nicht bekannt ist. Hier zeigt sich nicht netztypische Sorglosigkeit, die freigiebig mit ihren Klicks umgeht. Hier äußert sich eine große Sehnsucht. Die Sehnsucht ist eine starke Kraft. Dennoch verzichtet moderne Politik fast immer auf sie. Warum? Weil Sehnsucht eine radikale Kraft ist und moderne Politik vor allem auf Radikalitätsvermeidung setzt.

Ist man radikal, wenn man gerechte Löhne fordert, bezahlbare Mieten und eine Kindheit ohne Armut? Nein. Man ist Realist. Es ist der Realismus selbst, der zur radikalen Haltung geworden ist. Natürlich kann Deutschland auch als immer ungleicheres und ungerechteres Land funktionieren. Die USA und Großbritannien zeigen, wie das geht. Eine (wenigstens nach innen) friedliche und liberale Gesellschaft lässt sich auf diese Weise aber nicht aufrechterhalten. Die Frage ist, was die Deutschen wollen. 13.8.2018

Im März 2019 gab Sahra Wagenknecht bekannt, dass sie sich nach einer Erschöpfungskrankheit aus der Spitze der »Aufstehen«-Bewegung zurückziehen werde. Gleichzeitig verzichtete sie auf eine neue Kandidatur für den Vorsitz ihrer Fraktion im Bundestag. Deutschlands bekannteste linke Politikerin hatte aufgegeben.

Danksagung an

Almut Cieschinger, Mara Küpper, Claudia Niesen, die als Kolleginnen von der Dokumentation mit viel Geduld und Güte den Kolumnisten im Zaum der Tatsachen gehalten habe.

Jan Fleischhauer, den man jederzeit mit der verzweifelten Frage anrufen konnte: »Was soll ich in dieser Woche machen?« und der überhaupt ein guter Freund ist.

Stefan Kuzmany, der auch dann eine Antwort wusste, wenn Jan keine hatte.

Mathias Müller von Blumencron, der uns allen die große und ungewöhnliche Freiheit eingeräumt hat, uns Woche für Woche der Wirklichkeit zu stellen.

Annette Anton, die diese Texte für den Verlag noch einmal gelesen hat und die mit ihrer Scharfsicht noch verblüffend viele Ungereimtheiten aufdecken konnte.

Sachregister

Personenregister

297

**Die soziale Frage ist zurück.
Aber anders**

JAKOB
AUGSTEIN

NIKOLAUS
BLOME

OBEN
UND
UNTEN

Abstieg, Armut, Ausländer –
was Deutschland spaltet

DVA

ISBN
978-3-421-04826-4

Dieses Buch
ist auch als E-Book
erhältlich

Zum ersten Mal seit Jahrzehnten machen sich die Abgehängten und die Vergessenen bemerkbar. Ihre Ängste und Wünsche handeln von sozialer Gerechtigkeit, aber auch von nationaler Identität. Oben und Unten ist heute mehr als der Streit um Hartz IV, Niedriglohn oder Vermögensteuer. Die neue Frage »Wer gehört dazu?« ist inzwischen genauso wichtig wie die alte Frage »Wer hat was?«. Damit ist in diesem Buch eine Debatte eröffnet, die sich nicht mehr klar mit den Positionen »links« oder »rechts« verhandeln lässt.

DVA

Was wird aus Deutschland?

ISBN
978-3-328-10075-1

Dieses Buch
ist auch als E-Book
erhältlich

Jakob Augstein gegen Nikolaus Blome, links gegen liberal-konservativ, visionär versus vernünftig: In diesem Buch liefern sich die beiden wortgewandten Journalisten mehr als drei Dutzend Streitgespräche zu den großen Themen, die Deutschland bewegen.
Ein spritziger, provokanter Schlagabtausch von Merkels Macht und der Flüchtlingswelle in Deutschland über die Euro-Krise bis zur Homo-Ehe, dem richtigen Frauenbild und dem neuen Rechtspopulismus.
Für alle, die mitreden und mitstreiten wollen.

 **PENGUIN** VERLAG